一位大陸作家的文革記憶

——訣別史達林模式及其他

李冰封　著

目錄

藝海拾貝

生活情趣

附錄

前言

　　這一本書，是從一九七九年到現在，我的散文隨筆的選集。全書分七個部分：一、痛定思痛憶往事；二、閱讀心得與偶感；三、教育警鐘；四、序跋選粹；五、遊蹤心影；六、藝海拾貝；七、生活情趣。限於篇幅，每個部分都只選少數的幾篇，權充代表。關於一些記述歷史、懷念人物的文章，特別是與反右派和文化大革命有關的文章，則另編一輯，名《歷史的軌跡》，單獨成書。

　　西哲有言：思考使人受難。我就曾經因思考而受難。其實，我思考的空間十分狹窄，思考的也是實實在在、平平常常的事。這樣的思考，還會使人受難，當然，就不可避免促使人們要進一步思考：這是為什麼？這樣的現實應該如何改造？以此作為對受難的回報。本書原擬起名為：《受難的回報》，但因怕大陸以外的讀者，不熟悉這個時代背景，會認為這書名不知所云，才改作現在這個淺顯的名字：《一位大陸作家的文革記憶——訣別史達林模式及其他》。

　　書中每篇文章的後面，均注明寫作時間。所有的文章，一律都不改動文字，這樣，才能反映在前進的時間中，我的思考也是隨著時間的推移而逐步深入的。

　　本書的出版，承向繼東兄鼎力相助。他為本書的編輯，做了許多繁瑣的具體工作，特致誠摯的感謝。

公元二○○九年五月十五日

一位大陸作家的文革記憶
　　——訣別史達林模式及其他

痛定思痛憶往事

背犁

文前的說明

這篇散文寫於一九八〇年初春，距今已八年有餘。

一九七九年春，我從鄉下調出版社。公餘，想寫些散文，記錄在鄉下的一些經歷，一以諷世，二以自勵。那時，四川、安徽等地，由於推行了承包責任制，農業開始有明顯的轉機，而我所在的省份，轉機則尚未開始。因而，想寫的第一篇散文，就是這篇〈背犁〉。

寫好後，請幾位熟識的朋友看看，除了一位搞文藝的朋友對這篇散文基本加以肯定外，其餘的人都不贊成它拿去發表。他們出於好心，怕我惹出麻煩。有位和我要好的朋友，甚至開玩笑說：「日子好過了，你過得不耐煩了麼？」我心有餘悸，想多一事不如少一事，所以就把它壓在抽屜裏了。而且，在以後，也就一直提不起興趣再寫這類文字──那組散文，也就沒有寫成。

早幾個月搬家，清理舊稿，看到它，又重讀一遍。覺得它還是準確地反映了當時的事實。文學不是要寫真實麼？於是想：還是發表一下吧！

黃偉經同志曾多次向我索稿，因而照原稿錄呈《隨筆》雜誌，恭請嚴加審閱。現在發表這類不疼不癢的散文，大概不會惹起什麼麻煩了吧。如果真是那樣，我們的社會確實在進步了。

一九八八年五月，於長沙。

一九四八年春末夏初，我隨著冀察熱遼分局的隨軍工作團，上了前方。工作團跟在野戰軍後面，行進在熱河南部的山區裏。熱南山區是新區，國民黨部隊幾進幾出，把它洗劫一空，本來已不富庶的山溝，就顯得更加貧困、荒涼，我們路過的村落，村前榆樹上的莢子，也就是當地人叫做「榆

錢」的，總是被擄得光光；那是作為一種食糧，摻和著小米糠，被填進了饑餓人們的肚子。老百姓幾乎個個眼白泛綠，面有菜色。

有一天，宿營較早。安頓好地鋪，我們就到村子附近走走、看看。雖然時令已過暮春，但從內蒙古高原上吹來的強勁的風，仍然挾著厚厚的黃沙，在天際滾動著。在風沙中間，我們看到一家人，老小三代拖著一張犁，匍匐在長著野草的、滿是砂礫的坡地上。扶犁的是一位年過七十的老人，白髮蒼蒼，面黃肌瘦，雙手握犁，蹣跚向前。背犁的是一個蓬頭垢面的中年婦女和一個十歲左右瘦小伶仃的小孩，臉朝下，胸部幾乎要貼到地面，差不多是爬著往前走，汗水濕透了補丁搭著補丁的單衣。為了活下去，人必須代替牲口，這就是那時的生活，多麼艱難而又殘酷的生活呵！我們看了，心裏難受，要替他們背一陣，他們卻執意不肯。在和他們談話中間，才知道扶犁的老漢，有一個年近四十的兒子，被國民黨抓壯丁抓走了，家裏僅有的一隻小毛驢，也被國民黨的雜牌軍拖去了。為了搶季節，把高粱種下去，就只好由老漢帶著兒媳和小孫子，全家來拚命。

其時已近黃昏，慘澹的夕陽把背犁人一家的影子，在地上拖得瘦瘦長長的；站在這荒涼的坡地邊上，在呼呼的風聲中，望著這影子，我心裏一陣又一陣發疼。在中國這塊土地上，在兩千多年以前，不是就開始了用畜力拉犁嗎？那不是我們祖先在古代走向文明的許多標誌之一嗎？歷史向前走了兩千多年，但如今還存在著或者說又出現了用人代替牲口來背犁！望著那可憐的背犁人一家三代，我感到我的民族自尊心受到了很大的損害。國民黨反動派損害了我的民族自尊心。我覺得我應該在我為之獻身的隊伍裏，努力戰鬥，趕快打敗國民黨反動派，使我們的同胞不再背犁，不再做牛、做馬，使我們民族儘快擺脫落後，擺脫貧困。

第二年就是全國解放。在五十年代初期那些蓬蓬勃勃的日子裏，有時，偶爾也想起人背犁這件事，還後悔那年在熱南山區自己沒有去背一陣。因為那也是體驗一種生活，一種嚴酷的生活。心想：以後再想在中國體驗這種生活，恐怕也不可能了。

誰知歷史繞了一個大彎彎，在一九四八年過去了二十一年的一九六九年，我終於體驗到了那種嚴酷的生活，終於自己到田裏去背了犁了，地點

不是在風砂翻滾的、貧瘠荒涼的塞外，而是在號稱「湖廣熟、天下足」的洞庭湖邊。

那一年春天，我們全家被「橫掃」到一個生產隊裏去「監督勞動」，我的罪名是「摘帽右派」，我的妻子的罪名是「資產階級臭知識份子」，我的十三歲的兒子，因為是「右派崽子」，也就被剝奪了上學的權利，跟著我們一起去「監督勞動」。

那時到處是「響噹噹」。農民們可沒有這麼「響」得嚇人。他們並不把我們看作牛鬼蛇神。湊巧隊上死了兩條牛，有一間牛欄屋空著，於是，隊長安排了隊上的兩個勞力，幫我們泥一泥壁，把地面修整修整，那牛欄屋也就成為我們一家的住房了。走出了折磨人、侮辱人的象徵性的牛棚，住進了真正關過牛的牛棚，不知道為什麼，我們一家人心裏反而踏實了些。大概是覺得：在這些有著過多缺陷、過多醜惡的年月裏，在勞動人民中間，也並沒有完全喪失人類美好的同情心的緣故。

就在我們一家住進牛欄屋後不久，一天傍晚，生產隊老隊長和老保管員在牛欄屋前面的禾場裏，商量如何派些精壯勞力，到湖田裏去「背木牛」。「背木牛」就是人背犁。因為隊上死了牛，鄰隊牛工也緊，公社的拖拉機手又造反去了，湖田不耕出來，就會耽誤了插秧季節。而那塊湖田是開的生荒，按規矩三年不交公糧，收點糧食社員們可以自己分著吃。

出於好奇，也出於悲憤，還出於對同命運的農民兄弟的同情，我覺得我應該參加背犁。我對老隊長說了。

「用人當牲口使喚，那不是好玩的！你們讀書人筋骨還沒轉活，幹這功夫還不行！」老隊長說。

我堅持要試試看。於是，他同意了。

第二天吃了早飯，隊上的四個精壯勞力加上我，就向湖田走去了。湖田離居民點很遠，要走五、六里路。

天氣很好。天是瓦藍瓦藍的。太陽照在人身上暖洋洋的。空氣中彌散著油菜花的香氣。大片黃燦燦的油菜花中，襯著一塊塊種紫雲英的田，紫雲英綠油油的葉子上端，正開著小紫花。真是好看極了。

可是，人們都垂頭喪氣，打不起精神。去年交「三超」糧交多了，返銷糧到現在還沒往下發，許多人家斷了糧，出去討米了。這土地實在富饒得不能再富饒。但在這富饒的土地上，人們卻「捧著金飯碗在討飯」。這確實是使人心傷的事。面對傷心事，又如何使人打得起精神呢？

「我們洞庭湖是魚米之鄉咧！」因為大家都覺得沈默得難受，四個精壯勞力中，有一個中年人打破沈默，開了腔，「土改以後搞初級社那兩年，糧食哪裡吃得完囉！餵豬都是熬的大米粥！」

大概是他的話引起了人們對五十年代初期的美好回憶，於是，大家談開了。

有人講了一九五二年向糧站賣糧的事。那時候，私人向國家賣出糧食要排隊，糧站到下午七點鐘關門，也收不完。怎麼辦？懶得再挑回去，就把滿籮筐穀子往糧站的屋簷下一放，空手回家了，第二天早上又來辦手續，從來就沒有丟失過。「要是在現在，怕給這幾籮穀收屍都收不到了。」

有人講了那時候家裏上午來客，叫個小孩拿個手網，往河裏、塘裏、溝裏隨便一撒，就有活蹦活跳的鯿魚、鯉魚什麼的，中飯就可以美美地吃一餐。「現在呢？來了客連小蝦子都看不到了！」

這樣談著談著，也就不免談到大躍進和公共食堂什麼的。大家說，那幾年，一躍進，就把日子躍壞了。於是也就談到了彭德懷。「那是一個大好人，大忠臣！敢給我們黎民百姓講話的大忠臣。」於是又談到劉少奇。最早開腔的那位中年人又說了：「那也是好人！早兩天公社開會，那些忘眼畜生，憋著官腔帶頭喊打倒劉少奇，我望著都替他們害臊！要不是劉少奇講些公道話，下放了食堂，現在這些人骨頭怕打得鼓響了，還有命在？」

在烏雲翻滾的一九六九年，講這些可以招致殺身之禍的話兒，是要些膽量的。但他們大概也看得我這個「右派」並非妖怪，可以少加提防；而他們自己，是不相互陷害和告密的。他們的道德規範，和一些想踩著別人頭上往上爬的「爬蟲」們的道德規範，是明顯對立著的。

聽他們講這些話，我忽然想起了「防民之口甚於防川」這句古話，也想到了魯迅的談中國的筋骨和脊樑之類的名言，霎時間，精神為之一振，好像覺得空氣中彌散著的菜花香也更香了。

到了湖田，套了犁，一個人扶著犁，四個人就背起來了。他們沒有多話講了。只告訴我：要彎些腰，身子往前傾，那樣既省些力，又能使勁。再就是告訴我，要看著大家，提腳要穩，要齊，不要高一腳低一腳的。

接近中午，湖田的水開始燙人了。我們的褂子，褲衩，全被汗水濕透了。我在呼哧呼哧地喘著氣，忍受著肩膀上的疼痛，堅持著。精壯勞力們也在呼哧呼哧地、一步又一步沉重地往前邁。我們背的好像不是一張犁，而是背著我們這個民族的不幸。

二十一年前在熱河南部山區看到的那背犁的場面，在記憶的螢幕上，又不斷閃現。歲月流逝，時間過了二十一年，中國農民幾乎又重複了過去走過的道路，又開始了用人代替牲口，又開始了人背犁。歷史老人真是鐵面無情。誰違背了他的運動規律，誰就要受到無情的懲罰，哪一個都不例外。那時，那位「永遠健康」和後來稱之為「四人幫」的老爺們都在臺上，我，作為一個中國人，作為一個被剝奪了黨籍的中國共產黨黨員，我覺得我的民族自尊心和無產階級的階級自尊心都受到了極大的損害。「永遠健康」們損害了我的民族和階級的自尊心。背著犁，背著，背著，一股無名怒火在我胸中熊熊燃燒。

中午，蹲在田邊的草棚裏，胡亂地吃了一餐飯，又開始下田了，不久，我的腳一扒一扒的，實在背不動了。他們就要我上岸，坐在田塍上休息。他們又背一陣，太陽還剛偏西，就收工了。

這一天，我們一共犁了不到三畝田。算三畝吧，一個人平均才犁了六分。在我看來，這是很不容易到手的六分田呵！

可是就在這一年，「阿波羅 11 號」登上了月球。西方資產階級能夠辦到的，東方的無產階級當然也應該而且能夠辦到。但東方的無產階級眼前正為了自己的錯誤在付出沉重代價。東方的無產階級在走著的歷史道路上，正是窈冥晝晦，所以他盤桓不前。

在回家的路上，因為疲乏，也因為心裏不是滋味，所以我一言不發。但精壯勞力們卻在盤算著，這三畝田加上還沒有耕出的七畝，做得好，老天爺又照顧的話，可以收八、九千斤穀，八、九千斤穀是不上交的，那麼，明年糧荒時候，家家戶戶多少可以貼著吃幾天了。

他們談得很起勁。彷彿忘掉了當了一天牲口帶來的疲勞。這就使我記起在什麼書上看過的，一個外國記者，在抗日戰爭中到了中國，他寫了大意是這樣的話：這樣的人民雖然有些麻木，但他們堅毅、沉著，能夠忍受痛苦，頑強地生活下去，那精神，其他民族是望塵莫及的；所以，這樣的民族是不容易被征服的。想著，想著，我的心緒也就好了一些。

第二天，他們為了照顧我，不要我去背犁了。他們自己卻又背了一天，還是犁了不到三畝田。

一九八〇年初春，於長沙。

▲背犁一文，曾被大陸多種散文選本入選。巴金、謝大光主編的《中國當代文學作品精選·散文卷》也選了此文。

庚子除夕返鄉瑣憶

小引

一九九六年，是文化大革命的兇猛火焰燃遍中國的三十周年。

年初，寫了一篇關於一九六○年大饑餓回憶的散文，作為我對文化大革命三十周年祭的首篇文章。

這是為什麼？

因為，在我看來，反胡風，反右派，大躍進，由大躍進引來的全國性大饑餓和生態環境的大損壞，由廬山會議開始的反右傾，最後是文化大革命，其主要原因是一脈相承的。都因為：在中國，缺乏對權力有效的監督和制約。

「權力是腐蝕人的，絕對權力絕對腐蝕人。」這是英國艾克頓勳爵的名言。那麼，是不是也可以說：由於絕對權力絕對腐蝕人，往往導致人民的絕對災難？

哲學家桑塔亞那說過這樣的話：「凡是忘掉過去的人，註定要重蹈覆轍。」

中國絕大多數人絕不願重蹈覆轍，所以，他們應該不要忘掉過去。我想，在現在的條件下，即使不可能系統地總結過去，記住過去了的災難點滴，也總是有某些好處的

一九九六年五月十六日

正文

算起來，那是三十五年前的事了。

一九六○年冬，在洞庭湖邊的流放地，我從「戴帽右派」變成了「摘帽右派」，行動稍有點自由後，想到的第一件事，就是：要趁著春節，回

11

福州看望我的父母。我的父母，對於我被劃為「右派」，比我自己更想不
通些，因為當年我怎樣置生死於不顧，投奔解放區，他們知道得清清楚
楚；解放後，又怎樣奮不顧身地工作，他們也知道得清清楚楚；知子莫如
父母，我的為人，他們當然也清楚；這樣的人，怎麼可能一夜之間就變成
了「人民的敵人」呢？他們想不通是很自然的事。為了安慰他們，我想，
我還應該帶去他們還沒見過面的小孫子。

　　陰曆除夕的清晨到達長沙時，正是陰雨霏霏。老天爺在過年時也哭喪
著臉。我到了托兒所，接出了剛滿五歲的兒子，就往火車站走。想從長沙
先到株洲，然後換車去福州。當我和兒子走到五一路蔡鍔路口的長沙飯店
附近時，看到飯店門口，在雨中，人們縮著腦袋、無精打采地打著雨傘，
排成約一百米的長隊，在購買什麼。

　　「爸爸，一定在賣什麼好吃的東西，我們也去排隊！」兒子對我說。

　　我走到隊伍的前頭一看，天啊，在曾經是中國著名「米市」的長沙，
在饑餓的庚子年除夕，在寒冬冷雨裏，人們在排長隊買什麼呢？

　　買冰棒，買成分是糖精加水的冰棒！

　　這景象使人看得傷心。雖然，我的肚子也餓，但，我還是不想在臘月
寒冬去吃糖精加水製成的冰棒！我對兒子說：「大冷天，這玩意兒吃不得，
吃了會肚子疼！等會到了火車站，爸爸給你吃餅乾！」我在鄉下，花了兩
斤糧票，帶來了一包麵粉和著米糠製成的餅乾，那餅乾雖是硬梆梆的，不
大好吃，但總比吃那糖精加水的冰棒好多了！

▲作者的父親
　李志翔教授
　（1902-1974）

▲作者的母親
　李林淑蕙女士
　（1904-1976）

▲返鄉後，全家合影。中間坐著的，
是作者的父親和母親。後立者右起
第二為作者。作者的兒子，站在他
爺爺的前面。

到株洲，下午就換上了車。人們都趕在大年夜前回家團聚去了，硬席車上空蕩蕩的。在火車上過年，按當時規矩，總要得到些優待。傍晚，開始賣盒飯，三兩米飯，上面還蓋了些粉條和肉絲，不收糧票，每人限購一盒。兒子那一盒，他當然吃不完，剩下的，我也把它吃了。好久沒有吃得這麼飽了，吃飽了就想打瞌睡，雖然天剛擦黑，時候還不到十九點。車上座位空了許多，人人都可以躺下睡覺，於是，我抱著兒子占了一排三個人的座位，舒舒服服地睡了一覺。儘管火車在哐當哐當地響著，但我們卻睡得很香，而且什麼夢都不作。在於我，好久都不這樣了。一兩年來，因為餓肚子，晚上經常睡不著覺，有時，睡著了，卻夢見自己在吃一大碗紅燒肉，或在吃一大堆香脆的餅乾，結果是嘴巴咬著被窩，憋得難受，憋醒了。

凌晨兩點多鐘，車停江西余江附近的一個小站，等著讓過對面的來車。我因為睡足了，車一停，就醒來了，兒子則還睡著。我望著兒子熟睡的小臉，望著車窗外面漆黑的夜晚，開始東想西想。先是想起先一天早上在長沙街頭看到的、人們在冷雨中排長隊買冰棒的情景，心想：等兒子長大了，該不會再發生這樣的事了吧！這樣的事，既使人看得傷心，又使人感到滑稽。接著又想到：現在停車的地方，是在余江縣內，余江出過鄒韜奮，許多人都不知道，但早一兩年，因為報上報導它消滅了血吸蟲，卻大大出名了，引起一個大人物「浮想聯翩」，寫了「送瘟神」一詩。但送走了「瘟神」，卻接來了「餓鬼」，成千上萬的中國人，不明不白地因饑餓而死亡，這到底是怎麼回事？一個社會，是不是由於缺乏民主，也會大批餓死人，甚至也會血流成河？又想到，現在火車正走在江西省內，這是有許多老根據地的省份，當年，許多先烈為反對暴政而流血犧牲，難道是為了爭取這樣一個寒冬臘月在街頭賣起糖精加水製成的冰棒的歲月？再想到：江西這個省份，也和中國南方和沿海的許多省份一樣，歷代出過許多大名鼎鼎的優秀知識份子，他們的思想光芒，往往照亮了許多人的心靈和眼睛。比如，在離這停車的余江不遠的地方，就有個臨川，那裏出過王安石，又出過湯顯祖，「唐宋古文八大家」之一的曾鞏，雖是鄰近臨川的南豐人，但和這臨川也有很深的文化淵源；他們都以自己的思想，作為一份

寶貴財產，留給當代，留給後人。不是說現在是人才輩出的時代嗎？一些知識份子的思想光芒又到哪裡去了？不是都在引用龔定庵的詩「萬馬齊喑究可哀」嗎？現在這樣算不算「萬馬齊喑」？又想到：擺在面前的饑餓，是不是和一九五七年的夏季形勢和上一年的廬山會議，有著這樣那樣的必然聯繫呢？這樣一想，又難免觸犯「天條」了，只好打住。這就難怪當時有人主張，知識份子也不能讓他們吃得太飽。比如我，只吃了一盒盒飯另加一點點兒子吃剩的剩飯，不餓肚子了，就不安份，就胡思亂想。就在這思想跑野馬的時刻，火車又開動了，車窗外面，依然一片漆黑。

　　正月初一下午到達福州。父親跑到車站來接我們。五年不見，他老了許多，也瘦了許多。他說，這兩年，體重減輕了十四公斤。他抱起了第一次見面的小孫子。當兒子喊他「爺爺」時，他的淚水一下子湧了出來。

　　到家後，吃了一餐母親已準備了好久的豐盛的晚餐，晚上先安排兒子睡了以後，開始聊家常。聊家常難免都圍繞著餓肚子這件事。母親說，家裏的一點點儲蓄，過去一年買高價米，吃去了一大半，但父親還說吃不飽。家裏飯廳的牆上，貼著毛主席像，父親吃完他那一份蒸飯後，就經常像小孩一樣敲著飯碗，對著毛主席像，哼著：「毛主席呀毛主席，我們吃不飽呀！」聽父親這麼一哼，母親就說：「喊毛主席又有什麼用？全國老百姓有一多半在餓肚子，這事該誰負責？為什麼不聽彭德懷的意見？人家是好心好意嘛！」那時，家屬們都要參加勞動，母親也在街道辦的一家小鎖廠當裝配工，還在車間裏負了一點什麼小責任，所以，聽過廬山會議關於「反黨集團」的什麼傳達，知道了彭德懷在廬山會議中上萬言書的事。母親說，這些話，當然只能關起門在家裏說，出門講這些話，要是給哪一個打了小報告，那就該糟。

　　談到了我在鄉下的情況。我說，我們那邊提倡在食堂吃「雙蒸飯」。所謂「雙蒸飯」，就是把缽子裏的飯蒸了兩道，多了些水，乾飯變成了稀飯，看去分量多些，實際上還是一樣的，而且不大好吃。有的教營養學的大學教授，卻在報上寫文章，說「雙蒸飯」營養價值豐富。母親聽了大笑：「儘是瞎說！寫這文章的這位大學教授，怕也和我們家裏的這位退休教授一樣，在家裏吃不飽飯，要敲飯碗喊毛主席呢！不過，不瞎說又有什麼辦

法？要你寫你敢不寫？彭德懷是元帥，是開國元勳，講幾句真話就落得那個下場，誰不怕？」

我還說：我勞動的地方，農民們吃食堂，食堂裏蒸的每餐飯，按年齡分成七類，有些三歲的孩子，吃第七類，每餐只吃半兩米，又吃不到油，當然喊餓。在食堂裏吃飯時，只聽到孩子們的哭聲。孩子們扯著母親的衣衫，喊還要吃飯，母親只好含著淚，讓自己餓一餓，把缽子裏的飯分出，給孩子吃。我父親聽到這裏，就說：抗戰開始那年，我到過湘潭，你們住的那些地方，比福建富足多了，自古就說：「湖廣熟，天下足」，現在弄成這樣，恐怕歷史上都少有！

我又談到：我和一位在大隊上餵豬的王克仁老爹住在一起。這老農民，無妻無子，鰥居多年。豬欄屋邊種了些餵豬用的南瓜。有時，我出晚工，王克仁老爹在豬欄屋裏煮豬食，他就切了些南瓜，放在一個藥罐裏，蓋好，煨在燒柴禾的灶裏，等鍋裏的豬食熟了，灶裏藥罐中的南瓜也就熟了。我晚上收工回來，就讓我吃了那一點南瓜再睡。是王克仁老爹的南瓜救了我的命。王克仁老爹還對我說：民以食為天，這樣弄下去，會翻船的。我母親說：要記得人家給你的好處。父親說：老百姓中好人多得很囉！老百姓對一些事是看得清清楚楚的，幹嘛要封人家的嘴巴？卻讓一些不三不四的人，去假彙報。

後面又扯到了造成這場全國性大饑餓的原因。當時「規定」的說法是：遭了天災。我說，真怪，在我們那裏，天氣可是好得很咧。母親說：福建這邊也是風調雨順，一些從東北回來的人也說，那邊天氣也好。（三十五年後，我看了張賢亮的紀實小說《我的菩提樹》，才知道那年寧夏的天氣也好，沒有什麼天災。）那麼，天災在哪裡？這確實很怪！母親又說：怕是做錯了大事，不好交賬了，推給天老爺，請他老人家來代人受過咧。不過幾億小百姓又不都是三歲小孩，哄得了？

這樣談著，談著，壁上那老掛鐘已經敲了十二下，該睡覺了。這一夜雖然沒有餓肚子，睡覺的環境又是很容易引起我許多童年夢幻般記憶的環境，但我還是沒有睡好。因為令人要想的事太多了。人是多麼複雜的高等動物啊！吃飽了飯，卻還要思想。

15

　　在家住了一個星期，就打回轉。除了去看望一位和我一樣遭難的十分要好的老同學以外，其他親戚、朋友，一概沒有走往。因為這是不適合走往的年代。離福州前一天晚上，我母親特地炒了兩斤大米，用手磨磨成米粉，還拌上不少豬油和紅糖（在那時，這是了不起的奢侈享受），讓我們兩父子帶在路上吃。但到南昌換車時，那放著炒米粉的小包卻被人偷走了。我和兒子在車上，由南昌餓到長沙。

　　　　　　　　　　　　　　　　一九九六年元月十七日，長沙。

「殘破」記事

　　「文化大革命」開始前，我在洞庭湖邊的一所鄉間中學教書。運動一開始，就被作為「牛鬼蛇神」揪了出來。加給我的罪名是：「沒有改造好的摘帽右派」。那時，「摘帽右派」和「右派」一樣，都屬於「地富反壞右」中「右」的範圍，都是「牛鬼蛇神」。從哪裡可以看出我「沒有改造好」？兩派的「造反派」又都說不出。有一派造反派頭頭對我說：「你能說你自己改造好了嗎？我們說你沒有改造好，你就得老實承認！老實才能爭取以後寬大處理。」這所鄉間中學，有一位和我是同樣罪名的教數學和英語的黃顯經老師，原是湖南省委黨校的教研室主任，他畢業於西南聯大，參加工作前，是清華大學的研究生。我們雖同在一個學校教書，因不屬於同一教研組，故從無來往。兩個人都成了「牛鬼蛇神」後，因在一起勞動，故有時也講講話。有一次，在勞動休息時，就只有我們兩個人在一起，談到了我們共同的罪名。他說：「這叫做『打死老虎』。武松在景陽崗打的是活老虎，弄不好就會被老虎吃掉。打死老虎呢，既無危險，看上去又像英雄，何樂而不為？」

　　在運動中，掛牌、批鬥、抬死屍、埋死屍（在運動中自殺的教師）、掃廁所、抄家（抄去了我一直珍藏著的參加革命前後的兩厚冊日記，其中包括一九四七年秋越過封鎖線去解放區、一九四八年春上前方和一九四九年五月下旬從北平南下時的全部日記。這份寶貴的生活記錄被毀損，至今想起，都感到心痛不已），總之，運動的批鬥對象受到的種種虐待和凌辱，我一件都不少。最妙的是：一次過中秋節，剛剛上臺的當權的造反派頭頭，為了討好大家，突發奇想，讓全體教職員工放假三天（包括未定案的所謂「牛鬼蛇神」）。想回家的可以回家過中秋節。因為，那時，學校中反正已經不上課了，許多人正準備外出串連。那幾天，在校值班的造反派，是運動前和我接近過的學生。我向他請假，想回去看看妻子和兒子，他們在另一公社的一個學校，和我相距三十里路。萬萬沒想到，這個造反派學生，

17

為了表現自己的積極，表現能和「牛鬼蛇神」劃清界限，突然翻了臉，說：
「你不是正要好好改造嗎？還想回家過中秋節？這不是沒有改造好的表
現嗎？不行。你只能老老實實待在學校中改造自己。」我無端受了學生的
這場侮辱，當然一言不發，走了。結果，那個中秋的夜晚，望著一輪圓月，
不免思緒萬端，感慨不已。想得最多的是：這個運動，怎麼竟會把這麼一
個無知的小青年，從「人」變成了「非人」？

　　往後，全家下放勞動；往後，又把我一個人調到五七幹校去「改造」；
再往後，因為「復課鬧革命」，又把我調回所在中學的那個公社，在「聯
校」邊勞動邊等待「分配工作」。分配以前，在「聯校」食堂挑水，種菜，
弄些雜務。這時候，這場所謂革命，從發動之日算起，已經過去快五年了。

　　在食堂挑水也不輕鬆。這個「聯校」的食堂，雖然只有二十多人吃飯，
但每天要從半里路以外的池塘裏，挑來十幾擔水。遇到下雨，鄉間土路溜
滑難行，肩上壓著一擔八、九十斤重的水桶，在滿是泥濘的小路上搖搖擺
擺、顛來倒去，一天下來，腰疼得不能伸直，那受苦的味道，可也是一言
難盡。

　　不過，在這裏也有一個好處：星期六傍晚可以回家，但星期一清晨必
須趕來參加「天天讀」。「天天讀」就是集體誦讀毛主席著作。其中讀的
次數最多的是「老三篇」。有時，也由革委會領導讀些報紙上的重要文章。
領導一再強調：是否參加星期一清晨的「天天讀」，是表現是否忠於毛主
席的頭等大事，在頭等大事上，絕對不能犯自由主義。那時，妻子已經調
到另一公社聯校教初中班的課，兒子十六歲了，因為是「右派崽子」，雖
然成績優良，但不准升高中，就在這個公社的社辦工廠當學徒工。我們之
間相距四十里路，沒有任何交通工具，全靠兩條腿走路。我大約是每隔一
周或兩周，就回去看看他們。

　　星期六下午五點鐘就動身回家，要走到天斷黑才能到家。星期一凌晨
兩點，吃一碗用開水泡的剩飯，就必須動身去我的那個「聯校」參加「天
天讀」。其時，大夜彌天，霧塞四野，天地之間，一團漆黑。一個人打著
手電筒，走在鄉間的小道上，猶如乘著一葉扁舟，飄蕩在無邊無際的暗夜
的海洋中。孤寂，而且還有點恐怖。有時，遠處的幾聲貓頭鷹的啼叫，或

在近處樹叢裏宿夜的鷹梟被驚醒，突然嗖嗖起飛，就更增加了這種孤寂感和恐怖感。頭天晚上，睡覺前，我都要仔細檢查一下手電筒，特別是檢查電筒裏的燈泡和備用燈泡的狀況，怕萬一出了毛病，那就寸步難行，一葉扁舟就要被淹沒在汪洋大海之中。此外，還要隨身帶一根棍子，防止意外事故的發生。比如，有一次，遇到一隻饑餓的野狗，夜間在田野裏遊蕩，突然竄到我的跟前來。如果不帶這一根棍子，那就很難對付它。走到快天亮時，還要涉水過一道小河，嚴冬或早春，打著赤腳在小河中涉水，寒氣入骨，侵人心脾，上岸時還冷得全身顫抖，難免步履蹣跚。那味道，確實也不好受。心想：讓人這樣受罪似地去學習毛主席著作，情緒鬱結，能學得好麼？

有一次，發生了這樣一件事：

一個星期一的清晨，「聯校」中的教職員工，都按時到齊了，開始「天天讀」。先齊讀了幾段毛主席語錄後，一位由造反派中提升的、上頭從外公社新派來的「聯校」革委會的教導主任，準備開始讀報。當時，中國和印度的關係緊張，報上登了一篇評論員文章，題目是〈新德里的悲劇〉。那位剛提升的新領導，拿著報紙十分神氣地走到我的面前，突然問道：「喂，這『新德里』是什麼意思呀？」我當時正涉水過河不久，由於受寒，身上很不舒服，憋著一肚子火。聽他這麼一問，第一個出自知識份子身上本能的反應是：連中國的一個主要鄰邦、世界四大文明古國之一的印度首都叫做什麼，這樣極普通的常識，他都弄不清，怎麼能提拔起來當什麼學校的教學領導？於是，就回答說：「我不知道。」大概，那時，我說話的口氣，也不大友好。他反問：「怎麼，你也不曉得？」我又「回敬」他一句：「你們領導都不曉得，我又怎麼會曉得？」聽我這樣一講，他眼睛一橫，狠狠地瞪了我一眼，然後向大家說：「好，今天不讀報了，學習『老三篇』中的《為人民服務》。齊讀：我們的共產黨和共產黨所領導的八路軍、新四軍，是革命的隊伍……預備，起！」

二十多個三、四十歲或五、六十歲的中學教員和小學教員，也就像一、二年級的小學生一樣，馴服地齊聲朗讀著這篇讀過無數遍的「最高指示」：「我們共產黨和共產黨所領導的八路軍、新四軍……」

19

這大約是一九七一年早春發生的事。沒有想到,就因為這一天清晨在「天天讀」中對造反派領導的不恭敬,在幾個月以後,我為此付出了沉重的代價:

這一年國慶日前十來天,我的妻子帶著幾個學生,到一個大隊學校去排練幾個小節目,準備在公社的國慶紀念會上演出。她不慎跌了一跤,腰脊椎受傷,當時就行動不便,在她帶去的幾名學生的幫助下,吃力地一步一步挪回聯校後,腰疼得就不能再走路了,接著,第二天,副傷寒病發作,病情危殆。那聯校的一些女老師,把她送到公社醫院後,就在公社打了一個電話到我所在的聯校,通知我趕快來照顧病人。那電話正好是那位教導主任接了,他竟不把這關係到一個人生死的重要的電話告訴我。過幾天,國慶日到了,要放假了,他竟對我說:「學校要人守校,就留你守校。假期不要外出。」我當時還不知妻子的病情,也不知那邊聯校幾天前有個通知我妻子病重的電話,只是本能地感覺到:人不能太軟弱了,軟弱就會莫名其妙地被人欺負,因此,就斬釘截鐵地回答說:「我不能守校。我家裏有事,必須回家。」這樣,放假的前一天下午,我就趕著回去了。

到了那邊,那邊的一位女教師就告訴我,要趕快去公社醫院。所謂公社醫院,就在學校附近的一所民房裏。民房裏有一間醫生的寢室兼診室,此外有兩間房,各擺了兩張病床。躺在病床上已經奄奄一息的妻子,見到我後,第一句話就是:「你來了。我就怕見不到你了。」

公社醫院只有一位女院長兼醫師,大名劉秀英。時間已經過去了三十多年,由於她對工作的極端負責以及偉大的人道主義精神,至今我仍清楚地記得她的大名。在缺少藥品的條件下,經過她細心的診治和護理,且很好地利用了中草藥,妻子的副傷寒病竟逐漸好轉了。這時,我又給我所在的聯校的一位革委會副主任(也是一位女同志),打了個電話,報告我妻子的病情,請求續假。她通情達理,回答說:「這些情況,我們早就大體上知道了。你在這邊食堂的工作,我們已另外安排人代替了。你安心在那邊照顧病人就是。」以上兩位女同志,在別人危難時,關心人、愛護人、照顧人、體貼人的高尚感情,使我在昏天黑地的那場所謂革命中,突然看到了一道人性的曙光,覺得在這個社會中,好人還是處處可見的。因

而對這個社會還不顯得那麼悲觀，感到這個社會還是潛存著向上或向善的希望。

這一年的國慶日過後幾天就是中秋。和五年前的那個中秋不一樣的是，這一次，我們全家能在一起過一個團圓的節日了。妻子還躺在病床上，不能動彈。十六歲的兒子從社辦工廠回來了，帶來了一份扣肉，我和兒子就站在病房的破桌子邊上，喝著七毛錢一斤的白酒，吃著扣肉。那個

▲「文化大革命」前一年，作者與妻、兒，合影於洞庭湖邊的一所鄉間中學附近。

中秋夜，沒有青天，更沒有明月，而是秋雨霖霖，好似天老爺也有百般憂思、萬端愁情。而我們這個家庭，也正還面臨著重重窘迫和困難，但我卻感到：這種損人揪心的日子，最終是要走到頭的。這時候，人要挺直腰桿，不能軟弱，更不能悲觀。

不久，妻子的副傷寒病在劉秀英醫師的診治下，終於完全好轉。只有腰部受傷需要轉到縣人民醫院作理療。兒子借了一輛自行車，讓妻子坐在自行車上，我們父子輪流推著車，到了縣城。住進縣人民醫院後，兒子立即趕回上班，我留在縣醫院照顧妻子。因為，做理療，需要背著行動不便的病號上樓下樓。那時，我還不到四十五歲，也算身強力壯，一個男子漢需要背著自己的妻子上下樓，當然義不容辭。我每天很好地完成了這個任務。又過了約一個月，妻子的腰椎病也大有好轉，我想起：該要到我所在的那個聯校走一走了，因為，我每月還有三十二元的工資可領。於是，我去領工資。領工資後，想到：還是要向那位造反派的教導主任去打打招呼。他見到我的第一句話就是：「到了拿錢的時候，你就曉得回來了！」接著，又聲色俱厲地說：「去，到菜地勞動去！」我說：「我的愛人差點病死，現在病也沒有全好，我還要請假去照顧病人呢。」他聽我這麼一講，也就無可奈何。

著名作家孫犁同志，晚年寫了一篇短小的散文，題目叫做〈殘瓷人〉。他寫道：他這一生，經歷的殘破印象太多了，包括「九一八」以後國土山

河的殘破，戰爭年代的城市、村莊的殘破，以及「文化大革命」中文化殘破，道德殘破，等等。在這裏，孫犁同志指出的文化和道德的殘破中，我想，應該包括了中國傳統文化和道德觀念中仁愛之心的殘破、濟困扶危風氣的殘破，也就是「人道主義」的殘破，等等。對於一個民族來說，文化和道德的殘破，應該是一種最致命的殘破。而和這種致命殘破對立著的，是趨炎附勢、欺凌弱者、貪得無厭、唯利是圖等醜惡風氣的飆升。這實在是所有「左」的行動中一種重要的思想根源和動機。我在「文化大革命」中，這些個人的微不足道的小小遭遇，不知是否也在說明這個問題？

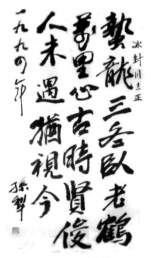

▲著名作家孫犁寫贈作者的
　條幅。時為一九九四年。

　　過了幾個月，我們那裏開始了「九一三」事件的傳達和學習。其實，在這以前，許多人都知道了這件事，只是嘴巴上不講而已。但也有些人，因為思想禁錮、自我封閉，對此莫名其妙。有這樣一個笑話：在這件事傳達以前，一個小學裏，有個小學五年級的小學生，回家對他的當小學教員的母親說：「媽媽，有人在說：林彪叛黨叛國，坐飛機到蒙古摔死了！」他母親聽了後目瞪口呆，過去摑了兒子一耳光：「不要聽人家造謠！那是毛主席親密戰友、永遠健康的林副統帥，怎麼會叛黨叛國！」兒子大鬧了一場，說是他母親打錯了他。

　　但是，據我觀察，多數人聽了傳達後，都心情平靜，好像無所謂似的，在正式的討論會上，則都還是套話、廢話連篇，沒有什麼人講真話。只是在會後，有人在悄悄地議論著。比如，有人說：「老公寫給老婆的信，是真是假誰曉得？」（這件事，如今已真相大白。但那時，雖然在背後這樣偷偷議論，卻也要有些勇氣的。）又有人則在背地裏偷偷地說：「早曉得林彪靠不住，為什麼要白紙黑字，把他名字寫在黨章和憲法上面？」如此等等。從那以後，毛主席的照片在報上出現時，較過去是蒼老了許多，且目光呆滯，不再是神采奕奕，不少人就說：「這一回林彪就害得毛主席夠

受的。你看，毛主席就老了許多嘛。」說這話的人，當然不知道「九一三」以後，毛主席是害了一場大病的。

不過，許多造反派都沒有過去那樣神氣了。大概他們都意識到，局勢在反覆，要給自己留些退路才好。不久，我也分配了工作，到茅草街對河的一所小學「戴帽子」的中學，去教初中班。那中學的領導，是我過去教過書的學生，對他的老師很尊敬。我在那裏過了一年較為舒心的日子。在以後，又調回到我原來在那裏教書的那所中學，我的妻子也從外公社調到那裏，教高中英語課。

到一九七六年初，周總理逝世。不久，又發生了天安門事件。這件事的真實情況，我們都從一些傳聞中知道得很清楚。上面說，要追查謠言。學校領導，也照章辦事，來幾句官樣文章，「追查」一下也就算了。不過，人心都在已逝的周總理和天安門群眾的那一邊，人們是看得清清楚楚的。

這時候，許多人都意識到，中國的經濟狀況已經走到快要全面崩潰的邊緣了。我們學校旁邊有一個生產隊，上一年結算，每個工的工錢只有七分錢，扣去要分給每戶的糧食和稻草的折價以外，每做一個工，要倒貼五分錢。這就是說，這裏的農民辛辛苦苦出一天工，不但不能分錢，還要貼錢。那年過春節，農民們沒有米下鍋，要打著赤腳到內湖去挖藕。大年三十，看到那些雙腳凍得通紅的農民，打著赤腳，挑著一擔剛挖出的泥藕回家過年，有不少人都想到了：中國可能將會出現一些當時中南海中的高層人士所料想不到的戲劇性局面。

到這一年九月，毛主席去世了。這一次，我比較平靜，心裏沒有哀傷，只是滲和著遺憾、困惑和憂愁。當時，只想到：一個多災多難的時代是要結束了。我在十九歲時，在參加革命的前後，是毛澤東熱情的崇拜者。因為我要追求建立一個「民主、自由、獨立、富強、統一」的新中國的目標，是他提出來的。而且，當時看來他也在全力爭取實現這目標。在延安，他和黃炎培的談話，還談到，只有實行民主，才能打破「其興也勃焉」、「其亡也忽焉」的週期率，這使我十分欽佩。一九五七年後，直到大躍進和文化大革命，耳聞目睹並親身感受到的許多事實，教育了我，我覺得毛的晚

23

年，在他所代表的專制主義的體系下，給中國造成了過多的殘破：經濟殘破，文化殘破，教育殘破，道德殘破，家庭殘破，人的尊嚴和人格的殘破，親情和友情的殘破……這些殘破，都明明白白擺在中國和中國人的前面，以後，要怎麼修復呢？當然，我也想到：在歷史上推動社會進步的、真正的革命，要摧毀一些阻礙社會進步的舊事物，不可避免地要使一些舊東西損毀或殘破，比如，造成皇權專制思想的損毀和殘破，則是十分必要的。而在這方面，如今恰恰不是去損毀它，而卻是在加強它。而在社會上造成的其他多方面的殘破，卻成了全民族不安和動盪的根源，有這必要嗎？面對這些殘破，使我不能再盲目崇拜他，而是對這位我過去崇拜過的對象，產生了一種強烈的遺憾和困惑。這是我當時主要的思想。

二〇〇五年十月十八日初稿，於長沙。

閱讀心得與偶感

從菊豆想到日瓦戈

我住的這個城市，上個月，放映了電影《菊豆》。電影院出的海報也有點開玩笑，竟寫上了：「此片國外獲獎，國內禁映」，大概就由於這「出口轉內銷」的緣故，觀眾人山人海，座無虛席，票房價值竟與幾年前上映的《芙蓉鎮》相仿。

看了這影片後，許多人都說：「這片子禁得有點古怪」。

禁得實在有點古怪。

因為：一、影片描寫和譴責的是二十年代中期中國中部山區農村的事情。那時間，那地點，是軍閥、地主們的天下，與共產黨無涉。二、影片的主題是反封建，揭露封建的夫權和族權對人性的摧殘。毛澤東說得明明白白：政權、族權、神權、夫權，代表了全部封建宗法的思想和制度，是束縛中國人民特別是農民的四條繩索。（《湖南農民運動考察報告》）禁片的主事者，大半口頭上都是高舉毛澤東思想旗幟的，但為何對這重要的「最高指示」卻置若罔聞？三、影片雖然表現了人的「性意識」，但並無黃色鏡頭。「食色性也」，性意識在文藝作品中如果也不准表現，那《阿Q正傳》早就該禁。阿Q不是跪著對吳媽說：「我要和你困覺」嗎？

總之，太古怪了，此中三昧，令人不易參透。

有客來訪，閒談此事，他說：此事無任何背景資料可供查考，只好求助於臆測。當時為何要禁此片，恐怕要和禁片的時間、以及當時的某些事件聯繫起來，加以考慮。經他這麼一講，我才恍然大悟。其時，一件事是不許反封建（這是我杜撰的名詞。但事情的實質確是如此）。那時有一個研究馬克思主義的、在知識份子中頗有些影響的叢刊，有許多共產黨員、包括了像夏衍這樣的老共產黨員，為紀念五四七十周年，在上面寫了文章，提到如今仍要提倡民主，提倡科學，徹底清除封建主義。不知是哪位「左」派人士看了不高興，針對這樣的觀點，於是，連篇累牘的「大批判」文章來了，那類文章很多，繁瑣、冗長、無理、乏味，使人沒有精

神去細看，我只是擇看其中精彩的幾篇。如，有一家大報在學術專刊上，登了一篇長文，大意說：民主、科學，也有姓社姓資的區別，你提倡的那是資產階級的，要不得。且封建主義和社會主義格格不入，中國早就把封建主義剷除了，封建主義早已不成體系了，你要徹底清除封建主義，那等於反對現在的社會主義，（多奇妙的邏輯！但我懷疑論客沒有讀過《共產黨宣言》，還懷疑他得過文化大革命這樣封建復辟的什麼好處，如今還在念念不忘為他有好處的那場「革命」），如此等等。於是，在社會上造成一種風氣，不能談民主，談科學，不能提徹底清除封建主義，否則，就犯上了什麼「化」，就是反動。在這樣的氣氛下，一部影片，把矛頭主要對準封建的宗法思想和制度，審查還能夠通過麼？這大概已是不言而喻的事了。當時還有一件事：正在掃黃。黃色的電影、書刊，在毒害人們，特別是毒害青少年的心靈，掃黃當然十分必要。但在某些地方或部門，掃黃也難免擴大化。有些地方擴大到要掃除「性意識」。表現「性意識」的文藝作品，多少帶點被掃的危險性。為了加強保險係數，審查時，和「性」多少沾邊的作品，當以暫不通過為妙。當然，在主事的官員中間，當還不乏懂得一點馬克思主義、頭腦較清醒者，但在如今，在「權中自有黃金屋、權中自有顏如玉」的時際，有「五不怕」的精神，敢冒丟烏紗帽的危險，膽敢違背頂頭上司的意見，肯站出來講幾句公道話者，畢竟不太多。你要禁，儘管去禁你的，我不做聲就是了。這樣，《菊豆》不走「出口轉內銷」的道路，那又有什麼大路可走？這樣，大陸的中國人拍的片子，只好讓洋人或大陸以外的中國人先看，自己暫時不看了。

　　如前面提到過，此事無任何透明度，只好妄加臆測如上，不知此臆測有無幾分可取之處？

　　由此就想到與《菊豆》的內容毫不相干的，但在「出口轉內銷」這一點卻完全相同的，蘇聯傑出作家帕斯捷爾納克的長篇小說《日瓦戈醫生》。

　　我讀《日瓦戈醫生》是在六年以前，那時，湖南人民出版社打算出版它的中譯本，從工作的角度出發，為使自己不至於心中無底，於是，找到了一些可以找到的有關資料，隨便翻翻。隨後，北京有家出版社比湖南人

民出版社早幾個月出版了那部長篇的中譯本，於是，我又先讀了北京出版的那中譯本。為職業而讀書，多少總帶有勉強性質，總不如自己隨意讀書那麼有趣，那麼愜意。但那小說卻吸引了我，我還是比較認真地讀下去了，雖然為趕進度，有些地方也不免讀得有點浮皮潦草。就是這樣匆匆地讀了一遍後，我被這位作家對自己祖國的高度的責任感，對歷史深刻的反思，對人民澎湃的熱情，以及深厚的人道主義精神震懾住了。當時的直覺是：一，這是一部了不起的史詩式的作品，完全可與列夫‧托爾斯泰的《戰爭與和平》之類史詩媲美；二，作者完全是同情十月革命和擁護蘇維埃政權的；三，和一些粉飾現實的作品不同，勇敢地寫出了十月革命後的部分真實情況，寫出了俄羅斯知識份子的命運，理想，苦悶，追求，彷徨和迷惘；四，對歷史，對革命，進行了深刻反思，特別是對一些歷史上出現過的、把忠心耿耿的同志當作兇惡敵人加以殺害的無數冤案，進行了深刻的反思；五，作者有著強烈的人道主義精神，這是當前時代迫切需要的一種精神。當時，蘇聯尚未公開出版此書，除了在地下流傳的以外，大多數蘇聯人民當然還看不到這部巨著。那時候，我很為蘇聯人民抱屈，我覺得他們自己國家的一部重要作品，我作為一個外國人可以讀到了，而且讀後受到啟發，受到感動，而他們自己對這部作品的真面目卻一無所知。這的確有點悲哀。這也是我當時的一種直覺。

我還特別欣賞作者提到的「負債感」。他說，他對同代人欠了一筆巨債，寫這部小說正是為還債所做的努力。（見湖南人民出版社版《日瓦戈醫生》附錄，695 頁）。這種「負債感」是什麼呢？我理解，作者深刻意識到一位對自己的祖國有責任感的作家，應該通過自己的作品向人民講真話。但他過去並不能完全做到這點，所以他對祖國和人民欠了債，他只好在這部重要的作品中償還這筆巨債！多麼崇高的「負債感」！

但，那時的蘇聯，雖然史達林已經去世，被稱為「解凍」的時代已經到來，卻仍然不允許作家們這樣還債的。只有人民向領袖、向黨報恩、還債，哪有共產黨領導下的作家，向人民用講真話來還債的？於是，正當他的作品飲譽半個地球的同時，他卻莫明其妙地被潑了一身的髒水，迎來了各種各樣對他的造謠、誹謗、污蔑和咒罵，高爾基文學院學生們，甚至和

後來在中國的紅衛兵一樣，向他的住所擲了石塊，他被開除了作家協會的會籍（一個優秀的作家不允許被稱為作家），他被迫拒領諾貝爾獎金，他的書當然也就不能在他的祖國出版。此事過後不到兩年，他在抑鬱中去世。多麼不公平的世道！多荒唐和古怪的「大批判」和古怪的禁書！今天，人們如果對照著這部巨著，看一看當年蘇聯作協理事會關於開除這位作家會籍的決議，看到那決議給作者戴上了一些風馬牛不相及的帽子，諸如「淪為資產階級宣傳工具」、「誹謗一切進步和革命運動」、「政治和道德的墮落」、「小說思想虛假，毫無價值，是從頹廢的垃圾堆裏揀來的」等等（湖南人民版的《日瓦戈醫生》附錄中，刊有這個決議），就會覺得做出這樣決議的人，實在是出盡了自己的洋相，做了一件十分可笑的事。

　　赫魯雪夫對這件事要負責任。他沒有看過這本書，偏聽偏信了一些極「左」的和從個人嫉妒情緒出發而打的小報告，而同意對作者實行「批判」。後來，赫魯雪夫對此有所醒悟，講了部分的真話。他在他的回憶錄《最後的遺言》第五章中，對這件事作了懺悔，他認為他不該聽了一些不真實的小報告，而對出版此書不施加影響。

> 「主要問題是：應該讓讀者有機會作出他們自己的評價，而不應採取行政措施和員警手段。不應對我們從事創作的知識份子作出判決，好像他們在受審判似的。」

又說：

> 「關於《日瓦戈醫生》這本書，有人也許會說，我對這本書未能出版表示後悔已經為時太晚了。不錯，可能太晚了。但晚一些總比不表示好。」（《最後的遺言》135-136頁）

　　赫魯雪夫的這兩段話講得可以。他的話中，涉及到藝術民主問題，相信群眾問題，尊重知識份子問題（特別是尊重那些代表了民族靈魂的知識份子），不用行政措施和員警手段來處理精神世界中的複雜勞動問題，等等。赫魯雪夫是二十多年前講了這番話的，二十多年後的今天，對於我們

在總結諸如禁映《菊豆》，以及用類似的行政手段禁書、批判作者和出版者等事件的教訓上，不知是否還有一點點用處？

《日瓦戈醫生》從「出口轉內銷」，經過了三十一年，而我們的《菊豆》則不過三年。時代前進了，菊豆比日瓦戈的運氣好多了，我們比當年的蘇聯，前進了一大步，這是我們可以聊以自慰的。

一九九二年十月三十一日凌晨五時寫畢

訣別「史達林模式」

——嚴秀著《一盞明燈與五十萬座地堡》閱讀札記

一、黎澍的話

　　二十世紀八十年代中期，我到北京開會。會期中，去看望黎澍同志，見面後閒談到改革問題。黎澍同志說：「改革的路，會是很長的。但，無論如何，當前最主要的目標，就是要逐漸改掉『史達林模式』，無論在政治、經濟和文化的領域中，都是如此。」這話，在當時，對我來說，無疑是起了振聾發聵的作用。以後，在武漢出版的一本刊物上，看到黎澍同志在上面發表的一篇文章，也明確地談到了這個意思。

　　反正從那以後，「當前最主要目標就是要逐漸改掉『史達林模式』」，這句話深深地啟發了我，不斷地引導我思考了一些問題。

二、嚴秀的書

　　從那時以後，我就比較注意閱讀一些闡述「史達林模式」真相的書或文章。一九九一年，蘇聯一下子土崩瓦解，這一類書或文章出得更多了，我也讀到了其中的一部分。在我讀到的這些書中，學林出版社出版的嚴秀同志的《一盞明燈與五十萬座地堡》算是最重要的一本。這本以國際問題作為題材的專論及雜文集，有三分之二以上的篇幅，談到了「史達林模式」。這些文章材料翔實，分析中肯，提綱挈領，擊中要害，篇篇都值得反覆閱讀。其中，尤以〈可怕的《莫洛托夫訪談錄》〉和〈讀羅曼・羅蘭《莫斯科日記》〉，更值得細讀。

〈可怕的《莫洛托夫訪談錄》〉，是一篇約三萬五千字的長文，寫於一九九八年盛夏，其時，嚴秀同志已屆八十高齡。一位耄耋老者，在酷暑中下了苦功夫，查證資料，鉤沉稽考，分析情況，指出關鍵，為中國讀者寫出了沉甸甸、有分量的大文章，作者自謂理由無他，心境乃符合《詩經》上的兩句詩：「知我者謂我心憂，不知我者謂我何求」。這實在令人蕭然起敬。

▲《一盞明燈與五十萬座地堡》的作者嚴秀（曾彥修）像和他的手跡。

《莫洛托夫訪談錄》的確從反面提供了許多使人感到寒心、可怕的資料。所以，這篇長文的副題則名為「一部最好的反面教材」。莫洛托夫至死都把史達林抬到天上，因此，嚴秀同志說：「從莫洛托夫的談話錄來看蘇聯的失誤之處，就特別權威，特別具體，特別真實，這決不是任何其他理論探討書與回憶錄所能代替的。可以說，前蘇聯最痛苦的失敗與教訓，大體上都具體化到莫洛托夫的談話這塊巨大無比的花崗岩中了……語云，前事不忘，後事之師。我套用兩句：蘇事不忘，中事之師。你只要抱著吸取教訓的目的去看，莫洛托夫的這本厚書就不但看得下去，而且你會感到：啊喲，原來你們的革命是這樣幹的呀！」

嚴秀同志又說：「絕對的個人專制獨裁；對人民的超級恐怖統治；根本不顧人民的死活，至死不變的、純主觀空想的、根本不顧客觀效果的死板的『社會主義』經濟模式——這三者，我以為大體上可說是他們致命的絕症。『訪談錄』在這些方面提供的直接、間接的證據，可以說是很多的。因此，這本書的用處實在很大，千萬不宜等閒視之。」

史達林的個人專制獨裁，是怎樣幹的呢？本書列舉了許多例子。比如，從一九二二年十二月二十四日、二十五日，及一九二三年一月四日，列寧的三次口授信，即有名的「遺囑」中，涉及俄共中央的領導人共六人，即：托洛茨基、史達林、季諾維也夫、加米涅夫、布哈林、皮達可夫。六人中的史達林，後來用「帝國主義間諜」的名義，把其他五人都殺掉了（按：

托洛茨基先是流放國外，後被史達林雇人刺殺於墨西哥）。至於其他的國防、外交……等重要戰線中的高級將領、高級幹部、老布爾什維克，被殺的那就更多了。真是「殺人如草不聞聲」，被屠殺的精英，何止成千上萬！這些情況，嚴秀同志在本書的其他一些文章中，用「抽樣調查」的辦法，作了縝密的考證，留待底下敘述。有一種史達林式的典型理論是：一旦風吹草動，人人都可能是特務，人人都可能會投敵，他們都可能在將來幹壞事，「唯一救治之道，就是提前把他們先殺掉！」這話是從莫洛托夫口中老實講出的蘇聯領導人長期關門大鎮壓的根本理論。殺掉他們要不要什麼證據呢？到死都高舉史達林大旗的莫洛托夫赤裸裸地說：不要罪證。莫洛托夫說：「既然已經知道他們犯了罪，他們是敵人，還需要什麼罪證！」莫洛托夫至死也擁護糊裏糊塗、不分青紅皂白地亂砍亂殺。他說：「我認為我們當時就應該經過一個恐怖時期……當時沒有時間、沒有可能……仔細分析。否則我們就不僅會拿俄國的蘇維埃政權去冒險，而且會使國際共產主義運動受到威脅。」這就是說，一切毫無根據的大屠殺都是完全合理的，莫洛托夫至死堅持他這套「社會主義」即應是「無限恐怖」的理論！千萬別小看了這種理論的荒謬性及其嚴重的惡劣影響，在那以後的約半個世紀，在一個只有七百萬人口的亞洲小國，在短短的幾年中，就殺了許多萬人！他們奉行的恐怕也就是這種血淋淋的「史達林模式」的理論吧！在這種理論指導下的「無產階級專政」，實際上只可能是幾個人以至一個人的專政。「蘇聯的事實是一切權力只集中在一個人手裏。這恐怕是蘇聯一切錯誤的總根源。個人獨裁得越厲害，人民的苦難也就必然越厲害，古今中外，絕無例外。」這樣明確的事實和判斷，難道不值得我們好好反思一番嗎？

　　莫洛托夫還談到了一種奇怪的「無產階級專政論」，他公開說：「我認為，不管怎樣，我們都應堅持無產階級專政。國家不能既代表工人階級又代表集體農民和知識份子的利益。……馬克思和列寧都說過，要實現社會主義，就得讓工人階級獨攬大權。」嚴秀隨即寫道：「莫洛托夫的確沒有馬克思列寧主義的起碼常識。資產階級專政或無產階級專政，是說那個政權的本質。他連國家還要站在各個階級之上，還要代表或照顧整個社會各階層的利益這樣馬克思主義的常識都不懂；馬克思時代對農民問題的理論是還

沒有解釋清楚，列寧對無產階級要建設社會主義的想法是，第一個要解決的問題就是工農聯盟，沒有工農聯盟，就不要想建立什麼社會主義。既然是工農聯盟，你不考慮同時代表農民的利益，你能存在一天嗎？莫洛托夫的『獨攬大權』之說，本身暫置勿論，但『獨攬大權』決不等於『獨攬社會利益』，即使『獨攬大權』之說無大錯，但它的無大錯，根本上就在於它必須善於照顧整個社會成員的利益。莫洛托夫正相反，特別強調無產階級決不能同時代表農民和知識份子的利益。」所以，「他的理論不是錯誤，而是極端的反動！這種人參加蘇聯當政幾十年……他所理解的馬克思主義，竟然是必須同廣大農民與知識界為敵的東西。幾十年的蘇聯在搞些什麼，人們也不難窺見其一部分秘密了。」「尤其令人驚詫的是，莫洛托夫公開宣佈，對有些科學家，不管他們有罪無罪，不管他們是否有犯罪嫌疑，都只能把他們關在監獄裏才能讓他們工作，像養牛羊一樣給他們草料吃，然後把他們的奶汁擠盡。」「像權威的飛機設計師圖波列夫……火箭之父科瓦廖夫等人，都不是貝利亞之流想捕就敢捕的，只有一個人才有這個權力，這就是史達林。」以下，就引了莫洛托夫的話說，「圖波列夫可能成為一個危險的敵人」，「他們內心反蘇」，在同親朋好友往來中，會幹些腐蝕人的事，即使沒幹，也有這種情緒。要把他們送進牢房，同時下令給他們提供最好的生活條件，讓他們工作。「不能不考慮，遇上困難關頭，他們可能成為特別危險的分子。」

　　讀者諸君，各位開了眼界沒有？這就是「史達林模式」的「無產階級專政」中如何對待農民和知識份子的！而且這樣做法，是經過鐵杆的史達林分子莫洛托夫自動承認並公開宣佈了的。

　　莫洛托夫還特別反對改善以至照顧一下人民生活，他認為只要帝國主義存在一天，蘇聯人民的生活就不可能改善。因此，就必須全力發展重工業，實即發展軍事工業；他承認在他主持下消滅了四十萬戶富農（實際上還要多），他甚至在八十年代還想繼續消滅富農；莫洛托夫還自稱，作為蘇聯的外交家，他唯一任務是實行對外擴張，要佔領東歐、西歐，要分掌非洲，還要向蘇聯南部的邊境外擴展（土耳其、伊朗、阿富汗），甚至在一九四〇年正式出兵佔領波羅的海沿岸三國的前一年，他要拉脫維亞外交部長來見他，說：「你不簽字加盟（按：加入蘇聯），就休想回去。」從

愛沙尼亞來了一位部長，也是這樣對他說的。波羅的海沿岸三國就這樣被併吞了。戰後，他還用同樣的行為，想對南斯拉夫也這樣幹。

最妙的是，當時的蘇共最高層，竟是如某些封建王朝的掌權者一樣，各人都擁有各人自己的勢力，要互相置對方於死地。貝利亞之流的身家性命都掌握在史達林手中。而史達林周圍也都是貝利亞的人。在史達林死後的一九五三年五月一日，在列寧墓的觀禮臺上，貝利亞曾對莫洛托夫誇稱，史達林是被他「收拾了」。而赫魯雪夫回憶錄中則說：史達林病倒後，馬林科夫、貝利亞、赫魯雪夫三人得報去他的別墅，看到史達林不省人事了，他們對旁邊侍候的人們說，史達林睡著了，不要去驚動他。他們根本不找醫生來搶救，隨即三人揚長而去。好幾小時後，三人再來，史達林仍未死，這才不得不做些表面文章，請醫生搶救……一句話，他們都希望史達林快死，這真是一場「你死我活的鬥爭」。

莫洛托夫在「訪談錄」中，還證實了赫魯雪夫在蘇共二十大上作的秘密報告中講的一件令人難於置信的事：一九四一年夏，在希特勒部隊向蘇聯開始進攻的最初幾天，史達林竟什麼也不幹，人也見不著。莫洛托夫講得比赫魯雪夫還具體，證明赫魯雪夫對此並未加油添醋。他說：「一九四一年六月二十二日凌晨三時，數百萬裝甲部隊、成萬輛坦克、數千架飛機從北到南在同一秒鐘向蘇聯發動了猛烈的全面進攻，全國不知所措，可是史達林幾天不見人、不理事、不表態、不發表告人民書，拒絕擔任最高統帥。」在中國，過去有人說，這是反動的謠言。在把史達林「神化」的時候，在史達林這把「刀子」還不能丟的時候，這樣講，確實也有許多人認為這是「造謠」。現在，由莫洛托夫出面證實了這件事，過去使人不敢相信的事，也就不能不相信了。

我以為，嚴秀同志在這篇三萬五千字的長文中所勾勒出的「史達林模式」的形形色色表現，已頗為淋漓盡致，把六百多頁的反面教材《莫洛托夫訪談錄》的重要部分都作了精彩的「批點」。真正的共產黨人，真正的馬克思主義者，真正希望我們國家、民族不蹈覆轍的人們，對此能不觸目驚心麼？還能渾渾噩噩、無動於衷麼？我看，不能。

在長達二萬三千字的〈讀羅曼‧羅蘭《莫斯科日記》〉中，嚴秀同志也作了同樣精彩的「批點」，使人讀到這日記後，能更準確地抓住它要說

明的要害。這日記，羅曼·羅蘭生前曾鄭重聲明，要五十年後才能公開。其時，羅曼·羅蘭雖感到有些寒意，但「距離後來的『攪得周天寒徹』的寒，可謂還差十萬八千里。」但他已經估計到，「蘇聯那樣幹下去，肯定是幹不好的，一定要出大亂子的，大概是要崩潰的。」讀者如順著這個思路去讀這日記，庶幾掌握它的「精髓」所在。一些主要問題，如特權階層與廣大人民的尖銳矛盾；老百姓敢怒不敢言；蘇維埃政權和知識份子關係的緊張；「領導權就意味著一定要有所自我犧牲，而決不能是意味著壟斷一切的權力和權利」；史達林個人專制、製造冤案、濫殺無辜，而卻對羅蘭說，「蘇聯人民批評他太仁慈了」（意思是說，還殺得不夠）；青年人不敢講真心話，被迫處於半麻木狀態；個人崇拜的狂瀾並非真的來自群眾，而是領袖自己製造出來並加以特別維護的；……日記中都作了具體的敘述。這些無疑都是十分重要的。但，我以為，嚴秀同志的長文中，最精彩的還是第八節，對蘇聯當時「大鎮壓」的實際情況作了一個「抽樣調查」，從這個「調查」中，可以瞭解到史達林濫殺無辜的真實情況。第八節名為：〈羅蘭接觸過的人們後來到哪裡去了？〉這些名人，除高爾基外，共十人，即：達夫捷揚（蘇駐波蘭大使）、阿羅謝夫（蘇對外文委主席）、克留奇科夫（高爾基秘書）、列文（克里姆林宮醫院院長）、哈拉托夫（國家出版局長）、科薩列夫（共青團總書記）、阿維爾巴赫（「拉普」總書記）、雅戈達（內務部長，恐怖頭子，是作為走狗被烹的）、布哈林、拉狄克，這十個人，均死於非命，除「拉普」總書記阿維爾巴赫被捕受審時，義不受辱，跳樓自殺；拉狄克一九三七年被判十年徒刑，於一九三九年死去（死因說法不一，一說被殺，一說被折磨致死）；此外八人，均被處決（被殺原因並非因為見過羅曼·羅蘭，不見羅蘭也要被殺的，安的罪名都是「帝國主義間諜」）。除此以外，還帶出了一些有關情況，如，當時與達夫捷揚前後處決的，還有蘇駐華大使鮑格莫洛夫，駐法大使希爾斯菲里德，駐蒙古大使塔伊羅夫。名義也都是「德日間諜」。我以為，這個「抽樣調查」，很能夠從一個小側面，說明在史達林個人專制下實行「大鎮壓」的實況。

嚴秀書中另有一篇文章，名為〈早期中蘇關係中的蘇方名人哪裡去了〉，也是對史達林的「大鎮壓」作的另一「抽樣調查」。文中共列舉十

四人,即:越飛、達夫謙、馬林、維金斯基、楊明齋、加拉罕、鮑羅廷、加倫將軍(即勃留赫爾元帥)、羅易、羅明那則、拉狄克、米夫、鮑格莫洛夫、布哈林,其中荷蘭人馬林與印度人羅易是第三國際工作人員,不是蘇聯人,早已離開蘇聯,可不計入其中,「其餘十二人中,除維金斯基一人結局不詳外,其餘十一人全部被害,包括元帥在內。這些人在一九五六年蘇共二十大後,均已全部無條件平反。」這個「抽樣調查」,與上述對羅曼‧羅蘭接觸人物的「抽樣調查」情況何其相似!

嚴秀同志說:「冰凍三尺,非一日之寒。崩潰之因,其來有自。堡壘的地基已經被自己挖空,還能不塌陷嗎?」這話說得很有分量,但願能引起人們深深的思索,那就好了。

書中還有二十多篇雜文及讀書筆記,有談「史達林模式」於史達林身後對蘇聯影響的(如,論勃列日涅夫政權的性質、動作方式及影響),有談「史達林模式」在國際上影響的(如,論阿爾巴尼亞霍查政權與人民的徹底對立),有論述各色恐怖主義的,有論述日本軍國主義復活的,有論述國際上的若干國家由於絕對專制導致絕對腐敗的,等等。這些文章都思想深刻,見解獨到,文采斐然,篇篇精彩可讀。

三、蕭乾的信

上述〈讀羅曼‧羅蘭《莫斯科日記》〉一文的前一部分,發表於《隨筆》雜誌,蕭乾先生讀後,立即給作者寫信,認為寫這樣的文章是一件大事,等讀完全文後,他要寫一讀後感交《隨筆》發表;不久,蕭乾先生因患心肌梗塞住院,醫生不許他寫信,但他仍然偷著給作者寫一封信,對寫不成那篇讀後感,表示歉意,信上還說:「……但至今仍認為您做了一件大事:用前蘇聯為咱照照鏡子……您學識淵博,對前蘇聯情況太瞭解,我又希望尊文能早日進入一醒世文選。」

可惜,蕭乾先生去世了。他沒能讀到這本書中〈可怕的《莫洛托夫訪談錄》〉等其他重要文章。這樣,也就使我們失去了一個絕好的機會,讀到中國一代名作家、名記者那啟人深思的「照照鏡子」的讀後感。但蕭乾

先生的編輯醒世文選一說，確實值得引起我們一些眼光遠大、憂國憂民的編輯家們、出版家們的思考。這確是一件大事呢！

四、邵燕祥的文章

兩年前，我讀過邵燕祥同志一篇寫於一九八九年的讀書札記，名為〈讀布哈林遺囑〉，此文收入《邵燕祥文抄（一）：史外說史》。文章對「史達林模式」的特徵有過精闢的概括。現將邵文中的一段話，摘錄如下，供讀者參考。或許這對於深入理解嚴秀同志的書，能有些幫助？邵燕祥同志說：

> 「史達林體制是封建性很強的官僚體制，在史達林體制下，黨的領導機關及其大權獨攬的領袖，通過高度集中的黨的權力和壟斷性的國家權力，包括凌駕於法律之上的精神權力和物質權力，對整個社會生活實行全面干預，不可避免地要採取極端政策、強制措施和高壓手段，結果形成滲透全部官僚體制的兩大特點，一是專制化，自上而下逐級的長官意志和自下而上逐級的絕對服從相結合；二是寄生化，在各級領導層中『合法』的特權和非法的特權相結合，這樣就孳生出大批利用手中權力實行壓迫和剝削的官僚，而無產階級和人民群眾處在這權力金字塔的最底層，竟不得不經常震慴於鎮壓的威力，失去了免於恐懼的自由。」（《史外說史》P.381-382）

這也就是布哈林在二十年代末，把蘇聯生活中出現的「軍事封建剝削」概括為：「一句話，人民為官吏，而不是官吏為人民」。（轉引自《史外說史》P.374）布哈林擔心這種現象會毀掉國家，毀掉黨。經過浸透著人民鮮血和眼淚的六十多年風雨滄桑的歲月，布哈林的擔心果然被歷史所證實。

一九九九年八月二十六日寫畢於長沙
（載二○○○年第五期《同舟共進》，二○○二年第八期《炎黃春秋》。
均有刪節。此是原文）

紀德的真話與史達林的悲劇

一

遼寧教育出版社最近出版了法國著名作家紀德六十多年前寫的兩本書：《從蘇聯歸來》和《為我的〈從蘇聯歸來〉答客難》，兩書譯者都是鄭超麟老先生，分別譯於一九三七年和一九三八年。譯第一本書時，鄭老是作為政治犯被囚於國民黨政府的監獄。書出版後，發行較廣，但看過此書的讀者，現仍健在者，也都垂垂老矣。六十歲以下的人，看過此書者，可能極少。第二本書是鄭老出獄後譯的，當時，正是抗日戰爭初期，受戰爭影響，發行量很少，許多讀者則只知書名，而未見其書。這本書的書名是意譯。原名是：Retouches a mon Retour de L'. U.R.S.S.，其中 Retouches一詞，法文解作對圖畫或文章的「修飾」或「潤色」或「修描」。紀德出版《從蘇聯歸來》後，除一些人惡意的攻擊、謾罵和污蔑，他置之不理外，還有一些人由於不知底細，對它作了善意的批評，紀德的「修描」正是對善意的批評者而作的。譯者考慮到譯為「潤色」等詞，中國讀者對其含義不易理解，故乾脆意譯為《答客難》。兩書重版時合訂為一冊，共收有十二篇附錄。這些附錄，極大地幫助了讀者理解全書。

▲紀德著《從蘇聯歸來》的譯者鄭超麟老先生與本文作者合影。攝於一九九三年五月。

現在，許多人都在思考蘇聯亡黨亡國的深層原因，觀點各異，言人人殊。有一種說法是：史達林當時實行的計劃經濟，造成了人民生活物資的匱乏；實行極權，扼殺民主，濫殺無辜，變無產階級專政為官僚分子對廣大人民的專政，造成了人心背離；由於社會上缺

乏民主自由，人民的經濟生活狀況又欠佳，特權階層與人民之間的尖銳矛盾日益擴大，造成了社會上的不安定；史達林以後的數任領導，又都未能扭轉這一局面，這是蘇聯崩潰的最根本原因。閱讀紀德這兩本書，可使更多人反思歷史，加深對這個問題的理解。從這個意義上來說，兩書的重新問世，確是值得一提的事情。

譯者鄭老生前對這兩本書的重版備加關注。他認為，他一生翻譯的數十本書籍中，布哈林的《共產主義 ABC》和紀德的《從蘇聯歸來》是兩冊影響最大的書。他以九十八歲高齡且在雙目近於失明的狀態下，尚為《〈從蘇聯歸來〉答客難》的重版，寫了一篇新序。但他沒有看到書的重新問世而於一九九八年八月一日與世長辭。現在，書的出版，正是對這位世紀老人深切的悼念。（以下引用書名從略，只注明頁數）。

二

《從蘇聯歸來》講的都是真話，而且是在最重要的、根本性的問題上講真話。

如果說，它還有什麼不足之處或缺點的話，主要還在於講這種真話講得還不夠具體，略嫌拘謹，對有些問題似蜻蜓點水，一掠而過。

發生這種狀況，我以為，在作者思想上，有如下兩種原因：一、正如紀德在《自序》中講的：「三年以前，我宣佈過我對於蘇聯的愛和欽佩。那裏正在進行一種空前的實驗，這實驗使得我們的希望之心大為高漲，我們期待由此造成巨大的進步，造成一種力量足以牽引全人類前進。」（P.14）正是這種對蘇聯的愛心，對人類的愛心，促使他不能不講真話，因為「凡一味恭維的人，乃不善於表示其愛。」（P.16）二、又是出於這種愛心，他抱著對有些事能不講就不講的態度，只要蘇聯確實像在一個扶梯上往上爬。可惜他見到的情況正是相反。當時，他作為法共黨員，他怕蘇聯「在梯子上一級一級下來」，會拖帶法共走向不可挽救的錯誤，所以才認為自己「有不得不言之責任」。（P.143-144）

　　正因為這兩種複雜感情綜合的作用，所以，紀德決定要講真話，但又適可而止，而這種出自愛心的，適可而止的真話，卻遭到大大小小的史達林分子的圍剿。這就是悲劇。史達林演出許多歷史悲劇，主要根源均可由此追溯。

　　紀德的真話，除講了一些當時蘇聯獲得的成就以外，涉及的問題有如下一些：

一、由於實行計劃經濟，帶來了日用品供應的匱乏。購物要排長隊，甚至大商店還沒有開門時，就有二、三百人在排隊。不少日用品樣式醜陋，有些食品品質低劣。

二、斯達哈諾夫運動中的虛假與形式主義。在運動背後，工人勞動情緒低落。

三、由於社會的封閉，造成了許多人的無知和盲目自大。「每天早晨，《真理報》教他們以合宜知道，合宜思想，合宜相信的事情。超出這個以外，是不好的！」（P.34）這樣，就使人們在思想上形成了框框，造成了與外界的隔絕，造成對外面事物的無知和盲目性。「俄國工人的幸福是由希望、信任和無知構成的。」（P.35）

四、消滅個性。許多住宅都給人以消滅個性的印象。「每幢住宅都有同樣的醜陋傢俱，同樣的史達林肖像，此外絕沒有其他什麼東西：沒有一件個人物品，沒有一點個人的紀念。各個住宅都可以互相交換的……」「這個消滅個性的現象可以看作一種進步麼？在我，是不敢相信的。」（P.32，P.33）

五、由於缺乏思想自由，導致作家的「附和主義」，使作家沒有自己的思想、語言和藝術風格。「在蘇聯，一件作品無論如何美，若不是在路線之內，就要受排斥的。」（P.54）這實際上也是消滅個性在文學藝術上的表現。

六、對史達林的個人崇拜。給史達林發個致敬電，史達林的名字前面如果不加上「勞動者的領袖」、「人民導師」之類的話，電報就發不出去。於是，紀德和他們「爭得厭倦之後，只好屈服了」，但卻想到，像這樣的事，「將在史達林和人民中間劃下一條可怕的不可逾越的鴻溝」。（P.46、P 47）

七、特權分子與勞動人民生活水平過於懸殊。特權分子住豪華舒適的療養院，而就在療養院附近，勞動人民住房簡陋，飲食低劣，生活貧困，這就不免激發了兩者之間不可調和的矛盾。（P.40、P 41）

特別值得一提的是，紀德訪蘇是在一九三六年，那時，正是蘇聯肅反嚴重擴大化、濫殺無辜的一九三五年過後僅一年。書中，紀德卻對這次重大錯誤基本上回避了，大概還是考慮「影響不好」，要給史達林留點面子之類的思想因素在起作用吧！

一九四九年以後，中國是以史達林模式（外加毛澤東的若干創造）來改造社會的政治、經濟和教育、文化生活的。所以，經歷過幾十年風雨波濤的中國讀者，對於紀德講的這些弊病，可謂再熟悉不過了。中國讀者從自己的感受中可以體會到，紀德對蘇聯的批評是何等善意和正確！但史達林以為自己是在任何時候任何地方都是絕對正確的，都是不能加以批評的，在這個專制主義者的旁邊，又圍繞著一批對他善於察言觀色、脅肩低眉的小人，於是，紀德遭到圍攻也就事出必然了。當時，由於蘇聯在一些進步人士中間還有著較大的影響，《真理報》帶頭攻擊紀德以後，一些不明真相的進步人士，一哄而起向紀德提出批評，當然也就成為必然的了。

三

在全世界範圍內，對紀德的圍攻，使紀德丟掉了幻想，明白了一些早先還不明白的道理。所以，他寫的《從蘇聯歸來》的「修描」，即《答客難》一書，就寫得十分具體了。看了《從蘇聯歸來》的讀者，如果不看這本《答客難》，即前書的續集，還不能透徹瞭解事情的全貌。

《答客難》在以下幾個方面，談得具體而深刻：

一、蘇聯用「最奢侈的旅行」的條件，招待紀德一行，有著明確目的，是希望收回另一種利益：即要他們只講好話，而不提任何批評，藉以欺騙全世界人民。

這次旅行奢侈到什麼程度呢？坐的是火車專列或最好的汽車，住的是豪華旅館中最昂貴、最華麗、選擇得最精緻的最好房間，天天都有

宴會，每次宴會「每客須三百盧布」，而一個小工，「工資每天只有四或五個盧布」，那就是說，每人一餐飯就是一個小工一天工資的六十到七十五倍，況且紀德一行六人，加上嚮導共七人，他們每餐飯的耗費就是一個小工一天工資的四百二十倍到五百二十五倍。這還不算經常有和客人一樣多甚至多得多的主人和陪客的耗費！但紀德「不識抬舉」，他一定要講真話。《真理報》對紀德的氣憤，一部分由此而來。為此，紀德說了一段很沉痛的話：

> 「在我的蘇聯遊歷中有種悲劇的成分。我以一個熱情的人，一個虔誠人的資格來到蘇聯，為得欣賞一個新世界，而人們卻拿舊世界中我所厭惡的一切特權獻給我，藉以誘惑我。」

此時，紀德的氣憤也難免超過主人對他「不識抬舉」的氣憤。（P.114-118）

二、列舉了許多事實和數字，說明在計劃經濟的條件下，官方發表的許多生產數字根本靠不住。而許多工廠產生的廢品卻令人觸目驚心。「『勞動英雄』工廠製造的，供給莫斯科小學生用的二百萬本練習簿中，有百分之九十九是不可使用的。」（P.88）連蘇聯有名的外科醫生布登加教授使用的「外科縫針，在行手術時不是彎了，便是斷了」。（P.88）生產這些廢品，而且，廢品背後的勞動者情緒，實在是國民經濟匱乏的主要原因之一。人民住房條件惡劣的情況更加嚴重。「最近建築給工人居住的好多房屋，是如此倉促，或寧可說如此輕忽，材料又如此庸劣，恐怕不久就會不能住人了。」在巴庫，他們不顧官方的嚮導如何阻攔，去參觀了石油工人住的「幾所汙穢房屋的最愁慘的標本」，紀德的同行作家西特令不得不對他們看到的事實，提出抗議說：「革命之後十八年，你們還容許你們的勞動者居住在這類豬欄裏！」（P.90）

三、由於缺乏民主，使無產階級專政異化為「官僚分子對於無產階級之專政」。

這是《答客難》一書的重點。

蘇聯社會缺乏民主最主要的標誌是：

「無產階級甚至沒有可能選舉一個代表來保護他們的被侵犯的利益，人民選舉，無論公開的或秘密的，都是一種玩笑，一種騙局：從上到下都是委派的。人民只有權利選舉那預先指定的人。無產階級受人玩弄。他們被人家堵塞了嘴巴，捆綁了手足，差不多絲毫不能反抗。」（P.107-108）

因此，紀德不能不同意一個著名的判斷：

「確實蘇聯同其他獨裁制國家一樣，是少數一群人統治著，廣大民眾對於國政完全無份，或只有很小參與（的）一部分」。（P.111）

由於缺乏社會上的民主和黨內的民主，蘇聯就形成了以史達林個人為中心的專制制度。

「史達林只能容受頌贊；一切不喝彩的人，他都認為（是）仇敵。時常，他把別人提議的改革，當作自己的東西；但倘若他占取了那種觀念，那麼為使之成為他自有之物的原故，他就先剷除那提出此觀念的人。這便是他的做到時時刻刻都『正確』的手段。如此，不久之後，在他周圍將只剩下那些不會說他錯誤的人了，因為他們是沒有任何觀念的。這就是專制主義之本性；團結在自己周圍的，不是有價值的人，而是那些吮癰舔痔者流。」（P.121）「這些人愈加無能，史達林就更可以依靠他們的附和主義的忠誠；因為他們的特權地位只是依靠恩寵得來的。不用說，他們都是現行制度之熱烈的擁護者。替史達林的幸運服務，同時就是保護了自己的利益。」（P.108）

這樣，與封建的皇權制度毫無二致的社會制度，到了二十世紀三十年代，當然只可能暗淡無光，生機全無。儘管牛皮吹得天響，也無法改變這種陰晦、灰暗的色彩。

在這種專制制度下，「列寧的防止官吏變成官僚而提出的不可缺少的三條件：第一，可以隨時罷免和選舉；第二，薪俸與普通工人工資相等；

第三，人人參加監察，使得……大家暫時都是官吏，而沒有一人能變成『官僚』。這三個條件，沒有一條履行過。」（P.109）在這樣情況下，仍然標榜這個制度如此先進，這般完美，這是不是有點滑稽？

至於在這種專制制度下，如何對政治上的異見者的殘酷鎮壓（紀德說：「在蘇聯，所謂『反對派』，其實就是自由批評，就是思想自由」見P.120），如何鼓勵卑鄙的告密者（乃至「十年以前說的話，被人告發出來，也要治罪！」見 P.98）就成為很自然的事了。在這個社會中，「最榮顯的就是最有奴隸性的，最卑鄙的，最諂諛的，最下流的。所有那些敢抬起頭來的人，一個個不是被殺死了，便是被充軍了。」（P.99）書中附錄部分，收了政治上的異見者、「本是共產主義戰士、蘇維埃公務員」，在基洛夫暗殺案發生後的大逮捕中逃離蘇聯的魯朵爾夫等人的信件，更充分說明了這個問題。

一方面，蘇聯人民在物資上的匱乏；另一方面，他們不得不忍受政治上的專制；這使紀德十分失望。當時，他作為法共黨員、共產主義者，（愛倫堡在「解凍」時期寫的回憶錄《人・歲月・生活》中，也還承認紀德在三十年代中期，是「真誠的共產主義者」）在此書的最後，深情地寫道：

> 「蘇聯……已經違背了我們的一切希望了。我們若不容許這一切希望落空的話，則應寄託之於其他地方。但我們的眼光並不從你轉移開去，光榮的和痛苦的俄羅斯！假如當初你做了我們的榜樣，那麼現在——可惜！——你就顯示我們：一種革命能陷落於何種沙地之中。」（P.123）

這話說得多麼沉痛！而在六十多年後的今天看來，這話又顯得有多麼深刻的預見性！

四

所以這些，應該啟發我們思考些什麼呢？對於一個出現過反右派、大躍進、文化大革命等大錯誤的國度，對於出現過從劉少奇、彭德懷……直

到張志新、林昭、遇羅克等數不清的冤案的國度，這兩本書的重版，應該讓這個國度的人們作些什麼深層次的思考呢？

蘇聯是徹底崩潰了。有朝一日，真正的共產主義在全世界重新興起之時，我堅信，它也決不會是蘇聯已經走過的那條道路，已經形成的那種模式。所以，我們當今的改革，就是應該摒棄史達林模式帶給我們的一切謬誤、荒唐和痛苦，努力尋找我們自己的道路。

一九九九年四月十二日，長沙。

（載一九九九年第七期《同舟共進》、二〇〇〇年第一期《書屋》）

《史達林秘聞》讀後隨想

▲《史達林秘聞》書影。此書是一九九七年八月由新華出版社出版。

兩個多月前，在《湘聲報》副刊上，讀到雷頤先生的隨筆：〈必補之課〉（二〇〇一年五月十八日）。他認為，史達林及史達林時代的真實面目被不斷揭露後，在當前中國，對史達林主義的剖析清理有著特殊重要意義。由於這種清理在中國幾乎沒有正式進行，這就造成了改革、開放的一個重要思想障礙。筆者認為，雷頤先生此言很是中肯，他在這篇隨筆中，推薦了兩本書：一、俄羅斯著名的歷史學家及劇作家愛德華·拉津斯基著《史達林秘聞》（一九九六年英文初版，書名就叫 STALIN；中譯本改此名。新華出版社一九九七年出版）；二、中共中央黨校的四位學者合著的《史達林政治評傳》（中央黨校出版社出版）。上述兩書，筆者只找到並通讀了《史達林秘聞》而無緣見到後者。讀後深受啟發，故寫了這篇讀後隨想。

《史達林秘聞》幾乎概括了史達林本人及史達林時代所有的重要事件。書中材料來源主要依靠解密了的蘇聯絕密檔案。原蘇共中央的黨務檔案、十月革命檔案以及史達林個人檔案，記載了許多鮮為人知的重要史料。此書作者利用這些史料，並參考了一些重要人物的回憶錄，還採訪了若干知情者，寫成此書。一本近六十萬字的大書，其中主要內容，當然不可能也沒有必要在這篇小文中詳加敘述，這裏只略舉數例，以證明這些史料不但使人驚心動魄，而且使人怒火中燒；不但使人毛骨聳然，而且使人痛徹肺腑。比如，在解密的檔案材料中證實，早年，史達林曾當過沙俄密探局的情報員。這是巴庫公社主任邵武勉的私人秘書、一九一六年入黨的

沙圖諾夫斯卡婭早年提供的材料。沙並多次公開聲稱：「邵武勉絕對有把握，史達林是內奸。」而沙圖諾夫斯卡婭這個早年的材料，與解密的十月革命檔案中提供的事實，不謀而合（《史達林秘聞》第84-85頁。以下引文皆見此書，書名略）。又如，在列寧病重時，他已覺察到了史達林的嚴重問題，所以，在給黨的代表大會寫信評述了一些領導人時，對斯最為不滿和擔心。列寧死後，斯用權術回避了這些評論。在列寧稱之為「遺囑」的信中，涉及的俄共中央領導共六人，即：托洛茨基、史達林、季諾維也夫、加米涅夫、布哈林、皮達可夫，史達林把其他五人全部先後殺掉，且全是製造了無中生有的冤案。（托洛茨基是流放到國外後，史達林要貝利亞派人把他殺掉的）在所謂勝利者代表大會的十七大上，史達林最親密的「兄弟和戰友」基洛夫，比斯的選票多了一百票，斯就暗示內務部長雅戈達派人刺殺基洛夫，然後在審判兇手時，把刺殺的罪責栽誣到季諾維也夫和加米涅夫頭上，把兩人殺掉，並由此開展恐怖的「大清洗」，在出席十七大的一百三十九名領導人中，只有三十一人是壽終正寢的。他殺掉了大部分老布爾什維克，並使不少老黨員流亡國外，實際上改變了列寧領導的黨的性質。他還殺掉許多著名的元帥、將軍和駐外大使及著名知識份子。他要雅戈達幹了這一連串喪盡天良的事件後，把雅戈達作為走狗也「烹」掉了，而用葉若夫代替雅戈達。隨後把葉若夫也殺掉。這些在黨內、軍內和知識份子中的大屠殺，《秘聞》一書在許多章節中都詳加敘述。再如，在三十年代的農業集體化運動中，鬧出了一場大饑荒，全蘇非正常死亡人數約五百萬到八百萬，但在國內還「禁止談論饑荒」，誰講了「農村鬧饑荒」就是「反革命宣傳」。此時，還不顧人民死活，源源不斷地向西歐出口糧食。就這樣，「他以恐怖、流血和饑餓把斷了脊樑骨的國家……拖上了工業化道路」（第284-285頁）。再如，在二次世界大戰後，他還冤殺了在衛國戰爭中作出大貢獻的沃茲涅先斯基和庫茲涅佐夫，然後，還打算幹掉幾十年來一直忠心耿耿跟隨他，但也隨他幹了一些壞事的莫洛托夫和米高揚（第615-618頁）。他還準備開展大規模的反猶太人運動，而此事因他的去世而未果……總之，諸如此類的大小事件，排列起來可能也有好幾百件，在書中都有詳細記述。

筆者讀此書後，主要想到四個問題：

一、這個曠世悲劇，到底是什麼原因造成的？這悲劇產生在二十世紀的俄羅斯，當然有俄羅斯面臨的時代背景及地域、歷史、文化等多方面原因造成，需詳加分析，不可簡單對待。但，筆者認為，在體制方面，重要原因則是由於「領袖專政」。任何領袖都是人，不是神，在他終身的政治活動中，不可能不受他所處的歷史時代、個人的經驗和知識水平、個人的思維能力及個人的道德品質等諸多方面條件的限制，個人受上述限制的條件愈多，則個人犯錯誤的機率就愈大，在缺乏民主的社會體制中，廣大工人、農民和知識份子，對此毫無能力加以監督和制約，結果，這樣的「領袖專政」與封建時代帝王的專政，就毫無二致。「史達林模式」的悲劇，就是在這樣的體制下不斷演出的。

二、製造個人崇拜是維護這種「領袖專政」所必須的手段。個人崇拜並非真正來自廣大的群眾，也不完全是幾個抬轎子的人起哄、炒作所能造成的，而主要是由領袖自己製造出來，並特別加以維護的。因為不製造個人崇拜，這種「領袖專政」的日子，很快就會混不下去的。要製造個人崇拜，就必須弄虛作假，就需要製造一些假象迷惑人心。在史達林時代，甚至要從國外動員一些有影響的大作家，如：蕭伯納、羅曼‧羅蘭、紀德、巴比塞、德萊塞等，到蘇聯作全封閉式的旅行，先欺騙了他們以後，再由他們出面寫文章，欺騙全世界人民。所以，在三十年代大饑荒中，蕭伯納竟說：「關於饑荒的傳聞純屬謠言。」（第284頁）在這些大作家中，只有羅曼‧羅蘭留下一本訪蘇日記，但要在五十年後才允許發表。紀德寫書講了真話，卻受到了猛烈的攻擊。紀德痛心地反駁對他的斥責。他說：「……蟲子深藏在果實中，可當我說『這個蘋果有蟲』時，你們卻指責我不喜歡蘋果。」（第395頁）

三、我以為，真正信仰馬克思主義的學者，應該下苦功夫研究一下：像「史達林模式」這樣的社會體制，到底算不算真正的社會主義？在十月革命剛過時，普列漢諾夫說過：「可以在俄國烤出社會主義大餅的麵粉，俄國歷史還沒有磨出來。」羅曼‧羅蘭則說過：「這個社會就像剖腹

產的不足月嬰兒，渾身是血，但生下來了！」他們都說，當時俄羅斯是社會主義的早產兒，還不具備產生真正社會主義的條件，但，它卻生下來了。而在列寧之後，建立起了這種「史達林模式」，是不是真正的社會主義呢？或者說，如《共產黨宣言》中指出的那樣，是類似於「封建的社會主義」？這些問題，當然應該研究透徹。做好了這件事，將大大有利於我們的改革和開放。世界上，當然還有各種各樣掛著社會主義招牌的體制——有成功的，也有失敗的；有進步的，也有反動的。北歐的一些國家，特別是瑞典的社會體制，是社會主義；希特勒卻也自稱為「國家社會主義」；乃至我們亞洲的紅色高棉，也掛過社會主義的牌子呢。對上個世紀中各種各樣的社會主義，應該正本清源，加以詳細剖析。這似是一個重要的研究課題。

四、蘇聯在上世紀九十年代初的迅速解體是「冰凍三尺，非一日之寒」。這種解體，似反映了歷史的必然性，似不要專去責怪戈巴契夫，也不要去罵什麼人是「叛徒」。與「和平演變」似也沾不上多少邊。還是要從「史達林模式」中去找找原因吧！史達林以後，多研究勃列日涅夫的「停滯時代」，或謂「半史達林時代」，恐怕也是有益的事。

二〇〇一年七月二十八日，於長沙。

（載二〇〇一年八月二十四日，《湘聲報‧觀察週刊》文化版）

「三壟斷」漫筆

　　題目中說的「三壟斷」，是指現任俄共中央書記久加諾夫論述導致蘇聯垮臺根本原因的三種壟斷制度，在蘇聯垮臺前，久加諾夫還當過蘇共中央書記。所以，他的這個論述，當是對當年蘇聯滄桑巨變作了仔細觀察和分析後做出的，不會是信口開河。

　　說起來，慚愧得很，我是今年三月間才知道這「三壟斷」的說法。那是我四十多年前的老同學歐遠方在給我的信中說到的。這封信談到了不久前他去俄羅斯旅遊的觀感。信中說，據他觀察的結果，他十分贊成久加諾夫「三壟斷」的說法。如果我們不接受這個教訓，不紮紮實實推行政治體制改革，那麼，我們可能也就會如何如何……歐遠方是抗日戰爭時期入黨的老共產黨員，當過多年安徽省意識形態部門的領導（省委宣傳部長、安徽日報總編輯、省社科院院長等等），工作成績斐然，且為人正派、耿直，又博學、深思、明辨，他信中這些話，當然也不是隨便說說的。接信後，我正想向他請教怎麼叫做「三壟斷」，卻突然接到安徽省社科院的訃告，說他因心臟病驟發，於四月一日猝然逝世。他的去世，使我有好些日子都感到難過。對這「三壟斷」之說，也就請教無門。在這期間，雖問過幾位同志，但都沒有說出所以然。那時，我就想：久加諾夫的這種說法，大概不是最近幾個月才講的吧？我的孤陋寡聞，除了怪自己閉塞、學習欠認真外，另一方面，恐怕別人也有什麼避諱，需要對此「封閉」，不讓大家普遍知道才好。直到上個月，才在一篇文章的字裏行間，突然知道了，這「三壟斷」，原來說的是：壟斷真理的意識形態制度；壟斷權力的政治法律制度；壟斷利益的封建特權制度。

　　知道了這「三壟斷」的主要內容後，頗開眼界，雖然至今還不曉得，久加諾夫是在什麼背景下寫或講這番話的，還有什麼更多更具體的內容，但只望這三點提綱，好像就覺得久加諾夫講到點子上了。於是，難免有所感觸，也就想寫這篇「漫筆」。

　　先說壟斷真理的意識形態制度。所謂壟斷真理，應該是指壟斷者認為：只有我講的才符合真理，也才是對的。凡有不同的看法，都違反真理，都是不對的。因為真理只在我的手上，而不在任何其他地方。真理是可以壟斷的麼？根據恩格斯和列寧的說法，都認為：真理是客觀存在的，又是不斷發展的；真理是相對真理和絕對真理的統一體，人們在認識相對真理的過程中，不斷接近絕對真理，但經過無數人、無數世代的努力，也永遠不能窮盡絕對真理。（這些論述，見《反杜林論》和《唯物論與經驗批判論》的有關章節）既然真理有這樣的特性，那麼，一個人（或一個集團），又怎麼能壟斷它？一個有限又怎麼能夠壟斷無限呢？如果硬要對真理實行反民主的、專制主義的壟斷，不許別人討論、存疑、探索、研究，這種做法本身，豈不離真理就越來越遠了嗎？史達林以及「史達林模式」的執行者們正是這樣做的。這樣做的後果如何，現在大家都看得清清楚楚了。且舉一例：西元二○○○年，在科學領域中，有一件劃時代的大事：世界若干遺傳基因測序結果的聯合大研究，已告成功。參加這項聯合大研究的國家，有美、英、德、日、法、中。中國承擔的研究任務雖然只是很少的一小部分，但畢竟是參加了。而這裏面，卻沒有俄羅斯。俄國無法參加這項研究，原因何在呢？就因為從上世紀三十年代開始，蘇聯一直在「批判」孟德爾——摩爾根學派的遺傳學理論。而這種遺傳科學的理論核心，就是基因學說。出面批判這種科學理論的，是政治和科學的騙子李森科；李森科的後臺則是史達林。史達林自以為他可以壟斷真理，凡是不同意他的意見的人，就是「階級敵人」。李森科的對立面，則是蘇聯摩爾根學派的巨擘，世界著名植物學家瓦維洛夫。因為瓦一直在堅持他的科學研究的觀點，故於一九四○年八月，被誣為「間諜」被捕，一九四三年死於獄中（後已平反）。此後，摩爾根學派在蘇聯一蹶不振。其中幾經波折，直到上世紀六十年代，才逐漸恢復研究的正常秩序。研究是恢復了，但是晚了，世界各國基因學說的研究，已經遠遠跑到前面去了。史達林這次壟斷真理的代價，就是使西元兩千年俄國在世界遺傳基因測序聯合大研究中交了白卷。中國則與此不同。一九五六年夏天，在為貫徹「百家爭鳴、百花齊放」政策而召開的青島遺傳學座談會上，中國的

著名科學家，如胡先驌等，就在會上發言，肯定瓦維洛夫的科學貢獻，並為之鳴冤。可見，在「學習蘇聯」的高潮時期，中國的摩爾根學派關於遺傳基因學說的研究，也並未全部中斷。這可能也是四十四年後，中國在聯合大研究中，不像俄羅斯那樣交白卷的主要原因之一。在哲學、社會科學、自然科學、文學藝術等研究領域中，諸如此類的例子，應該說，還有很多，此文無法詳述。

這種壟斷還有一種更大的危害是：造成了全民族思維狀態的停滯，從而導致全民族創造力和各種智力（諸如想像力、觀察力、對於新的資訊的接受力、分析力和判斷力等等）的下降。這種停滯和下降，當然是先從領導的黨蘇共內部開始的。把全黨的思想都束縛在一根繩子上，或限制在一個既定的框框中，不能交流，不能探討，更不能相互論辯或補充（我們黨「百家爭鳴、百花齊放」政策的理論根據，就在於學術和藝術的發展，需要建立在互相交流、探討、論辯和補充的基礎上），講的都是一套官話、套話、空話、假話，死水一潭，死氣沉沉，那還能不停滯和下降嗎？

而且，有了一個被壟斷了的「真理」的標準，也就造成了兩種庸人和一種野心家。兩種庸人中的一種是：不問實際狀況，不管三七二十一，一切按上面講的照辦無誤，反正事情辦壞了，責任不在於我。另一種是，「國家事，管他娘，打打麻將」，一切國家大事都與我無關，我只求平安地混日子就是。這兩種庸人，就把一個力求向上的社會應具備的創造力，打入十八層地獄去了。一種野心家則是：口是心非，弄虛作假，表面贊成，背後搞鬼，自己則從這種兩面派的活動中，撈取私利。陷入了這樣的局面，「領導一切」的政黨，即使不垮臺，大概也不會有什麼陽關大道可走了。一個執政了七十多年的大黨和它領導的超級大國的政權，竟然一下子崩塌了，沒有多少人痛惜、哀傷和力圖挽救。久加諾夫提出的這種對「真理」的壟斷，當是罪魁禍首。

再說壟斷權力的政治法律制度。這個問題，因為我們太熟悉了，大概只需幾句話就能說清楚。壟斷權力，就是說，權力不受監督和制約。而誰都知道，不受監督和制約的權力，是最容易辦壞事的。而政治法律制度，實質上不是去制止和懲罰這種辦壞事的權力，而是在保護和幫助這種權

力。那麼，這種制度，和在封建帝王統治下的政治法律制度，又有什麼本質區別呢？據可靠資料，從上世紀三十年代起，史達林大量殺害托洛茨基分子、季諾維也夫分子、布哈林分子等等，是戈巴契夫在一九八八年才相繼予以全部平反（史達林還殺了許多重要的史達林分子，那是在赫魯雪夫執政時代就平了反的）。所有這些平反的案件，原起訴和判決，都沒有任何證據，也就是說，原先控告他們是「間諜」等等，根本沒有這回事。這樣「草菅人命」，（其中有許多都是俄羅斯和蘇聯其他各加盟共和國的民族精英），都是根據史達林一個人的意見辦的，他說要殺就殺，人數不是一個、兩個，而是成千上萬乃至幾十百把萬。政治法律制度完全依附於這個壟斷的權力，與廣大人民的利益毫無關聯，而且這種制度是在保護這種權力在大規模地幹著壞事，你說，不垮臺能行麼？

壟斷利益的封建特權制度。這也只需要更少的幾句就可以講清。這種利益的壟斷，只有在計劃經濟時代或為非作歹的官僚占絕對統治的地方，才有可能。而且這種特權，必須和上述的第二種壟斷，即權力的壟斷結合在一起，這些特權就包括了：住房分配、食品和其他特供品分配、醫療條件、交通條件、子女上學條件、出國旅遊以及享受各種文化娛樂項目……等等。當官的就可以得到一切，當越大的官得到的就越多，而這一切卻都是在「人民公僕」的名義下得到的。一些依附當官的各種人物，也多少可以得到一些，絕大多數老百姓則絕對只能「望梅止渴」。整個社會風氣，就慫恿人們削尖腦袋、不要人格和尊嚴，而去謀取一官半職。這樣，老百姓與特權者的矛盾，就越來越尖銳、鴻溝就越來越深，民心就不能不喪失殆盡。最後，當然也只有用垮臺來了結這種對抗。

久加諾夫這「三壟斷」的亡黨亡國論，實際上就是說，不徹底改革「史達林模式」才導致了亡黨亡國，也就是說，反民主的專制主義，導致了亡黨亡國。我以為，這實在要比「和平演變」之類的亡黨亡國論，要現實許多，公允許多，也高明許多。

老共產黨員、著名雜文作家嚴秀同志說：「蘇聯崩潰的歷史教訓，如果我們把它始終捂起來，一算賬就算在赫魯雪夫、勃列日涅夫、戈巴契夫等人的身上，那恐怕始終是在做緣木求魚的工作，那是什麼教訓也總結不

出來的，對我們也十分不利。」（《半杯水集》P.101）旨哉斯言！願一切有志於中國開放、改革事業的仁人志士三復斯言！

二〇〇一年十二月九日，長沙。

（原載二〇〇二年第二期《同舟共進》）

作者附記：

《三壟斷漫筆》在《同舟共進》上發表後，曾有幾位朋友和不相識的讀者，給我打電話或寫信，謬讚此文。原《隨筆》主編黃偉經兄，曾來信，除對我加以鼓勵外，並告我：擬將此文收入他正在編輯的一本諸家政論隨筆集中。以後，因各種原因，此書未能出版。

但，也有讀者，對久加諾夫有種種評論。我因資訊閉塞，缺乏足夠的資料和必要的研究，對久加諾夫的各種活動和評論，無法發表意見。不過無論如何，他的「三壟斷」的這種說法，我以為是正確的。

二〇〇五年六月十一日

「已經痛定猶思痛」

——韋君宜《思痛錄》讀後隨想

我說了，我拯救了我的靈魂。

——馬克思：《哥達綱領批判》

已經痛定猶思痛，曾是身危不顧身。

——邵燕祥：《祝賀韋君宜八秩大壽》

《思痛錄》是一本了不起的書。作者韋君宜是一位了不起的老共產黨員。她十七歲進清華大學；十八歲參加「一二・九」學生運動；十九歲入黨，那是一九三六年，盧溝橋事變的前一年。隨後，到延安，從事抗日青年工作。解放後，一直擔任青年工作和文學工作、出版工作的領導。她的老同學、老戰友、老同事，著名作家黃秋耘對她為人的評價是：「很正直，很坦率，胸無城府，很好相處」，有「崇高的人格和純潔的心靈」（《黃秋耘自選集》P201，206）。不過，

▲一九三五年，韋君宜在清華大學。

黃秋耘也認為，她早年有些教條主義，比如，在五十年代初期，她對於蘇聯文學作品的評價就是如此。那時，她甚至認為有些人不應該去喜歡安東諾夫而應該喜歡波列伏依，因為安東諾夫有「小資產階級情調」，而波列伏依作品才真正表現了共產主義精神。她就是這樣一位「正統」的老共產黨員。經過幾十年的風雨滄桑，特別是在近十多年「痛苦地回憶、反思，思索我們這一整代人所做出的一切，所犧牲和所得所失的一切」（《思痛

▲《思痛錄》作者韋君宜晚年像。攝於
一九九三年。

錄》第四頁），她以衰年病殘之軀，奮不顧身，如實地、勇敢地寫出她一生所見所聞，目的並非訴說個人的不幸，而是希望黨和國家能從巨大的歷史創痛中總結有益的教訓。因為，「要想一想這些，是這個國家的主人（人民）今後生存下去的需要」（《思痛錄》第一頁），這也就是說：不總結這些教訓，這個國家的人民，總有一天，無法正常地生存下去。邵燕祥的〈祝賀韋君宜八秩大壽〉詩中有句云：「已經痛定猶思痛，曾是身危不顧身」，正是對她晚年思想狀態十分形象的描述。這種思想狀態，難道不是很了不起麼？

馬克思的《哥達綱領批判》最後一句話是：「我說了，我拯救了我的靈魂！」韋君宜在痛定思痛之後，說了催人淚下、引人深思的真話，拯救了自己的靈魂。而我們呢？我們至少應該從中領悟些什麼呢？

對於我，需要學習的方面太多，這裏先寫一點較深的感受：韋君宜認為，解放後，幹部作風的敗壞，實起於反右，這無疑是十分深刻的看法。（當然，也還可以略為上溯，比如，上溯到反胡風。只不過，那時，涉及的面不及反右鬥爭這樣寬廣，因之負面影響沒有反右這樣巨大而已）。她痛心地看到：「正氣下降，邪氣上升」，「從這時候起唯唯諾諾、明哲保身、落井下石、損人利己等等極壞的作風開始風行。（我要補充的是：「排除異己，羅織構陷」、「口蜜腹劍，兩面三刀」等極壞作風，也正是在這時開始風行的！）有這些壞作風的人，不但不受批鬥，甚至還受表揚、受重用。骨鯁敢言之士全成了右派，這怎麼能不發生後來的文化大革命！」

韋君宜舉例說，她親眼看見：

> 「一個人和別人一起負責編輯一個刊物，兩個人是好朋友。一切定稿都是兩人一起幹的，另外那人寫的文章發表以前都交這位看過。但當反右風潮一來，這個人竟出來揭發他的朋友，說那人如何如何

寫右派觀點的文章。如何如何把別人的文章改得越右越好……於是，他的朋友劃成了右派，而他，卻從此青雲得路，提升上去。」

　　她又舉例說，在她的單位裏，有一個人和「丁陳集團」沾了點邊，怕出問題，思想苦悶，順便就邀請一位貌似「正直」的同事小酌談心。過幾天，單位開全體人員大會，這位被邀請的人，竟在會上揭發某某請他吃飯，是「陰謀拉攏的罪行」，當這位被揭發的對象劃為右派下放農村後，此人還在無限上綱，打擊這位被他陷害過的同事。這樣的人，後來卻能越爬越高，用同樣手段來陷害和他地位相同而行將提拔的人。她還舉例說：作協開會時，一個反覆無常的人，一會兒靠丁玲、陳企霞這邊，說周揚、劉白羽那邊的壞話；一會兒又靠到周、劉這邊，揭發丁、陳的「罪行」，但是像這樣思想品質上有重大缺陷的人，按政策，仍然可以「出任方面」（以上均見《思痛錄》第五十至五十一頁）。

　　如此這般的事例，使一向為人正直的韋君宜十分痛苦。她寫道：「參加革命之後，竟使我時時面臨是否還要做一個正直的人的選擇。這使我對於『革命』的傷心遠過於為個人命運的傷心。」這真是由於傷心而大夢初醒後痛徹肺腑的語言！但韋君宜可能還沒有看到，在歷次「左」的政治運動中，出現的傷天害理、心狠手辣、誣陷親友、戕賊無辜的事例，比她上舉各例還要嚴重千百倍者，更何止成千上萬！

　　在反右之後，就是大躍進。大躍進的什麼「放衛星」之類的戲法，是強迫人們要講假話。接著，是反右傾，反右傾是從整彭德懷及黃克誠、張聞天、周小舟等共產黨上層正直人士而開始的，且迅速波及全黨全國，目標是不許人們講真話。

　　「在農村裏胡作非為，弄得人民挨餓，凡有眼睛的，下鄉都看見了，回來免不了反映反映，結果把反映的人都打成右傾，就是這樣一場運動。」（《思痛錄》P.73）

　　既強迫人要講假話，又不許人去講真話，且判斷是非只以「最高指示」作為唯一標準，那怎麼可能不導致一場像文化大革命那樣的民族恥辱和

民族災難呢？在文化大革命中，由於不少幹部素質低下、品行惡劣，且上行下效，因而幹出的種種邪惡事例，又怎麼可能不較這之前成百倍地急速翻番呢？在這情況下，黨在廣大群眾中的威信，又怎麼可能不急劇下降呢？文化大革命和在此之前歷次「左」的政治運動，確實應該作為一種極有用的反面教材，來教育我們這一代人，也教育後代子孫（特別是教育「公僕」們），怎樣去避免我們這個多災多難的民族重蹈覆轍。但使人不理解的是，為什麼對這樣的重大問題，有人卻一直在遮遮掩掩、躲躲閃閃，不肯面對歷史、面對現實？是要保護自身的既得利益？還是要保護那些靠整人等劣跡起家的「左」的「英雄好漢」們？或者還有其他更深層次的原因？

　　中國社會歷來缺乏民主，是一個「官本位」觀念根深蒂固的社會。「官本位」是一種封建思想體系。在共產黨取得全國性的政權以前，在老解放區，黨確實在用實際行動來打破「官本位」，使當時的幹部亦即「官員」們，以人民群眾為主體，努力和群眾打成一片，做人民的公僕，與人民群眾同呼吸，共命運，處處聽取群眾的呼聲，考慮多數人的利益，不許幹部漠視群眾疾苦，「做官當老爺」。這是筆者年輕時親身經歷和感受到的。沒有這一條，依我看，革命是不能勝利的。但在一九四九年取得全國性政權以後，由於沒有採取有效措施，去不斷清除封建思想，中國社會中根深蒂固的「官本位」觀念，在幹部隊伍中因之不斷潛滋暗長，這種思想就和上述韋君宜指出的「極壞的作風」相結合。不少想往上爬的人，就要利用「左」的路線造成的各種邪門歪道，用厚顏無恥、心狠手辣的種種手段，以達到攫取官位的目的，這就不免禍國殃民。這些人，本來就沒有當人民公僕的想法，本來就是為了一己私利而到幹部隊伍中來的，他們中間有許多人，又沒有真正的覺悟、學識和本事，一旦攫取官位的目的達到，自不免千方百計保自己的烏紗帽，蓋烏紗帽中含有很大的「五子登科」的含金量。（「五子」者，指位子、房子、車子、票子、女子。女子亦即如今所謂「小秘」也。）中國當前還缺少行之有效的民主和監督的方法和體制，這些「爬蟲」們（這是老百姓對他們輕蔑的稱呼），不靠這到手的烏紗帽，狠撈一把，更待何時？於是，貪污腐化者有之，嫖娼聚賭者有之，吮癰舐

痔者有之，瞞上欺下者有之，瞎吹牛皮者有之，公然作偽者有之，拉幫結派者有之，「跑官」、「賣官」者有之……這些「爬蟲」們，事上既媚，臨下則必驕，對於廣大群眾，更是不可一世，驕橫跋扈，什麼人民利益，群眾疾苦，早就管他媽的，丟到太平洋爪哇國裏去了！如此風氣，任其像毒菌一樣擴散蔓延，對國家、對民族、對共產黨本身，危害程度如何，可想而知。這也使如今幹部隊伍中的許多正派人士，也不免扼腕歎息，驚歎世風日下！

對於這樣重大的問題，該採取什麼辦法解決呢？應該怎樣正視歷史和現實，正本清源，而不要諱疾忌醫呢？怎樣從思想上，也從制度上，逐步解決它，恐怕是當前應該認真研究的重大問題之一。

僅僅為了這個緣故，也必須好好讀一讀韋君宜的《思痛錄》，何況，這只是書中提供我們思考的一個方面。讀此書後，需要思考的事情還多著呢！

一九九八年六月二十五日，長沙。

作者附記

寫完此文後，才讀到《新華文摘》今年第六期載全國人大副委員長田紀雲的文章：〈必須把公僕置於主人的監督之下〉，讀後頗有耳目一新之感。這是我最近讀到的、在位高層人士中關於幹部作風問題論述最具有說服力的一篇文章。如果有讀者把田紀雲此文與韋君宜的《思痛錄》一起閱讀，必能引起更深入的思考。

一九九八年七月二日，補記。

從「傳統」說到「皇權」

——汪澍白教授的一本書和一篇論文讀後

　　探討各個時期毛澤東的思想主流與中國傳統文化中的內在聯繫，是一項十分重要然而卻並非容易的研究課題。它的重要性在於：可以從中認識中國傳統文化對這一中國當代巨人所起的正面及負面影響，藉以昭示來者、鑒戒後人。但困難卻在於：過去設置的研究禁區太多，可供研究的資料不足，遂影響此項研究向縱深發展。近年，由於改革開放帶來的各種變化，隨著研究禁區的不斷突破和研究資料的不斷豐富，一些有價值的研究著作正不斷問世。

　　老友廈門大學教授汪澍白兄的近著《傳統下的毛澤東》（中國青年出版社一九九六年十一月第一版），正是近年我讀到的有價值的此類研究著作中較為突出的一本。這部著作，好就好在，它既不神化毛澤東，也不貶損毛澤東，而是以實事求是的態度，抓住關鍵問題，用簡潔明瞭的文字，作中肯的剖析，把一個作為人並非神的毛澤東，放在中國傳統文化的大背景下，找出他各個時期的思想淵源，寫出令人信服的評說。

　　青年毛澤東，曾師從楊昌濟。湖湘文化中各種代表人物及其學說，諸如，程朱理學，張栻的湖湘學派的哲理，王船山倡導民族大義的學說及其哲學，曾國藩經世致用的實學思想，譚嗣同的「心力說」及其沖決羅網的改革精神……都通過楊昌濟的言傳身教，薪盡火傳。也就是這些傳統文化，啟迪、薰陶著青年毛澤東。

　　除了湖湘文化，中國傳統文化的許多方面，也都影響著這位歷史巨人。舉其大者，從《禮記·禮運·大同篇》，中國古代的辯證法，到顧炎武，顏元，康有為，梁啟超……在汪澍白的書中，也都作了剴切的說明。

　　汪著另一特點，是把過去因「為賢者諱」而被列入研究禁區的若干問題，作了比較詳細的敘述。比如，曾國藩對毛澤東的影響，即是此類問題

之一。猶憶七十年代末，李銳同志在湖南人民出版社出版《毛澤東的早期革命活動》一書修訂本時，在書中《學校與老師》一節內介紹楊昌濟時，附帶引用了毛澤東「語錄」：「愚於近人，獨服曾文正，觀其收拾洪楊一役，完滿無缺。使以今人易其位，其能如彼之完滿乎？」算是率先突破禁區；而突破時卻有人說了近乎無知的閒言碎語。由此可知當時要對此類問題作實事求是的研究，是何等困難了！過了十多年，這個禁區算是進一步突破了。汪著評說此問題時，就詳盡明白，從毛澤東曾認為，在近代的歷史人物中，真正探得「大本大源」者只有「曾文正」起，進而介紹他極口稱讚曾國藩編纂的《經史百家雜鈔》「盡搶四部精要」，「孕群籍而抱萬有」，讀此書以通經史子集，可「察其曲以知其全」，「知其微以會其通」，「守其中而得其大」，「施於內而遍於外」，故奉之為國學津梁。此外，還介紹毛澤東如何認真鑽研過曾國藩軍事策略，並在國內革命戰爭中吸收了曾國藩與太平軍、捻軍的作戰經驗，為己所用。連一九二八年三月，毛澤東手訂《三大紀律、六項注意》時，如何參考並搬用了曾國藩當年組建湘軍時，創制《愛民歌》，也都提到了。這類問題，讀者自可在閱讀此書時，詳加領略。

筆者在讀完此書後，給汪澍白兄寫信，認為書中對中國傳統中的皇權思想給予晚年毛澤東的影響，寫得過於簡略，是個缺點。因為筆者認為，毛澤東在青年時，是抨擊、反對君權的激進革命者，為什麼到了晚年，竟會以革命的名義實質上維護君權，這一重要歷史問題，如不加以認真研究，使國人對此徹底明白，並有清醒認識，則中華民族就存在著重蹈歷史覆轍的危險。不久，即接汪澍白兄回信，並寄來一九九三年發表於香港《中國社會科學季刊》他的一篇論文複印件：〈毛澤東與中國百年——從破除迷信到揄揚崇拜〉，此論文對中外皇權主義傳統及其對毛澤東影響的剖析，鞭辟入裏，

▲汪澍白（左）與李冰封。攝於二〇〇三年。

入木三分，閱後深受啟發，茲簡述我對此論文（以下簡稱汪文）的讀後感
如下：

一、所謂皇權、王權、君權以及現、當代各種式樣的極權，它們產生的時
　　代背景及運作形式，雖各不相同，但實質卻是一樣。這就是說：英國
　　霍布斯在十七世紀所維護的君權「利維坦」[1]（Leviathan）和蘇聯布哈
　　林在二十世紀所指出的各種具有「利維坦」的特點和弊端的「新利維
　　坦」，實際上是一回事。實質上都是反民主的。汪文指出：「極權主
　　義的基本特徵：其一是權力機構非選舉產生；其二是立法、司法、行
　　政三權合一，不可分割；其三是最高權力不能轉讓，實行『終身制』。
　　符合這三條的，在封建社會，有中國的歷代皇帝；在資本主義社會，
　　有德、意法西斯；在社會主義社會，有蘇聯的史達林。」筆者以為，
　　在這三條以外，不妨再加上一條，即：最高權力不受實質性的監督和
　　制約。毛澤東在文革中混淆相信科學與崇拜個人的界限，大搞宗教式
　　的個人崇拜，在文革後期揚秦批孔，寫「勸君少罵秦始皇，焚坑事業
　　要商量……」那樣的詩，實質上就是要為全面復活皇權主義掃清道路。
　　這種皇權主義與馬克思主義不但風馬牛不相及，且實質上是相抵觸的。

二、在農民占全國人口大多數的國家裏，眾多的小農，是滋生皇權主義最
　　適宜的土壤。馬克思在《路易·波拿巴政變記》一書中的第七節，特
　　別著重闡述了這個道理。因為小農是千百萬分散的獨立生產單位，生
　　產落後，互相之間沒有聯繫，他們不可能產生一種政治力量代表他們
　　自己，而一定要別人來代表他們，而且希望找一個高高在上的絕對權
　　力，來保護他們不受侵犯。這種絕對權力就是皇權，或各種各式的極
　　權。中國在本世紀五十年代起，曾大體仿照蘇聯的做法，把農民「組
　　織起來」，使小農走集體化道路，變個體農民為集體農民，想使農村
　　通過這樣途徑走向社會主義。現在看來，這樣做基本上行不通，無法
　　充分調動農民生產積極性，發展生產，改變農村落後的經濟面貌和廣
　　泛提高農村的科學文化水平，所以現在農民基本上仍屬「小農」範圍。

---

[1]　利維坦（Leviathan），英國政治哲學家霍布斯著（1651），是一本維護君權的書。
　　（據《簡明不列顛百科全書》）

在這樣的氣候和土壤下，農民擁護皇權及滋生各種各式的迷信思想，就是非常自然的事了。

三、中國經歷封建社會約二千餘年，時間特長。封建主義在思想領域中盤根錯節，封建傳統深厚。一九四九年革命勝利後，在思想領域中並沒有下大力氣去做全面消除封建主義影響的有效工作，這就使許多封建思想得以原封不動，保留下來。加以我國至今經濟落後（在世界上，人均國民生產總值，進入現代化的最低國際標準是三千美元以上，我國一九九五年僅四百美元），文化落後（有文化的人口在總人口中所占比例，進入現代化的國際標準為超過百分之八十，我國接受過高中以上教育的人口僅有百分之十一點四。總人口中且有一億多文盲。以上統計數字見一九九七年八月九日《文匯讀書週報》第六版），加以人民素質普遍不高、民主習慣普遍缺乏，這就使我國在人民中徹底破除封建皇權主義傳統的影響，任務十分艱巨。研究晚年毛澤東的皇權主義的錯誤，應該是總結文化大革命教訓、徹底否定文化大革命的主要內容之一。因為毛澤東自己說過，他一生只做了兩件事：一是建立了新中國，二是發動了「文化大革命」。舉國有識之士，就他所做的兩件事中的一件，群策群力，加以剖析，使後人不再重複這種錯誤，對於國家走向興旺、人民得以幸福，無疑都十分重要。

以上是我讀汪文後的主要感想。

附帶提一件事：最近我還讀過一篇談王權思想的極好的文章。文章作者是已去世的、可尊敬的、文武雙全的革命前輩吳有恆同志。文章的題目是：〈史學家的困惑〉。此文寫於一九八八年十月，收入《同舟共進》百期作品選《告別「萬歲」》一書。此文從作者親身經歷入手，痛斥王權思想，寫得通俗、生動，且極深刻。讀者如有興趣，也不妨找來細讀。值得引人深思的是，吳有恆和汪澍白都是老共產黨員，他們都曾為建立新中國出生入死、艱辛備嘗。他們過去並不相識，但他們發自肺腑的呼聲，卻是如此相似。難道人們不該想一想，這是不是黨心、民心的反映？

一九九七年八月十五日，長沙。

聞齊奧塞斯庫當過扒手有感

　　社會科學文獻出版社不久前出了一本《莫洛托夫秘談錄》，是菲·丘耶夫的日記摘編，紀錄了莫洛托夫對丘耶夫私下談的許多奇聞趣事，其中有一段談了齊奧塞斯庫的經歷。談話的時間是一九六八年，其時，齊奧塞斯庫正在臺上。

　　這段談話的大意是：

　　齊奧塞斯庫在羅馬尼亞解放前，是個扒手，曾作為刑事犯被抓進黨衛軍的監獄。恰好他和被捕的羅馬尼亞共產黨領導人喬治烏·德治關在一起。這時，史達林下令把喬治烏·德治從黨衛軍監獄中營救出來，辦法是用黃金賄賂黨衛軍分子，使他們放人。做這件事，因要找個合適的中間人從中斡旋，便找了齊奧塞斯庫，結果做成了這宗買賣。布加勒斯特解放後，齊奧塞斯庫重操舊業，又因盜竊罪被捕判刑。喬治烏·德治此時已是羅馬尼亞國家領導人，參與了此案的處理，讓人把齊奧塞斯庫釋放了，並安排工作。在喬治烏·德治的幫助下，齊奧塞斯庫很快成了布加勒斯特共青團市委的領導，之後，又把他調到自己身邊，成了羅共第二書記。喬治烏·德治去世後，齊奧塞斯庫也就自然地成了羅馬尼亞共產黨總書記，國家總統。

　　我沒有讀過《莫洛托夫秘談錄》。以上情節是根據牧惠的一篇讀書筆記復述的。這篇讀書筆記的題目是：〈讀出來一段趣聞〉，刊載於一九九七年八月二日《羊城晚報》第十一版《書趣》副刊。

　　我讀了這段趣聞後，則有如下感想：

一、在歷史大變動時期，風雲變幻，魚龍混雜，有雞鳴狗盜之徒，如扒手之類，要參加革命，是很自然的事。革命隊伍當然不應該排斥他們，因為革命總是人多一些好，大部分人也總是可以改造的。但，竊以為，卻不可讓不久前的扒手、刑事犯，就去當首都共青團書記、國家共產黨第二書記之類的要職。如果在整個布加勒斯特，整個羅馬尼亞，

找不到比這個扒手素質更高、思想意識更好、治國能力更強、馬克思主義學識更豐富的人可以代替他，那麼羅馬尼亞共產黨就岌岌乎殆哉，還有什麼前途可言？齊奧塞斯庫參加工作，並得以很快升遷，喬治烏・德治「任人唯親」的用人路線，當起了很不好的影響。八十年代末和九十年代初，羅馬尼亞事態的發展，似乎也從某一角度證明當年喬治烏・德治找了這個小扒手來當接班人，是個失策。這是一方面。另一方面，卻也說明了齊奧塞斯庫能由竊鉤進而竊國，必定也有一兩套本事，這些本事中，最主要的，恐怕還是能討得這個國家最高領導者的歡心。用什麼辦法來討得他的歡心，我們不得而知，如果比附敝國流傳的「登龍術」，恐怕離不了「阿諛奉承」和「唯命是從」這兩條。

二、當時的羅馬尼亞，使用幹部，恐怕也少了民主，少了群眾監督，也是第一把手說了算。這也像我們這裏如今流傳的一條民諺：「說行就行，不行也行；說不行就不行，行也不行。」第一把手其所以這樣，有些屬於素質問題，如存心拉幫結夥、圖謀私利；也有些屬方法問題，如對一個幹部的認識，受自己見聞和眼光的限制；但主要是因為缺乏有效的監督和制約的機制。齊奧塞斯庫在監獄中救過喬治烏・德治，客觀上為革命辦了好事，喬治烏・德治為此對他有好印象，知恩圖報，想重用他，這一點，可以理解。喬治烏・德治這樣做比起咱們的漢高祖殺來訪的他過去的救命恩人丁公，那就強多了。[1]不過，喬治烏・德治畢竟自己也只有一雙眼睛兩隻耳朵，如果他不彙集各方面的意見，當然也就不可能清楚地看到齊奧塞斯庫方方面面的表現。

三、似乎也可以說，政治上的無透明度，也是使一個小偷能成為國家元首的主要原因之一。因為這種無透明度，有利於當時的當權者，他們往往還動用了「專政」的工具來維護、鞏固這種無透明度。莫洛托夫和

---

[1]　《史記・季布欒布列傳》中，關於劉邦殺丁公事，原文如下：「……丁公為項羽逐窘高祖彭城西，短兵接，高祖急，顧丁公曰：『兩賢豈相厄哉！』於是丁公引兵而還。漢王遂解去。及項王滅，丁公謁見高祖。高祖以丁公徇軍中，曰：『丁公為項王臣不忠，使項王失天下者，乃丁公也。』遂斬丁公，曰：『使後世為人臣者無效丁公！』」

丘耶夫談話的當時就說過：在羅馬尼亞，如果有人講齊當過扒手，怕是會被關進監獄。這一條，和敝國幾乎也一模一樣。文化大革命中，江青把趙丹等人和她自己過去的一個保姆，關進大牢，不也是僅僅因為他們知道她三十年代的那些醜事麼？

寫這篇小文時，我查了一下《簡明不列顛百科全書》，在其中找到了齊奧塞斯庫的條目（第六卷，第五百七十五頁）。這部百科全書第一版出版於齊奧塞斯庫生前（一九八六年三月），採用的當然是當時羅馬尼亞官方提供的標準式材料。那條目就把齊奧塞斯庫吹得神乎其神，比如，說他二十世紀三十年代初，就是羅馬尼亞共產主義青年運動的領導人（一九三〇年，他才不過十二歲呢！），又說，他在一九三六年和一九四〇年因從事黨的活動兩次坐牢（如果寫上因當扒手而坐牢，那成什麼話？）這些材料的可信性，在真相大白以後，當然就顯得十分滑稽了。因此，可以說，政治上的透明度，應是政治上防偽的一種有效手段。無透明度，連權威辭書提供的材料，也都缺乏可信性。假設當時，在羅馬尼亞用真正民主的方式公開競選總統，競選的雙方互相揭底，齊奧塞斯庫有可能當選麼？這樣的問題，似乎連小學生都可以作出明白的判斷。

不知現在研究國際共運史的學者們，是否也可以從諸如此類的趣聞中，總結出一些歷史教訓？

一九九七年八月二十五日，於長沙。

關於剽竊

——讀書札記

在一九九六年第二期《書屋》雜誌上，讀到美國蘭斯·莫洛的隨筆：〈另一種劫持——剽竊〉，其中寫了一件事，使我大開眼界。作者說，他舊日的一篇文章，被一位在報紙上寫書評的行家剽竊了，經別人揭發後，這位文抄公自尋短見。當然，此人是否單純因羞愧而去尋死，或者還有其他更複雜的原因，尚待考證，但，不管怎樣，在我看來，這是新鮮事。在敝國，如果有人因剽竊他人文章，被揭發後而去自殺，人們一定會認為那是個大傻蛋。可見，有些美國人，在剽竊問題上的廉恥觀念，比敝國同胞還要略勝一籌。

或者就因為剽竊這件事在中國古已有之，於今為烈，我國知識界中的正派人士，對這種歪風邪氣十分厭惡，口誅筆伐，毫不容情，故有不少反對剽竊的文章，寫得頗為深刻。近年，我讀到幾篇此類好文章，謹向讀者諸君推薦如下：

先推薦梁實秋寫的散文〈剽竊〉。此文見中國廣播出版社出版的《梁實秋散文》第四集二三九——二四一頁。文章一開頭就引了顧炎武《日知錄》中的一段話：

> 述古人之言，必當引其立言之人。古人又述古人之言，則兩引之。不可襲以為己說也。詩曰：「自古在昔，先民有作。」程正叔（按：即程頤）傳易，未濟、三陽皆失位，而曰：「斯義也，聞之成都隱者。」是則時人之言，亦不敢沒其人。君子之謙也。然後可與進於學。

明清之交的思想家、大學者顧炎武，生當亂世，目睹士風傾頹，國將不國，所以他特別強調讀書人對「操守氣節」的砥礪，特別強調「知恥」。

69

我以為，這段話也體現了他的砥礪操守的思想。梁實秋引了這段話後，對它作了十分生動的白話文譯述，末句「然後可與進於學」，譯得特別傳神，即：「能作到這個地步，然後才可講到做學問。」接著，梁實秋寫道：「他（按：指顧炎武）警誡初學的人，為文不可剽竊。他人之美，不可據為己有。並且說這是為學的初步，可謂語重心長。」底下，梁又寫道，一些博士碩士論文，有許多密密麻麻的註腳，說明作者看過不少書，引證別人文字而未據為己有，這種論文雖無重大發明創見，只要充分表現了勤懇治學的態度，也就可以及格。這種態度英文叫做 intellectual honesty（學術上的誠實）。一切學術性文字都必須具備這種美德。最後，梁實秋聯繫實際講到臺灣學術界的狀況。那時，臺灣不易見到大陸出版物，偶爾見到，有剽竊者作文時，就如獲至寶，大段大段或整頁整頁照抄不誤，也有較狡詰者，利用改頭換面移花接木的手法，加以粉飾。但一俟大陸圖書可以較大量翻印流通了，這些剽竊者「一旦被人逮住，就斯文掃地無可辯解」。

　　讀文至此，不禁想到：在這個問題上，大陸和臺灣何其相似乃爾！早些年，在大陸多數讀書人不易看到臺灣的出版物時，有些剽竊者利用自己工作上的便利，大段或整頁對臺灣出版物「照抄不誤」，或略加粉飾移花接木而據為己有者，好像也大有人在。如今白紙黑字，赫然在目，劣跡昭昭，鐵案如山。但這種人是不會去自殺的。他卻仍然裝腔作勢，著書寫文，繼續撈取虛名實利。人格卑下以至於斯，夫復何言！

　　再推薦王元化作〈需要糾正的一種學風〉，此文為《思辨隨筆》六五節。

　　作者先講到，學術研究有個利用已有成果問題。任何研究者，都不可能靠一己之力精通與自己研究專題有關的每門學科，所以需要利用已有的科研成果，聯繫自己的課題，進一步深入鑽研。各類研究，莫不如此。任何人都不能白手起家，靠自己從頭做起。接著，作者強調：

> 「不過，這裏需要說明，利用已有科研成果，不是就現成、圖省力，
> 更不是指那種轉相抄襲的陋習。掠人之美據為己有的抄襲之風，似
> 乎一直未引起廣泛的注意，很少有人出來加以指摘。我們時或可以

看到，有人提出一種新觀點或新論據，於是群起襲用，既不注明出自何人何書，以沒其首創之功，甚至剽用之後反對其中一二細節，加以挑剔吹求，以抑人揚己。這種學風必須痛加懲創，杜絕流傳。」（《思辨隨筆》一〇四頁）

此文作於一九八二年，至今，十四個年頭過去了，在出版物中，在參加評選職稱的論文中，對這種抄襲之風，不要說「痛加懲創，杜絕流傳」，就是稍加揭發、制止，也沒能做到。以至歪風邪氣，愈演愈烈，在知識界，其所以假貨充斥謬種流傳，學術水平江河日下者，其源實肇於此！

王元化還十分推崇楊遇夫（樹達）嚴謹求實的學術作風和虛己從善的學術道德。在《思辨隨筆》一二三節《楊遇夫回憶錄》中，對此所述甚詳。其中也介紹了遇夫先生十分痛恨剽竊：

「遇夫於鈔襲之風最所痛恨。嘗云『剿說為大不德』。他曾撰《漢書所據史料考》，揭班固《敘論》不載其父（班彪）續《史記》六十五篇事。又揭顏師古左袒班固，說他和班固一樣將其叔父（游秦）之說攘為己有。他對班顏兩大家也不客氣，責他們是『遺親攘美』、『攘善盜名』。這是十分嚴厲的。在這個問題上，他絕不苟且，認為哪說在前，哪說在後，自己所據，取自何人，皆需一一注明。他自己則恪守這一原則，一旦發現雷同他人，必將己稿刪汰，或加後案說明。回憶錄中多此類記載。」（見《思辨隨筆》一八九頁。以下還舉了五個實例，略）。

說得何等剴切！何等詳明！像遇夫先生這樣代表中國老一代知識份子求實嚴謹學風以及光明磊落的傳統美德者，而今安在哉？

最後，推薦《書屋》本期以頭條地位發表的丁東的隨筆：〈逢場作戲的悲哀〉。作者雖知名度不太高，文章卻寫得很好。此文原摘發於一九九六年二月二日《湘聲報》的《文化、人物》副刊。全文主要談治學態度，並不專談剽竊問題，但其中有一部分涉及個別名人剽竊之事。此文若能與魯迅在《二心集》中的〈上海文藝之一瞥〉一文對照起來，仔細閱讀，定

能有更多收穫。其實，剽竊往往表現了一個人道德和品質上的缺陷，這種缺陷也就絕對影響到治學質量。當今的剽竊者，讀了丁東此文，以昔視今，能不慎哉？

想推薦的各文，到此已寫畢。底下，難免就此發些感慨：

一、反對剽竊，古今中外，概莫能外，上舉各例，已經證明了這一點。而且，在政治、學術觀點大相徑庭的人們之間，並不妨礙他們在這一點上的一致。比如，梁實秋曾明確表示過，他不贊成共產主義；而王元化則是老共產黨員、馬克思主義的學者；但他們之間，在反對剽竊的態度上，卻是驚人的相似。可見，這是一種學術領域中的「公德」，凡涉獵學術、創作領域者，都要毫無例外遵守這道德規範。就像有些社會公德，如，「不可偷竊」、「不可欺詐」、「不可隨地吐痰、隨地大小便」之類，凡是社會成員，皆應嚴格遵守，否則，社會就會「亂套」。故不宜用「政治需要」、「階級利益」之類名目為剽竊者曲意辯護。

二、反對剽竊，是學術領域中的「打假」，對提高國家的學術水平，密切相關，不可等閒視之。現在評職稱、給銜頭，都講究要論文，但許多論文，卻是你抄我，我抄你，陳陳相因，了無新意，而且又不說明抄自何方，長此以往，則何以發展學術？為制止國家學術水平的下降，制止職稱、銜頭的迅速貶值，反對剽竊，建立正常的學術規範，實乃當務之急。

三、反對剽竊，還要開闊視野，注意到某些所謂的「名人」有無剽竊行為。上舉各文，即有此例。如今有少數所謂「名人」，弄虛作假，盜名欺世，一戳穿那把戲，則貨色所剩無幾，宜將其真實面目，公諸世上，使他不去貽害後學，禍及蒼生。

如此說來，反對剽竊，豈是區區小事？

一九九六年四月十一日

教育警鐘

《沙坪歲月》啟示錄

劉鶴守先生主編的《沙坪歲月》一書，是抗戰時期重慶南開中學的校園回憶錄。撰稿者是近兩百位當時的老校友。他們的校園回憶錄，生動表現了這所抗戰時期大後方名校的整體形象，表現這所名校校長如何管，老師如何教，學生如何學。當年，作為美國總統羅斯福的特使威爾基，到重慶後，曾專程訪問南開中學並發表演說。他回國後，寫了一

▲《沙坪歲月》主編劉鶴守先生，于二〇〇六年四月到了長沙，他與本文作者合影於「千年學府」嶽麓書院大門前。

本名為《四海一家》（「One World」）的書，書中介紹了這所中學，並對張伯苓校長有著很高的評價。威爾基在演說中說：「像南開這麼好的學校，你們中國固然很少，我們美國也不多。」六十多年過去了，今天，威爾基這個中肯的評價，在中國並未過時。那麼，當年的重慶南開中學，給了當今中國的中等教育，有哪些啟示呢？依拙見，有如下九條：

一、《沙坪歲月》一書顯示，中國的中等教育，曾經擁有豐富多彩內涵深刻的教育資源。現在，這種資源還沒有充分發掘、研究和繼承。

從十九世紀末，中國出現新式的學校起，到上世紀五十年代，國內若干名校，在辦學過程中就不斷積累了不少可貴的教育資源，南開中學是其中的佼佼者。五十多年來，我們的教育工作，出現了不少失誤，不少有識之士認為：拋棄了我們曾經擁有的資源，是其中較為重要的一種失誤。

這種教育資源的核心是什麼？我理解，應該是如何培養出現代社會所需要的合格人才。這種人才，要既有公心，又有能力（即南開校訓中指出的「允公允能」），能盡心盡力並稱心如意地服務於社會。說得更具

體一些，這種全力服務於社會的各類人才，要有完善的人格，科學的思想，健全的體魄，獨立思考的能力和民主法治的素養。南開中學的一切教育活動，都是圍繞著上述的培養目標來進行的。為達到上述目標，就必須：

把各種的學業教育和以上的培養目標完整地結合起來；通過各種活動，有效地進行公民教育，通過公民教育，主要教育學生要有獨立的精神、民主的思想；注重體育，把體育作為增強學生體質、毅力和具備公平競爭素養的一個重要環節；通過美育，主要用藝術手段培養學生高尚的品性和情操，……如此等等。

所有這些教育資源，實在需要我們結合當前實際，分科分目逐項進行深入的研究。

這裏且舉我國當前中小學語文教學狀況為例，來說明研究和繼承這種教育資源的必要性：

現在，我國語文教學出現的一系列嚴重問題，應該說，從上世紀五十年代初「學習蘇聯」、在中學語文教學中搞什麼漢語和文學分家時，就已經開始。以後，經過歷次的政治運動，特別是經過文化大革命以後，問題就更加突出、嚴重，乃至實際上用政治課代替了語文課，在教學上採用「煩瑣分析法」代替學生字、詞、句及作文的佈局謀篇等方面的基本功訓練，且默認學生可以用抄襲或說謊的辦法來學作文，實際上取消了正常的作文教學，從而使學生語文水平急劇下降。到上世紀七十年代末，文化大革命剛剛過後，在呂叔湘等先生領導下，《中國語文》雜誌曾經發動關於語文教學的討論，呂叔湘先生、葉聖陶先生以及國內許多著名專家和若干大、中、小學教師，都為此發表了一些有分量的文章，籲請社會及學校注意這件大事。文章涉及：語文教學存在的主要問題（主要是學

▲劉鶴守與李冰封參觀岳麓書院時，在書院樹林中，路遇一群女學生，她們要求和兩位老人合影。

生學習效率過低的問題。呂叔湘先生說，中小學用了十年時間，二千七百多課時，學習本國語文，多數學生卻不能在學習上過關，這是咄咄怪事），語文教學的性質、目的和任務（實際上是指出，不能用政治課代替語文課，不能在「政治掛帥」的幌子下，取消了語文課），改革教材，改進教學方法，作文教學，文言文教學，教師隊伍建設，小學的識字教學及幼兒的語言教育，等等。隨後，在一九七九年三月，還由中國社科出版社結集出版了二十五萬字的《語文教學問題》一書，初版就印了三十萬冊，在廣大教師中產生了一定的影響。但由於主管教育方面的領導沒有對此大事予以足夠的重視，加上「應試教育」等多方面的問題的嚴重干擾，從整體來看，此書對全國語文教學的改進，起的作用不大。

到上世紀九十年代初，陸定一同志感到問題嚴重，在《人民日報》上發表了重要文章：〈《中學語文教學新體系》序〉。李慎之同志讀了此文之後，十分興奮，當天就給陸定一同志寫了一封信，其中提到：

> 「小學生、中學生、大學生，一直到碩士生、博士生的語文程度越來越低。在內心深處，我一直以為這已是我們民族的一大災難……而且隨著教師學力的下降，水平還在下降」，「現在大家都說要振興科學技術，要建設精神文明，但是卻很少有人注意，人的思維能力決定於少年時代的語文訓練。而語文訓練既決定於識字的多寡，也決定於語文所體現的知識和哲理……」，「我在社會科學院工作十年了，按我們的體制，這是最高學府，是人才薈萃之地，但實際水平，實在不堪逼視，原因何在？不是資料少，不是交流少，而是因為基礎差。基礎為什麼差？小學中學的語文就沒有過關。」「從我自己體會出發，我以為您（按：指陸定一同志）提出的問題實在是太重要了，是真正關係到我們國家命運的問題。我認為，中國的語文教育所以下降到今天的地步，我們黨的工作不能辭其咎。我希望您能繼續領導我們來糾正自己的失誤。」（見《李慎之文集》〈關於語文教育問題——給陸定一的信〉，此信寫於一九九〇年八月七日）。

　　現在又是十幾年過去了，問題還是沒有得到有效解決。如果現在有哪一位領導，有著陸定一同志和李慎之同志這樣對國家和人民的高度責任感，帶領有關同志認真地來讀一讀《沙坪歲月》，認真研究一下當年南開中學以首席國文教師孟志蓀先生為代表的國文教學，知道了當年南開中學學生如何從一系列範文學習中，「懂得了許多大至治國安民、小至修身養性的道理，對我國以儒家為主的哲學思想、價值觀念、思辨方法的歷史演變有了大體瞭解。許多同學聯繫教材，程度不同地思考了涉及人生觀、宇宙觀、文藝觀、認識論、方法論的諸多問題，具體到個人事業和人生道路選擇，和平民主問題，戀愛觀、交友觀等等，無所不及，思維十分活躍。」（《沙坪歲月》P.51，潘大陸文：〈記南開的幾位語文教師和語文教學〉），又知道了他們按學生實際選擇和確定教材，如何對學生進行基本功訓練和能力訓練（包括了最基本的糾正錯別字和糾正錯讀的訓練），還知道了他們如何使學生發揮自由思想，不迷信權威，不墨守陳規，如何引導學生去享受美的藝術教育，把精神引導向美的境界……那麼，不是多少可以啟發我們去解決當前的一個「關係我們國家命運的問題」麼？

　　當然，這種研究也可以而且應該不限於南開中學。中國過去的許多著名的中學，在國文教學方面，都有這種可貴的教育資源，為什麼我們不去發掘和繼承呢？

二、辦好一個中學，首先要有一個好的校長和一個好的領導層。就像重慶南開中學有個張伯苓校長以及以喻傳鑒主任所代表的那種好的領導層一樣。

　　這些學校的領導，首先要真正懂得教育的理論和實踐。要懂得如何對學校進行有效的管理，要有徹底獻身於他所從事的崇高教育事業的決心和精神，要十分愛護學生。同時，還要思想開放，鼓勵教師和學生都能自由思考，不使他們的思想封閉在某一個框框內，或束縛在某一根繩子上。還要使教育事業保持絕對的尊嚴和相對的獨立性，不能無條件地跟著上級錯誤的指揮棒來打轉轉。

　　現在，我們的許多學校，所以辦得不理想，缺乏這樣完善的校長和領導層，更缺乏這樣領導層成長的客觀環境，可能也是個重要原因。

三、嚴格擇師，是辦好學校的又一關鍵。進入南開中學的教師，都是經過嚴格選擇的。選擇的標準，首先當然要看學識。各科的授課老師，都有一定的學識標準，有的學科還要面試。比如，教英語的老師，進南開中學前，喻傳鑑主任就要面試他或她的語音水平，要求語音能夠達到標準。其次要看人品，剛來的老師，入校後，要從各方面考察其人品，看夠不夠「為人師表」。有一位老師，剛到校不久，就用各種名義向學生借錢。經考察屬實後，就被辭退了。此外，對各科老師都要求有很高的敬業精神，要對學生學業的輔導，極端負責。重慶南開中學的國文教員，水平都高，但對學生的作文，往往連標點也都注意到了。如，有一位同學作文，開頭一句是：「遠遠的東方，太陽正在升起。」陶光老師在作文評講時說，這句話，可在「的」字的後面加個逗號，變成：「遠遠的，東方，太陽正在升起。」這就把整個情景寫活了。同學們大為嘆服，稱陶光老師為「一點師」，以別於古人所謂「一字師」。在教學中，國文老師對錯別字和錯讀字，都極其注意。有一位同學，作文中把「月色朦朧」，錯寫成「月色曚曨」，偏旁寫錯了。孟志蓀老師就罰這位同學在作文本上，把「月色朦朧」寫兩整頁。到幾十年以後，他還很感激孟老師，因為從那時起，他一輩子都不會再寫錯這兩個字了。孟老師還強調許多字不能錯讀，如講《史記‧滑稽列傳》，就強調在這裏「滑稽」應讀「骨基」。與青藏高原有關的少數民族「吐蕃」，應該讀「吐波」，而不讀「吐翻」……等等。另外，重慶南開中學不論正科、副科，選擇教師都一律要求有高水準，這就更難得。教歷史的方慕韓老師，教地理的董心涵老師，教音樂的阮北英老師，教美術的陳湘燕老師等等，都是當時第一流的各種專業課老師。教化學的鄭新亭老師，化學課教得特好，許多同學考大學時，因受鄭老師影響，而報考化學系或化工系。……如此事例，不勝枚舉。

嚴格擇師，與學校的領導層內行，且有高水準，關係重大。這一點，我們現在不容易完全做到，但，確要向這方向努力。

四、要讓學生自由地接觸各種思想，自由地表達自己的思想，使他們從小養成獨立思考的習慣。

重慶南開中學每週有周會。周會由學校邀請不同政治派別、不同思潮代表的名人，來校作講演。這種講演，對學生瞭解時代、開闊思想，無疑起了很大作用。被邀的政界名流中，有周恩來、孫科、馮玉祥、何應欽、陳立夫、朱家驊、王世杰、蔣廷黻……等，著名學者和新聞出版界名人有：馬寅初、胡先驌、翁文灝、孫本文、盧前（冀野）、范存忠、胡政之、王芸生、王雲五……等，著名作家有：老舍、曹禺、冰心……等。總之，他們思想各異，主張有別，但南開中學都邀請他們來校演說，這體現了南開教育自由、開放的一面。

學校中還鼓勵學生辦各種各樣的壁報，在壁報上發表各種各樣的意見。且有中文和英文兩種文字的。辦壁報可以提高學生的寫作能力，更重要的，還鍛煉了學生的思維能力，養成獨立思考的習慣。還舉辦各種辯論會，大都辯論時事問題，促使學生關心時局，培養學生的觀察分析問題的能力和演說的口才。參加辯論會的，有許多初中部的學生，男生、女生都有。

以上說明，南開中學的辦學傾向是自由主義的，是反對思想專制的。這是辦學方向的一個根本問題。在辦學中，一旦強調思想要定於一尊，使學生不能在自由的環境中，對各種思潮進行探索，鑒別，擇取，比較，分析，勢必造成了思想上的僵化。一個民族，一個國家，他們的後代，一旦思想僵化，不能正確地思考如何吸收各種思潮中的有益成分，那就必然極大地危害了這個國家、民族的前途。且思想專制，定於一尊，客觀上一定反對「相容並包」，這也最容易形成一種逆反心理，到逆反心理形成高潮之時，這個國家、民族也就什麼事都辦不好了。這個教育上的重要問題，確實應該引起我們認真、深入的思考。

五、南開中學的「公民教育」是德育的基礎，德育的主要內容。南開的校訓「允公允能，日新月異」，這既是人生觀，也是方法論。公民教育主要就強調「公」字，教育學生如何做人。要從小培養「公」心，以服務於國家、民族，服務於社會。公和能又是相互結合的。無公心，只有能力，一般都不能為社會辦好事；當然，有公心而無能力，也就辦不成事。「日新月異」，則說明要不斷地隨著客觀世界的進步而進步，而不能囿於己見，停滯不前。

　　從小陶冶學生的獨立的人格，使之形成有利於社會的道德準則，培養學生從小注重民主、自由和法治精神，這就是公民教育的主要內容，而這種公民教育，也是讓學生在各種實踐中學到的，包括：社團活動，班級活動，創辦壁報，舉行辯論會，等等。以上內容，我們無疑都應結合當前實際，擇其善者而從之。對公民教育的排斥，無疑是阻礙了教育的進步，因而也阻礙了社會的進步。時至今日，專制主義無論如何也是不能促進社會進步的。

六、真正把體育作為整個教育的重要組成部分，目的是使受教育者能有健全的體魄，服務於社會。絕不能把體育作為表現某種虛榮心的手段。

　　有一種「三點半」精神，是南開教育的一個突出的特點。每當午後兩節課上完，正是下午三點半鐘。這時，同學們都要走出教室，進行體育活動。當然，也可以利用這時間，進行其他課外活動，如歌詠活動，排戲，辦壁報，等等。不少校友到了老年，還感謝這「三點半」精神，使他們養成了經常運動的習慣，增進了身體健康。

　　南開的各種運動隊都是課餘的，隊員沒有任何特殊化的待遇。對隊員功課上的要求，也和其他同學一樣，不及格的要補考，三門不及格的要留級，絕無例外。這就防止了因提倡體育運動而培養出了一批「四肢發達，頭腦簡單」的扭曲了的所謂「體育明星」。

　　此外，體育還加強了學生對毅力的鍛煉。由於強調要注意體育道德，也就教育學生從小要注意增強道德素養。這就不詳說了。

　　現在，我們有不少學校也重視體育。但，有些單位，往往把增進學生健康的體育活動，異化成了為學校或某些個人攫取名利的手段。南開的體育教育，實在也啟示我們思考類似的問題。

七、美育及課外活動。這本來是兩個範圍的事情，但由於有某些聯繫，就合在一起來寫了。

　　南開中學對美育，也是作為整個教育中重要組成部分來抓的。美育的教學活動，主要通過下列環節來實現：一是重視音樂課和美術課。不是把音、美作為可有可無的課程來看待，而是把它看作是對學生品性和情操薰陶的重要環節來看待的。因此，這兩門課都有許多具體要求。二是適當增

加一些有關美育內容的選讀課。如教國文的孟志蓀老師，在高二高三各班就開了「詩詞選讀」。使學生能從中得到情趣上的感染和美的薰陶。據現居臺灣的南開中學校友齊邦媛教授回憶：孟老師這些課程「絕不輸於今日大學的課程」。當然，對學生教授這些詩詞，並不只限於美學上的價值，更多還著眼於文學，著眼於如何理解一些古代詩詞作品的藝術和社會價值。三是訓練學生在日常生活中，養成愛美的習慣。要求教室和宿舍都要整潔，在學生宿舍中，要「考美」，等等。

　　美育還和許多課外活動緊密結合起來（體育和公民教育也是如此。也和課外活動緊密結合，使學生在實踐中得到教育）。如，組織歌詠隊，排練大合唱，演話劇，唱京戲，組織欣賞西洋古典音樂會，等等。這都是在實踐中體現美育。張伯苓校長有句名言：「不會玩的是傻孩子。」用「公」「能」目標培養出來的人才，當然要有些生活情趣，要愛玩，而且要玩得好，玩得痛快，在學生時代，這樣的玩，不但不會影響學習，而且促進了學習。

　　如今，「應試教育」往往把我們一些學生，教育成既不會盡情玩耍，也不會認真思考，而只會死記硬背的「書呆子」。這些「書呆子」往往「高分低能」。面對南開中學過去的這些課外活動，難道不啟發我們深入反思一些教育上的根本問題嗎？

八、允許並鼓勵學生在思想上獨立思考，鼓勵學生思想上的自由，絕不排斥學校對學生的學習、生活等方面的嚴格管理。其中包括了升、留級制度和考試制度的嚴格執行。而且，兩者是相輔相成的。沒有嚴格的管理，就不能造成自由思想的優良環境。當年重慶南開的教學實踐，完全證明瞭這一點。現在，我們許多學校，恰恰與此相反。思想上是強調一元的、專制的；而管理方面則是放任的、散漫的。今日一些中學，學生實際的學習狀況很不理想，莫不與此相關。我們應該很好地研究這個關係到辦學成敗的重要問題。

九、最後，重慶南開中學成功的重要秘訣還在於：整個學校上下左右，都充盈著愛心。張校長、喻主任都全心全意愛護同學，所有授課老師也愛他們教過的學生。這樣，學生們當然也愛他們的校長、主任和老師。同學和

同學之間，更勝似兄弟姐妹，互相關愛。這是一個真正溫暖的大家庭。經過了幾十年的風雨滄桑，而這種師生、同學之間的愛心，依舊不變，這就很不容易做到。但南開的校友們做到了。臺灣大學的齊邦媛教授，是一九四三年重慶南開中學的畢業生，一九九四年，（那時，她已近古稀之年了吧？）寫了一篇散文：〈寄英茂〉（英茂是她的同窗好友），主要回憶她們當年的校園生活。（此文刊於《沙坪歲月》P.243-247）。文中提到：一九六八年，她到紐約講學，想起要去看看她敬畏的王文田老師。在王老師公寓的通道裏，相別二十多年，師生執手，一往情深，竟是淚眼相看。齊教授的兩位住在美國堪薩斯的同學，相見時說：當年三月，他們要去接王老師到堪薩斯來住一陣子（堪薩斯州在美國中部，從那裏開車到紐約，畫行夜息，恐怕起碼要走四、五天吧）。幾十年後，這樣的充滿著愛心的師生感情，說明了什麼呢？齊教授在文中還懷念已逝世多年的教國文的孟志蓀老師。她寫道：「不知他晚年生活如何？葬於何處？祭拜之心，常在念中。」齊教授提到，學生們對老師的這種感情，實際源於當年校長、老師對他們的關懷，源於「允公允能、日新月異」校訓的啟示，源於校長要用辦教育的方式，實現國富民強的理想。這篇散文寫得很好，作者用充沛、真摯的感情，具體的事實，說明了愛心在重慶南開中學辦學中的歷史作用，而且寫得很有詩情畫意。我以為，如把此文收入當代第一流的散文選本，也毫不遜色。

今日，仍然是這種愛心，把當年南開的校友們與母校及老師、同學撐在一起。這個現實，也啟示我們思考一些辦教育的根本問題。

文章到此已經寫畢。最後，要說明一點：本文開頭提到的「教育資源」問題，幾年前雖也有人在文章中寫到，但已經忘了作者是誰。

▲一九九四年十月，重慶南開中學校友會舉辦校友返校活動。這是女生部一九四八級和一九四九級部分同學，從世界的各個角落，返回母校。

此次寫文前，拜讀了刊於《教師之友》二〇〇四年第六期蕭雪慧先生寫的〈曾經擁有過的教育資源〉一文，蕭先生的文章，啟發我重新思考了這個問題。雖然，我的表達方式，有異於蕭先生，但我十分感謝蕭先生大作給我的啟示。

　　　　　　　　　　二〇〇四年八月二十八日於長沙

　　（原載二〇〇五年第一期《炎黃春秋》及二〇〇五年第一期

　　　　《社會科學論壇》。均略有刪節，此是全文。）

用「公」「能」二字鑄造出的大寫的人

——紀念喻嫻文老師

　　我不是南開的學生，但對南開卻懷有一種特殊的感情。產生這種特殊感情的緣由是：

　　一九九四年十月，我陪我的妻子廖世英由湘赴渝，去參加重慶南開中學校友的返校活動。廖世英在抗日戰爭時期，曾在重慶南開初中女生部讀過三年書，抗戰勝利復員時，隨家庭離渝東下。在南開這三年，對她畢生品格和能力的形成，有著決定性的影響。在以後的歲月裏，她經常懷念著母校，懷念那裏的師友，乃至懷念曾在那裏上過課的那座受彤樓，並衷心感謝南開對她早年的教育和培養。所以，一九九四年十月，她是帶著類似「朝聖」的心情，返回母校的。那一年，返校的校友有好幾百人，而且有許多是來自香港、臺灣以及祖國的邊遠地區，也還有十幾位來自遠隔重洋的異邦。我作為旁觀者，感受到了南開的凝聚力和感染力，感受到南開教育的質量和力量。也就在這次返校活動中，我得以初步瞭解喻傳鑒先生畢生所從事的教育事業的崇高和偉大（一種寓於平凡中的真正的偉大）。這種崇高和偉大感動了我，促使我要探討南開學校教育成功的奧秘所在。回湘以後，廖世英的同班同學尹淩同志，為我們寄來了兩本資料書：《喻公今猶在》和《重慶南開中學建校五十周年紀念專輯》。從這兩冊資料書中，使我不但進一步瞭解了喻傳鑒先生的品格和事業，還借此瞭解了他非凡的全家。

　　喻先生畢生獻身於南開的教育事業，用他自己的話來講，這是「教育救國」。他淡泊明志，不求聞達，不但自己身體力行，還要用南開校訓中的「公」「能」二字教育全家，要帶動全家都來繼承他的事業。喻先生說過：「我兩袖清風，沒有兒子。但我有六個女兒，這就是我最大的財富。」

▲喻傳鑒先生的「教育世家」。前排中為喻公夫婦，左為長女
嫻文及其女葉濤，右為女婿葉謙吉及其子葉維能。後排左
起：六女嫻樂，四女嫻士，二女嫻令，三女嫻才，五女嫻武。

他引導他女兒中的大多數，都來教書，接他的班。結果，他的女兒中，有
五位教書，加上第三代，從事教育事業的共有十四位。使這個家庭成為真
正優秀的「教育世家」。而在這個世家中，他的長女喻嫻文老師就是繼承
他的崇高事業的第一位突出的代表。

　　喻嫻文老師一輩子當中學教員，一輩子教她的外語課。僅在重慶南開
中學，任教就長達五十年。在當代中國，由於各種眾所周知的原因，有一
段時期，中學教師的社會地位、工資待遇和工作條件，是明顯偏低的。
以喻嫻文老師這樣的學識、能力、教學水平，找到一個比中學教師的工
作、生活條件優越一點的崗位，比如，到一所名牌大學去開一門公共外
語課之類，該不是太困難吧？但，她不。她決不見異思遷，而不論條件如
何，一定要堅守她的中學教員的崗位，兢兢業業，精益求精，做好她的教
學工作。如果不具備一心為公的自我犧牲精神，能夠做到這一點嗎？我以
為，很難。這一點不正是體現了南開校訓中「公」字的精神麼？我以為，
是的。

　　喻嫻文老師精於外語教學。在我讀到的一些資料中，她的學生們過了
半個世紀以後，依然深情地、清晰地回憶起當年她在教學中極端負責的精
神和循循善誘的教學方法，用一種十分感激的心情，想起他們的老師當

▲喻傳鑒先生的親屬在重慶南開中學的「傳鑒亭」前。前排中
立穿白色上衣者，是喻嫻文老師，攝於一九九六年。

年教給他們的外語知識，使他們一生受益無窮。在教學中，喻嫻文老師特
別重視學生的基礎訓練和能力培養，注重口語訓練和書寫訓練。她當年的
弟子們在回憶中都提到「喻老師講解清晰，讀音準確清亮」「講課時儘量
使學生多聽多讀英語，少講甚至不講中文」「不時舉行課堂小測驗，出幾
個題目，學生們用十分鐘左右時間在一張報告紙上做好答案，迅速由後排
傳到第一排集中交卷」，所有這些，都極大地提高了學生們的學習興趣。
她對學生們的學習要求還極端嚴格、一絲不苟，因而贏得她的弟子們的
愛戴和尊敬。她在教學中的這些突出表現，難道不是南開校訓中的「能」
字的體現麼？我以為，完全是的。

　　喻嫻文老師的一生，都認真體現了南開的校訓，她是用「公」「能」
二字鑄造出的一個大寫的人，她無愧地繼承了喻傳鑒先生寓於平凡中的崇
高而偉大的事業。這樣的人，當然要贏得人們的景仰和尊敬。

　　一九九四年十月，在重慶南開中學校友的返校活動中，我只見過喻嫻
文老師兩次，一次是在一九四九級校友為母校獻出紀念碑的揭幕儀式上，
一次是在聚餐會上。她和重慶南開的一些老教師們出現時，他們的許多年
逾花甲的弟子們，都以十分熱烈的掌聲歡迎他們。我感到，熱烈的掌聲表
達了他們真摯的感激，也表達了他們曾受教於這樣優秀的教師們的門下而

感到自豪的心情。當時，我不可能向喻嫻文老師當面請教。明年是重慶南開中學一九四九年級校友畢業五十周年紀念，校友們又將舉行返校活動，我準備再一次陪同廖世英返校。本來想，那時，我們要去謁見喻嫻文老師。可惜現在永遠辦不到了。聽到她仙逝的噩耗，心中不禁黯然，悵惘不已。在中國實現現代化的偉大事業中，教育是一個十分重要的部門，教育事業的成功或失敗，教育內容和方法的優異或平庸或滯後，教育事業前進速度的迅速或緩慢，都將關係到國民素質能不能較快提高，民智能不能有效地開通，因而都將在很長的時期內和在很大的程度上影響到我們國家民族的前途和命運。現在，在中國教育戰線上，太需要像喻嫻文老師這樣既精通教學業務又全心全意獻身於教育事業的優秀教師了！我們大家都應該很好地學習她留給我們的寶貴的精神遺產。

　　我對喻傳鑒先生從事的崇高而偉大的事業瞭解得十分表面，對他的家族中首位出色的繼承者喻嫻文老師的先進事蹟，更缺乏深入的學習和瞭解，所以，我只能用這樣膚淺的文字，表達我的哀思。文章雖然膚淺，但，我對喻傳鑒先生和喻嫻文老師及他們全家尊敬的心情，則是出自內心的誠懇和真摯。

　　　　　　　　　　　　　　一九九八年十二月，於長沙。
　　　　　　　　　　　（原載南開中學校友會編《喻嫻文紀念文集》）

孫子的書包重八公斤

在寫到孫子的書包以前，得先寫一寫小時候我背的書包。

我是抗日戰爭全面開始那一年讀完小學四年級的。那時，叫做初小畢業。在初小這四年，我只用了一個書包，那是我母親繡了花的布書包，斜掛式，只有一根背帶，從左肩斜掛到右邊腰部。書包內分兩層，一層放文具：一個小小的硯臺，一節曹素功的小方墨，一枝金不換毛筆，一枝鉛筆，一塊小橡皮，一把木製的小「米達尺」。（那時，小學生寫毛筆字不作興用墨汁；也沒有圓珠筆；鋼筆叫「自來水筆」，更是奢侈品，我還沒見過那時的小學生用鋼筆寫字。）另一層則放課本和練習冊，記得初小的課本只有國文、算術和常識，練習冊，除國、算兩科外，還有作文本和習字本各一冊。此外，有一本薄薄

▲照片中，站在中間椅子上的是孫子，站在兩旁的是他的爺爺和奶奶。像孫子這樣小小年紀，就要讓他每天背著沉重的書包，去學些如何應付考試的「知識」，應該說，這是教育工作的一個根本缺陷。但這缺陷，卻多年也改變不了。

的字帖。這書包的重量，當時沒有稱過，估計總不會超過一公斤吧！我就是背著這小書包，學完初小。在家除早起要讀書以外，從來就沒有做什麼家庭作業，所有作業都在課堂內完成。這樣做，學習效果也還可以。比如，以國文課來說，可以自己讀懂冰心的《寄小讀者》和她的一些小說，而且讀得津津有味；可以寫五百字以上的記敘文，條理清楚，文句通順，大體上沒有錯別字；寫毛筆字也還過得去。讀高小，那是「八一三」以後的事，由於戰亂，搬家，換了個學校，但背的書包也與此大同小異，只增加了幾冊課本。

時間過了近六十年，現在，我孫子背的書包和我那時背的書包，就大不一樣了。我不知道這種不一樣，是標誌著教育的進步還是退步。

我的唯一的孫子，由於他父母離婚，讀小學前一年就和我們住在一起。他的奶奶，既當他的母親又當他的家庭教師，所以對他的學習

▲孫子從小就喜歡玩各種各樣的模型。

情況，就知道得特別清楚。他的書包和我小時背的大不一樣，是很漂亮的背包式，大約在小學三年級以後，重量就逐漸增加，到六年級，大約重七點五公斤。現在讀初中一年級了，書包的重量是八公斤，相當於部隊一個戰士扛了兩桿56-1式衝鋒槍。書包中的文具多而駁雜，鋼筆就有三枝，各種各樣的圓珠筆、畫筆、鉛筆一大堆（可偏偏缺一枝毛筆），還有什麼塗改液，透明膠……這就不去說了，因為文具只占這書包重量的很小一部分，主要重量來自各種各樣的「練習冊」和「學習輔導書」，這些輔導書，名目繁多，花樣翻新。語文課有：《新編小學生詞語學習手冊》、《小學生作文指導》、《小學生作文指南》、《小學語文一日一題》、《全國小學生獲獎作文選評》、《小學語文天天練》、《語文訓練達標總復習》……等；數學課則有：《小學數學學習指南》、《小學數學習題精選》、《小學數學解題常見錯誤分析》、《小學數學總復習各類題型系統訓練》……等。孫子讀小學六年級時，這類「輔導書」竟共達二十四種之多。這些書，當然不可能也不必要每天都背在書包裏，但只要有一半背著，那份量就夠小孩受的了。這些書，編得怎麼樣，我相信，哪一個有關部門都沒有去認真研究過。當然，也有個別編得合理的，但一粒珍珠混在一大堆泥土中，還能閃光麼？據我所知，這些書，大半都是各出版社（或出版社的所謂「承包者」），用高折扣的辦法，發行到各級相關的行政部門，使這些部門或個人有利可圖，然後，依靠行政力量再推銷到學校。學校想使學生能應付考試的既定模式，好提高升學率，也就有形無形地鼓勵教師帶領學生埋頭鑽在這些輔導書中。至於這些輔導書，對孩子們的學習實際上會起什麼作

用，恐怕有關部門中很少有人去認真考慮過。以語文課來說，出了很多繁瑣的、很不恰當的選擇題、是非題、填充題，連同一些改錯題，都列了一些所謂「標準答案」，這樣做，行麼？豐富多彩的中國語言文字，死呆八板的所謂「標準答案」能框得住麼？有個改錯題：「街上掛滿了五顏六色的紅旗」，有個學生把「紅旗」改為「彩旗」，這樣改，我以為改得好，但，錯了，扣兩分，因為「標準答案」是「街上掛滿了鮮豔的紅旗」。如果有人把「鮮豔」換為「絢麗」或換為「莊嚴」等等，按這荒謬的評分標準，那不是也要扣分麼？這樣去學語文，不是讓孩子們越學越蠢麼？還有什麼天空只能是「藍藍的」，「一葉知秋」的「知」字，只能解釋做「推想」而不能解釋作「知道」或「判斷」或「瞭解」或「預卜」……這類荒唐之至的題目，充斥氾濫；還有，要背某篇課文的「段落大意」和某一課文的「中心思想」，某些「解詞」要按規定熟記後，一字也不能更改，諸如此類。要孩子們為了應付考試去死記硬背這些莫名其妙的所謂「知識」，豈不誤人子弟？作文題呢？主要是教了個框框，讓學生去套，套好了去背熟，以應付考試，這樣，能訓練學生準確表達自己思想並進行獨立思考麼？至於要如何扎扎實實地讓孩子們背誦、領會、欣賞古今中外公認的文學名篇，扎扎實實地教孩子們用自己祖國的語言文字，真實、準確地去表述自己的思想，扎扎實實地糾正孩子們的錯別字，扎扎實實地讓孩子們把書法練好，起碼要把字寫端正，倒是有意無意地把它放鬆了，或被上述繁瑣的「應試練習」硬擠掉了。現在，有不少大學生文章寫不通，詞不達意，且經常寫錯別字，字又寫得難看，實在是這種教學方法造成的惡果。況且，孩子們成天都把精力消耗在這種繁瑣、無聊的「練習」中，白天做了還不能完成任務，晚上還要加班到深夜，平常又沒有時間去讀一些自己愛讀的課外書籍，去發展自己的特長和興趣，這又如何能培養出各種出色的人才？上海著名的語文特級教師于漪說：「考試應該是教什麼考什麼，而現在是考什麼教什麼，而且語文教學是在教一套模式，教學生怎麼背，怎麼套，不要獨立思考。考試也是考結論，做文字遊戲，如此下去，語文學科將走向末日。」又說：「學生從小學到高中十二年裏，有三年時間是在復習、考試，做大量的練習題，教師教得累死，學生學得苦死，結果是導致

▲奶奶在幫孫子放風箏。八、九歲的小孩，除應該愉快地學點文化知識外，還應該會玩，從玩中增長創造性的思維和能力。

學生不願讀書。」（見一九九六年十月十四日上海《文匯報》十二版）我認為，這是于漪老師從她多年觀察和工作實踐中總結出的至理名言，願有關當局三復斯言！不要小看了解決這樣問題的廣度和難度，光是空喊要減輕學生負擔，要從應試教育轉變到素質教育等等，恐怕還不能解決問題，這裏面牽涉到如何改變中學和大學招生及考試的方法和標準問題，如何改革高考這根指揮棒的指向問題，（是不是不要「定於一尊」，而允許出現各種各樣合理的指揮棒？比如，是否可以讓有些大學聯合或單獨招生，讓他們自己去出試題？）各級教育部門的廉政問題，各級教育科學研究所的研究方向和工作方法問題，（恕我直言，有些教科所現在研究的不是教育科學，而是靠編這些質量很低的所謂「輔導書」弄收入和發獎金）如何提高教育隊伍和出版、發行隊伍的素質問題，以及一些出版社出版這類輔導書的審定和管理問題，如此等等。由孫子書包的重量，信筆所至，竟扯到了這麼一些不大不小的問題，真好像有點小題大作了，趕快打住。

　　末了，順便提兩件事：一，聽說，新加坡限制了小學生書包的重量，確否，待證。限制書包重量雖是一種較消極的辦法，但他們解決此問題的決心，不妨學習。二，我的孫子，從小學一年級到六年級，共用壞了十個書包。差不多每個學期都要花幾十元買一個新書包。書包太重固容易弄壞，但現在有些輕工產品的質量，確也太成問題了。

一九九六年十二月七日，長沙。

由《孤筏重洋》引發的思考

　　不久前，戴文葆兄送我一本今日中國出版社出版的《朱啟平新聞通訊選》。朱啟平先生是舊《大公報》駐外記者，二戰後期，在太平洋戰區採訪，寫過許多廣受好評的通訊、特寫。一九四五年九月，報導在「密蘇里」超級戰艦上日本投降簽字儀式的通訊《落日》，更是膾炙人口，傳誦一時。那時，我還是高中學生，是朱啟平先生通訊的熱心讀者，如今重睹這些文章，算是重溫半世紀前的舊夢。舊夢重溫之餘，想到了朱啟平先生的一本譯作《孤筏重洋》。此書在中國大陸出版，也是十幾年前的事了，可惜出版以後，並沒有引起廣泛的注意。

▲二○○二年三月，本文作者與戴文葆兄（左）同訪李銳同志（中）。戴是大陸著名的編輯家、出版家。

一

　　《孤筏重洋》是挪威學者托爾‧海雅達爾（Thor Heyerdahl）寫他和五位挪威、瑞典的同伴乘木筏橫渡太平洋的紀實作品。海雅達爾在太平洋中的波利尼西亞群島作科學調查時，綜合研究了那裏的文物遺跡和民間傳說，以及太平洋的風向、潮流等，確信群島上的第一批居民，是西元五世

▲《孤筏重洋》書影。

紀從拉丁美洲漂洋過海到那裏去的。但一些學者反對這種說法，理由很簡單：人類不可能乘木筏橫渡太平洋。

海雅達爾則堅信自己的觀點是對的。為了用事實駁倒對方，他和同伴們籌畫資金並克服了種種困難，完全按照古代印第安人木筏的式樣，造了一隻木筏，於一九四七年四月從秘魯漂洋西去，他們駕駛的小木筏，在煙波浩渺、一望無際的南太平洋中，經歷了各種各樣意想不到的折磨和驚險，歷時三個多月，橫渡四千多海里的洋面，到達波利尼西亞群島的一個荒島上。這次航海，是一次震驚全球的壯舉。海雅達爾等人用自己的艱難實踐證明了自己的判斷，並向人們展示他們忠誠和執著於科學的精神。

原書於一九五○年出版後，接連再版十餘次，受到全世界讀者的熱烈歡迎。美、法、英、日、前蘇聯等三十餘個國家均有譯本，有些國家還把此書規定為中學生必讀的課外讀物。

朱啟平先生翻譯此書，始於五十年代中期，他是應《旅行家》雜誌主編彭子岡之約而譯的，剛連載了幾期，災難的一九五七年來了，彭子岡和朱啟平都被打成「右派」，連載隨即夭折。直到一九八一年十二月，完整的中文版由湖南人民出版社首次出版。第一次印了八萬餘冊，以後好像沒有再印過，也沒有看到過有分量的書評。當時，我還在工作崗位上，雖曾對有關同志口頭提過，要組織書評，廣泛宣傳，但並沒有把此事具體落實，至今引為憾事。

二

《孤筏重洋》中譯本約十六萬字，它用樸素的文字，真實地記錄了一段了不起的經歷，從而使讀者驚心動魄，受到教育。因此，大體瞭解書中的主要情節，實屬必要。

　　作者海雅達爾在書中先說明他的理論形成經過，二戰結束後，他決定到美國去發表他的理論。面對「人類不可能乘木筏橫渡太平洋」之類的責難，他決心用自己的實踐予以反駁，而他的想法卻被朋友們當作「笑話」，認為他「發瘋了」。

　　海雅達爾卻認真地開始準備他要做的事。他住進了在紐約的「挪威海員之家」，藉以接近海員們，並和他們研究南太平洋航行中有關情況及木筏漂海的可能性。海員們都認為這件事是危險的，但用這種方式漂海並非沒有可能。

　　海雅達爾在這裏結識了志同道合的挪威工程師赫曼和其他一些夥伴，通過挪威駐華盛頓大使館的武官和助理，在五角大樓申請到了一些漂海遠航必備的物資，包括特種定量食品、不透水的睡袋、掉在水裏也能擦得著的火柴等，並通過有關人士弄到了用於科學測量的貴重儀器和用具。

　　此後，在找到了資助人，籌集資金解決經濟問題後，他們動手解決遠航前必須辦妥的最重要的一件事，那就是：要仿照印加時代航海人的做法，到厄瓜多爾的安第斯山區原始森林中，砍伐九根大筏木（注：一種產於拉丁美洲的珍貴木材，乾燥後比軟木還輕）來綁紮木筏。嗣後，經過在大洋中漂流的實踐證明，他們的木筏，因為木材是新砍下來的，樹幹中的漿汁成為一種飽和物，阻止了海水滲入，因而避免了木筏的下沉。

　　安第斯山原始森林中生活著印第安人的原始部落，那裏的人，如今還在砍殺仇人的頭顱製成模型出售。到那裏去砍伐筏木，除了要和那裏的土著打交道外，還要提防蟒蛇、毒蛇、蠍子、巨蟻、蜥蜴和鱷魚的侵襲，此中驚險經歷，不言自明。砍了筏木後，他們把木材運出森林，漂到河口，用汽輪拖到秘魯。

　　隨後他們要在利馬晉見秘魯總統，請求總統批准海軍部支持他們，在海軍船塢中按古代印第安人木筏式樣建造一隻大木筏，從海軍軍港啟程遠航。啟程前一天，美國等十幾個國家駐秘魯的大使、公使及挪威僑民代表趕來送行，因為大家公認這是在科學領域中一件驚天動地的壯舉。一九四七年四月二十八日清晨，由秘魯海軍的拖輪把木筏拖向外海，隨即，木筏進入了亨伯特水流。

　　亨伯特水流是來自南極的冰冷的巨流，它向北流向秘魯海岸，轉而向西，在赤道之下奔騰呼嘯，橫貫大海。這水流湍急部分，波濤洶湧，白浪滔天，浪谷與浪峰相差十來英尺。他們兩個人一班，在巨浪中輪流值班掌舵。開始的二十四小時中，每人掌舵兩小時，休息三小時；以後，體力不濟了，改為每班一小時，休息一點五小時，如此輪流。這樣一直過了六十小時，海面才平靜了些。以後的二三個月中，經常一連好幾天遇到這樣的大浪。有一次暴風雨中，浪峰要高出浪谷二十至二十五英尺，舵手站著掌舵，水沒到腰際，人好像在湍急的河流中迎著逆流前進。

　　在漂海的過程中，木筏經常與鯨魚、海豚、鯊魚、章魚、水母、海龜以及各種各樣的奇怪魚類為伍。章魚的腳極長，可以伸到木筏的每一個角落。這腳，可以制大鯊魚於死命，也可以在大鯨魚身上留下可怕傷疤，所以他們每人都配備了一柄大刀，準備在夜裏被章魚的腳圍住脖子，把他們從睡袋裏拖出去時，砍它的腳，他們還要拿魚叉在木筏邊和殘忍貪食的鯊魚搏鬥。夜裏，還有大海豚爬到木筏上來，弄得他們晚上休息時，經常是渾身濕漉漉的。

　　過了兩個多月，從岸上帶來的清水發臭了，不能飲用。到處是水卻沒有水喝。於是，就破了一些魚，擠出魚身的水分當飲料。

　　兩位弄電臺的夥伴經過艱巨的努力，終於和世界一些地區的無線電愛好者聯繫上了，通過這些愛好者，他們和挪威的哈廉國王及美國國家氣象局長，也有了電報聯繫。他們雖飄流在大洋之中，全世界仍然和他們緊密相聯。

　　在他們啟航後的第九十七天，終於飄流到了波利尼西亞群島的安格圖島邊緣，但巨浪衝擊著礁脈，木筏找不到去島上的進口。結果狂風又把他們吹向大海。在海上又飄流了三天三夜，也就是他們在大海上飄流了整一百天的時候，經過了一場十分險惡的搏鬥，木筏終於在波利尼西亞群島的一個荒島上靠岸。除了帶去的一隻鸚鵡死於海上的風暴外，他們六個人全部平安登陸。過了幾天，附近一個島上的波利尼西亞人駕船把他們從荒島上接走。經過無線電聯繫，法國駐太平洋殖民地總督派船接他們到塔希提島首府帕皮提，挪威政府又派巨輪到帕皮提接他們。為科學而進行的一場艱險、雄壯的海上旅程，終於勝利結束。

三

以上復述的情節，難免掛一漏萬，但就是從這樣極簡略的復述中，我們也不難看到，當時有一些國家推薦此書作為青少年課外必讀書的意圖何在。

我以為，實際上是要在青少年中提倡一種高尚的情操，提倡一種理想，提倡為科學而獻身的精神。健康的理想教育，應該是對學生進行德育的一項主要內容。許多國家，由於社會制度不同，他們對青少年的教育方法當然也不相同；但儘管如此，不同類型的國家在教育上卻還有不少一脈相通之處，有不少共同點。這共同點有許多適用於我們，過去我們對這方面注意得太少了。

不是說要愛科學嗎？那就要全身心地去愛它，要有理想，要準備為科學上的真理獻出一切。當然，不是鼓勵所有青少年為了證明一種理論，都要用生命去冒險。要提倡的是：在這種壯舉背後體現出的一種英雄氣概和無畏精神——一種為維護真理在必要時不怕犧牲一切的氣概和精神。

不是說要從小培養克服困難的精神嗎？怎樣克服困難呢？你就看這幾位科學家的所作所為。

不是說要提倡辦事認真、負責嗎？不是說「世界上怕就怕『認真』二字」嗎？怎樣認真呢？這就是！

不是提倡考慮問題要仔細縝密嗎？這也就是！他們的縝密十分具體，縝密到木筏上用的木材不能用乾的，而要用新砍伐的，連這樣一個細節都考慮到了。只有這樣縝密地去辦事，才保證了他們最終的勝利。

諸如此類的東西，就是上面提到的「共同點」，所有這些，在各種類型國家對青少年進行的「德育」中，不是都可以適用嗎？

理想教育對於青少年的健康成長十分重要。如今，理想的光芒在我國新一代青少年中漸趨暗淡，此中原因錯綜複雜，非本文所能詳細論及。但在學校教育中，把德育也當作應試教育的一個環節進行，實是導致青少年理想喪失的原因之一。許多學校中的所謂德育，就是要你去背誦一些條條框框準備應付各種考試，包括升學考試，因為條條框框就是一切。至於如何在一些實際的學習活動中，去培養學生的理想和情操，培養他們優秀的

思想品質、良好的道德規範，使學生進入社會後，能夠成為一個大寫的人、高尚的人、優秀的人，而不是成為口是心非、言行不一、鼠目寸光、「實利」第一的庸夫和小人，恐怕就考慮得很少，或是根本就沒有這樣去做。從許多國家在青少年教育中，對《孤筏重洋》一書所持的態度，我想，應該對我國學校的德育問題，提供了某些啟發。

四

關於給青少年提供有益的課外讀物問題，又是此書給我們學校教育的另一啟發。

本來，在學校教育中，引導學生去認真閱讀一些有益的課外讀物，是青少年的品質、智力、體格、審美趣味、道德觀念、勞動觀念以及個人愛好等方面得以健康成長的必備條件，可惜現在這方面被嚴重忽視了。應試教育把學生對有益的課外讀物閱讀的時間和興趣全部擠掉了，扼殺了。學生成天埋頭在那些編寫得很差的、繁重的、瑣碎的、乃至不得要領的練習中。完成這些練習就是學習的一切。應付考試，在考試中能得高分就是學習的一切。這樣，果真能培養出德才兼備的、眼界開闊的、有創造性思維的各類現代化建設所需的人才麼？回答應是否定的。

許多國家都注意了青少年的課外閱讀問題。有不少國家的教育部門，規定了中小學生必讀的課外書，美國甚至把馬克思、恩格斯的《共產黨宣言》列為高中生二十餘種課外必讀書之一（見著名雜文家牧惠著《讀完寫下》第二百七十九頁）。我想，這正是因為他們認識到：青少年應該接觸各種思想傾向的著作，才有可能讓他們自己有所比較，有所選擇，或者是從中有所啟發，有所穎悟，有所感動；這樣，思想才可能豐富、多樣而不至於僵死、硬化。

人家能夠這樣做，為什麼我們就不敢或不能這樣做呢？像《孤筏重洋》這樣內容豐富、情操高尚而且情節適合青少年閱讀的讀物，人家能夠把它規定為青少年的課外必讀書，為什麼我們就不能呢？

　　我甚至這樣想，教育部門不妨也利用一下「應試教育」，給學生規定一二十本課外必讀書，在升學考試中考一考讀書心得。當然，不要出偏題、怪題，要從試卷中能真正看出學生的思想收穫。

　　此問題似也值得引起我們深思。

一九九七年七月十五日，長沙。

一位大陸作家的文革記憶
　　——訣別史達林模式及其他

序跋選粹

《華胥夢醒集》自序

　　我是在離開工作崗位有了空閒以後，才寫些散文、隨筆，結集成書的。這是我第三本散文隨筆集。

　　書名《華胥夢醒集》，是借用了亡友、詩人胡遐之〈南浦〉一詞中的詩句：「我自華胥夢醒，奈眼前桑海費思量。」華胥，典出《列子‧黃帝》篇，是寓言中的一個理想國。猶如人們常講的烏托邦。我是在烏托邦的酣夢、怪夢和惡夢中驚醒以後，才開始對眼前滄海桑田的反思。限於自身的各種條件，這反思當然不可能系統、深刻，但重要的是，在艱難的起步以後，它將會逐步深入。我老了。但，思考的器官還沒有完全老化。所以，我自信，這種思考還會繼續下去。

　　從少年時代起，在上述的烏托邦還沒有形成之前，我就嚮往著它。弱冠之年，是帶著一個聖潔、崇高的理想，義無反顧，不計死生，走向這個尚在形成中的烏托邦。因為，在那時，我相信，要建立「民主、自由、富強、獨立、統一」的新中國，要走的路，必須通過這個烏托邦。以後，經過多年的折磨和煎熬，特別是在一九五七年以後，個人突然間從「婆羅門」變成了「不可接觸的賤民」，這樣，就有機會從上層和下層兩個完全不同的層面和角度，觀察到了，從反右、大躍進直到文化大革命等一系列重大事件中，我們的人民以及國家和民族遭遇到的種種災難和不幸的由來，當然，也從其中觀察到了個人和親友們受到的種種凌辱、冤屈、饑餓和苦楚的根源。經過若干重要著作的啟發，這才發現，原來是封建的專制主義，在這個烏托邦的形成中起了決定性的作用。而這種封建的專制主義，正是我們當年極力反對過的。這個烏托邦的走向，是和民主、自由的目標，背道而馳；和早年我所要追求的聖潔的理想，南轅北轍。這才從酣夢和惡夢中逐步驚醒。

　　夢醒以後，對於中國所發生過的這一切，難免不去聯繫世界的歷史和現實狀況，也加以反思。這就想到了這一切與「史達林模式」之間的關聯。

也就難免不想到：多年以來，作為「史達林模式」的「主要敵人」，因而也成為我們中國的「主要敵人」的美國，對於中國的盛衰得失的種種關聯。這就是這本集子中，作為蘇聯和美國的兩組文章的由來。當然，這樣的反思也只是一個開頭。

魯迅說過：「人生最苦痛的是夢醒了無路可以走」（〈娜拉走後怎樣〉），魯迅甚至勸人，在無路可走的情況下，不要去驚醒做夢的人。但，我們現在的情況，和魯迅八十年前說的情況，完全不同。我們有路可走。所以，我們在夢醒以後，不但沒有苦痛，而且多少感受到了一些輕鬆和愉悅。我們要走的是，要堅定地反對個人崇拜，要限制、縮小和最後消除封建的專制主義的道路；要走的是，提倡民主和科學的道路；（近九十年前，我們要走的就是這樣的路，但由於種種原因，以後走了大彎路；現在要繞過彎路，繼續走這一條正道）；要走的是，法治的道路，和馬克思早年爭取過的，也是我們憲法上規定了的，言論自由、出版自由以及科學研究自由和文藝創作自由的道路。當然，我們要走的，還有公平合理的、有序的市場經濟的道路。這些道路都很長很長，而且崎嶇不平，險象叢生；但我堅信，只要我們夢醒了，我們一定會堅持這樣走下去，總有一天，它將逐步接近我們的目標，接近我們聖潔、崇高的理想。

這本散文隨筆集，是作者在這些道路上跋涉中的零碎、粗淺的思想記錄。作者在這方面的心路歷程，走得對或不對，還有哪些欠缺，希望能得到同道們的評議。

二〇〇五年八月六日，於長沙。

蕭向陽著《逝去的歲月》序

　　一九四九年前後是天翻地覆的歲月。在那時，二十歲左右的青年知識份子，到今天，都已近古稀之齡，垂垂老矣。在這一層知識份子中，有不小的一部分，有著這樣的經歷：當年由於傾向進步，不惜赴湯蹈火，追求光明，在那鬼蜮遍地、虎狼成群的舊社會裏，他們把要追求建立的「獨立、自由、民主、統一和富強」（《論聯合政府》）的新社會，想像得十分輝煌，但也十分簡單，好像只要革命成功了，一切就都會變好，一切都美麗非凡，光明燦爛，該出現的就會立刻出現。那時，流行一首歌，叫做《山那邊呵，好地方》，最能代表這部分知識份子那時的心情。唱那首歌，好像就想到：一翻過那高山，那邊就是一片極樂的人間天堂。把事物想得如此簡單，其實，也難怪。那時，對進步分子，對一般共產黨員，有一個流行的評判好壞的標準，叫做「是不是聽話」。聽話，就好；不聽話，就不好。不管這話是對還是錯。所以，凡是上面講的，你聽著，跟著幹，就是。別人早就代你思考好了。懷疑是不允許的。盲從就是忠貞。這樣，流風所及，就不能不造成了人們思維模式的表面化和簡單化。這樣，又一直發展到一九五五年的反胡風，一九五七年的反右派，一九五九年的反右傾，凡是敢於表示一點獨立見解的，一律納進異端，打入另冊。於是，「輿論一律」，漪歟盛哉，天下太平。但，歷史的客觀規律並不那麼馴服，並非你要它怎麼幹它就怎麼幹，表面現象也往往大不相同於本質，這就發展到後來，引發了一場既是千家萬戶的、又是全民族的大災難。

　　經歷了許多災難，看多了血和淚、虛假和謊言、卑鄙和醜惡，當然，也看了不少崇高和悲壯，這就促使人們或早或遲、或深或淺地思考了一些問題（當然，也有許多人被嚇壞了，什麼也不去想，什麼也不去做，只是混混日子，只求把個人生活弄得好一些，過一天算一天）：這是為什麼？這種災難是必然的麼？還是由於某些非必然的錯誤造成的？它能不能加以避免？要如何避免？於是，人們比較著，研究著，探索著，反思著，隨

著這過程的深入，許多人們的思想衝破樊籬，深化了，昇華了，思維就脫離了表面和粗淺，變得更加深刻和富於哲理。自從黨的十一屆三中全會以來，儘管我們民族前進的道路充滿著意想不到的曲折和風險，但卻有一個不可否認的事實：這個偉大的民族確實在前進。前進當中，人們物質生活水平的提高相對地走在前面，精神生活的充實和提高相對地滯後。由於人的素質不能有效提高，再加上民主和法制的不健全，這就造成了社會上許多方面的不平衡、不配套以至於混亂。不過，許多人也只看到這消極的一面，而忽略了另一方面的重要事實：在整個民族中，首先是一部分有良知的知識份子，思維上脫離了僵化，脫離了盲從，脫離了刻板和公式化，活躍了，豐富了，生動了，多元化了，從而能較深刻地進行反思，進行總結；也從而使以後整個民族的思維狀態，有可能進入一個多姿多彩的新的未來。

蕭向陽兄和我相識於五十年代初期。那時，我在《新湖南報》編《湘江》副刊，他是副刊的作者。我們又都是福建福州人，算是小同鄉。他那時在湘潭建設文工團當領導，給我的印象是：熱情，單純，質樸，耿直。一九五二年，他由湘潭調北京從事電影工作後，我們就沒有什麼聯繫了。一九五八年，我被流放到洞庭湖邊，前後達二十一年（如果減去我進小學前的六年，那麼，這二十一年，等於我從讀書起到現在為止全部生命的三分之一強），大約在七十年代中期，一個偶然的機會，知道他也被流放到洞庭湖邊，而且在縣裏，我們還見過一兩次面。在談話中，知道他也歷盡

▲蕭向陽、雷蕙珠夫婦合影。攝於二〇〇九年二月。

坎坷，生活困頓。當時，我是以有「罪」之身，羈旅於蒿萊煙水之間，由於眾所周知的原因，我們之間也就沒有什麼往來。十一屆三中全會以後，他平反後調長沙在瀟湘電影製片廠仍做他的電影工作。我也到了長沙。由於彼此工作都忙，要「搶回失去的時間」，所以往來也少。早幾天，他說：他要把這五十年來寫的、能找到的一

部分詩文，自費印一本小冊子，贈送親友，也算為自己的寫作生涯畫個句號，留個紀念，囑我為集子寫幾句話。我看了他抄的全部手稿，感到他的思想歷程，也就有點相似於我在前面寫到的許許多多良知未泯、正直善良的中國知識份子經歷的思想歷程。於是，思想跑了野馬，就寫下了本文開頭的那兩段話。那兩段話，與蕭向陽兄的這本集子，應該說，沒有什麼直接關聯，但細想一下，又有這樣那樣的千絲萬縷的內在關聯。至於這本集子中的詩文，我一句都不作評論，因為，我也不適於作這樣的評論。好在看這集子的，都是蕭兄的親朋好友，彼此都相互瞭解，大家見仁見智，自有評說。

一九八一年，蕭向陽兄寫過一首名為〈紫雲山印象〉的詩，刊於《湘江文學》，詩的開頭、結尾都寫道：

紫雲山是不出名的山
然而它的確是山

我想，對於這集子，也應該作如是觀。它既沒有險奇的高峰峻嶺，也沒有壯觀的流泉飛瀑，更沒有罕見的奇花異草；但它挺拔屹立，林木蔥蘢，花香宜人，在秀麗中顯現出山的骨氣和靈氣。它是不出名的山，但它的確是山。

一九九五年四月二十五日，於長沙。

107

俞潤泉著《湖南飲食叢談》序

關於寫序，語言學大師趙元任先生在八十年前曾經說過這樣的話：「會看書的喜歡看序，但是會做序的要做到叫看書的不喜歡看序，叫他越看越急著要看正文，叫他看序沒有看到家，就跳過去看底下，這才算做序做到家。」（商務版《阿麗思漫遊奇境記》譯者序）過去，我也曾為別人的書寫過幾篇序，但對於趙元任先生指出的這寫序的境界，心嚮往之，實不能至。這一次，俞潤泉兄要出版《湖南飲食叢談》，很懇切地邀我寫序。俞兄是半個世

▲《湖南飲食叢談》書影。

紀前的老同事。雖然我對飲食文化是十足的外行，但對於老同事懇切的要求，還是不便推辭的。於是再一次要學一學趙元任先生指出的那種寫序的境界，寫此序試試看。

俞兄的這本文集，收入了他的有關飲食文化的散文、隨筆和論文共約一百篇。這些文章，絕大部分都發表於海內外大型的烹飪雜誌上。其中，有一半左右，發表後我讀過。湖南文史館名譽館長、九十一歲的陳雲章老先生，對這些文章的評價是：「說古論今，淵源有致；解牛操勺，能成一家。」我以為，這是公允、精當的概括和評論。

俞兄孜孜不倦、矻矻終日，在飲食文化的領域中，能夠寫出這樣一批文章，淵源何在呢？這就要說到半世紀前，我所知道的一些情況了。

一九四九年八月，《新湖南報》創刊前，領導上就分配我負責《湘江》副刊的編輯工作，開始時，編輯人員連我在內只有四人。到十月，新聞幹部訓練班結業，先後又分來四位同志，俞兄就是這時來《湘江》的，我們也就是在這時候認識的。那時，副刊每天占大半版，發稿約八千字。應該說，這任務不算繁重，繁重的工作是：「每稿必復」。其所以要這

樣做，是因為要堅持老解放區密切聯繫群眾的辦報傳統。每天收到的來稿都在一百篇以上，每篇看了以後，不用的都要寫回信，提看法退回，工作量實在不小。那時，大家工作熱情高，白天做不完的事，晚上就自動加班。晚上加班難免肚子餓，於是，就吃「宵夜」。吃「宵夜」最方便的方法，是找小食擔。編輯室所在地惜字公莊十五號前面的小巷子，每晚就都有小食擔。當然，有時也走到小吳門往老火車站方向，在路旁小攤上吃。這些小食攤擔，有賣餛飩的，有賣陽春麵的，有賣白粒丸和荷蘭粉的，有賣油炸臭豆腐和紅燒豬腳的，還有賣豬血或鹽茶蛋的……應有盡有，且物美價廉。我和俞兄經常光顧這些小食擔，每個月少量的稿費，也大半花在這上面了。由於光顧小食擔，往往就從湖南的小吃，閒談到湖南的烹飪、飲食、調味特色，談到湘菜。這時，俞兄告訴我，他的父親俞笏山老先生是湖南大學教授，曾任湖大法律系主任、秘書長、總務長，是湖南知識界小有名氣的「美食家」。他的母親會做一手地道的湘菜，生燒肘子，油燜春筍、清蒸帶籽鯽魚等，都是她的拿手戲。俞兄從小耳濡目染，對於湘菜各方面的知識，就顯得既廣又深，我想，這大概是他的飲食文化的「家學淵源」吧。

　　他還喜歡看這方面的書籍。從《酉陽雜俎》到《太平廣記》，從《東京夢華錄》到《隨園食單》，我國飲食文化中的古籍，他讀過不少。另外，還得到了一個「秘本」。長沙市著名的美食家、營養餐廳老闆蕭石朋先生，曾有所謂「蕭單」。這是美食家為大餐館設計的宴席功能表，依季節和客人籍貫、年齡、性別、愛好而擬定的，且對廚師的操作指導入微。內行人都說這功能表對研究八大菜系、特別是湘菜，極有價值。長沙剛解放時，新幹班曾借營養餐廳寬敞的廳堂上大課，借他們的一些小房間開小組討論會，全班又在那裏包了伙食，俞兄當時是新幹班學員中的「伙食委員」，他與蕭先生有舊誼，又利用課餘與廚師交友，研究「蕭單」奧秘，盡得「蕭單」底蘊。諸如此類對飲食文化的學習，可算是「文化淵源」。

　　他還有自己動手弄湘菜的實踐經驗。那時他經常對我說，他可以馬馬虎虎地弄幾味地道的湘菜。可惜我們當時都是單身漢，住集體宿舍，沒有

地方讓他展示一下他的手藝，因此也就沒有嘗過他製作的菜餚。直到半個世紀以後，才相信他在這方面的手藝，確有兩下子，當年並沒有誇海口。去年春天，俞兄與老友徐德馴兄聯合請我們夫婦以及幾位老友在徐兄府上聚會，他和徐兄分別下廚掌鍋操勺。他們兩人做的湘菜，即使擺上長沙大賓館的宴席，也毫不遜色。俞兄弄的「生燒肘子」、「鹽醋白雞下鍋」等幾味湘菜，尤為精妙，且菜餚具有個性。（順便說一句：個性是大廚師手藝中必備的特點。這正如有個性的書畫作品，才可以稱之為藝術品一樣）。這不能不使我交口稱讚，拍手叫絕。這大概也可算是他的「實踐淵源」吧。

理解了這三個淵源，就理解了俞兄為什麼能夠成為資深的中國烹飪協會直屬的個人會員；也就能理解他為什麼能寫出這樣的文集了。

中國的飲食業正在繼續走向世界。在實現「全球化」的過程中，這很可能是中國第一個叫得響的行業。依我浮光掠影的觀察，現在重要的問題是：要努力提高菜餚的素質和品位，要使菜餚具有中國八大菜系及其若干分支各自的個性。去年秋天，我到歐洲八個國家旅遊了半個多月，路過的城市有：法蘭克福、科隆、阿姆斯特丹、布魯塞爾、盧森堡、巴黎、里昂、第戎、馬賽、尼斯、佛羅倫斯、威尼斯、薩爾茨堡、維也納。我們每天早晨在住的旅館吃自助餐，那當然是西餐。每天中午和晚上，都在外面用餐，吃的則是中國式的飲食。上述十幾個歐洲城市，都有中餐館，甚至在公路的路邊小鎮上，也有中式的小餐飲店。這就說明，許多歐洲人和世界各國的遊客，喜歡中餐。要不，這麼多遍佈各地的中國飲食店，又如何能存在和發展呢？這些飲食店的老闆，大半是浙江人（溫州、青田一帶居多），廣東人（潮、汕一帶居多），福建人，臺灣人。也有其他各省的人。（至於有些亞洲國家的人開中式餐館，當然不屬此範圍）。我嘗過這些菜餚後，初步的印象是：都太一般化，都缺少各個菜系或它的各個分支的特點。這可能與許多廚師未經嚴格的專業訓練，以及與他們的業務素質和文化素質的水平有關。好在許多外國人不大懂中國飲食文化這一套，所以也就照吃不誤。如此說來，如果這些中餐館中的大部分，都能拿出地道的、具有中國八大菜系各具特色的菜餚，讓外國人也領略一下真正的中國菜餚的特色

和水平，那豈不是生意會做得比現在更加紅火？豈不是可以在外國人的心目中，增強中國飲食文化的權威性？所以，有關飲食文化的散文、隨筆以及菜譜等等，除了應在提高國內飲食烹飪的水平中起作用外，還應該在飲食業的「全球化」方面，起它應起的作用。

我以為，這方面的散文、隨筆，從總體上說，最好要具備三個要素：一、能給人以精當、廣泛的與飲食烹飪有關的各種知識；二、能在指導烹飪的實際操作方面，有啟示價值或實用價值；三、要有散文的藝術性，使讀者愛讀。這類好的散文、隨筆，當然不少，可惜有許多我都沒有讀過，故無從置喙。在我讀過的此類散文中，梁實秋先生的《雅舍談吃》，應屬首屈一指。汪曾祺先生編的《知味集》，以及《汪曾祺全集》中有關飲食文化的散文、隨筆，其中有些文章也寫得很好。我希望俞潤泉兄的這本文集，也能加入這個行列，在這方面起點作用。至於我這種希望，有無實際根據，讀者諸君讀了這本文集後，自可作出自己明智的判斷。

是為序。

二〇〇一年四月六日，於長沙。

（原載二〇〇一年六月二十日《湘泉之友》）

《湘人百態》序

▲《湘人百態》的作者曹澤揚（左）及夫人周貢泉
（右）與李冰封合影。二〇〇九年七月。

長沙市實驗中學曹澤揚老師，寫了一本隨筆書稿，名為《湘人百態》，邀我寫序。我看了這書稿的大部分後，想起兩年以前，還讀過他的另一本隨筆集：《長沙憶舊》，那集子也和這部書稿同樣真實、有趣。於是，找出那集子又翻閱一過，竟使我海闊天空地想起自己年輕時，對三湘四水這塊神奇土地的最初印象。

我是一九四九年八月到湖南來的。這一年五月以前，是在《北平解放報》當記者。五月下旬，百萬大軍渡江以後，我們奉命從北平去天津，由津浦路隨軍南下，到徐州後轉隴海路，駐紮開封十來天。然後，從豫東北一直走到豫西南，入襄樊，到武漢。一路上，兵荒馬亂中的河南自然景觀，算是看夠了。有道是：「河南四荒，水旱蝗湯」，確是如此。水災、旱災、蝗災，加上湯恩伯部隊對老百姓的騷擾和掠奪，天災人禍使這一塊中原大地，顯得十分殘破、荒涼。到處是光禿禿、硬梆梆的黃土地，綠草都少，樹木更是少見。在路上和宿營時見到的老百姓，也大都是衣衫襤褸、臉色憔悴、目光呆滯、神情疲憊。到襄樊後，因是乘大卡車到武漢，未能仔細觀賞沿途景色，只覺得湖北的自然環境，是大大好過河南。到武漢駐紮時，正是酷暑時節。我們住在中山路附近一家旅館的二樓，開著地鋪。夜間，熱得睡不著了，就到陽臺上看風景。只見底下馬路上，到處架起門板、放著涼床，用這辦法開的臨時床鋪，充塞大街小巷。躺在鋪上的人，大半打著赤膊，搖著蒲扇。就在這樣環境中，人們在叫賣、喧鬧、吵架、啼哭、罵娘，到凌晨一、兩點鐘，都還安靜不下來。這樣，我們在樓上的地鋪上，

一般都要到臨近拂曉時分，才能迷迷糊糊睡上一覺。由於睡眠不足，第二天，人也就難免昏昏沉沉。所以，湖北也就沒有給我們留下多少好印象。半個月後，離開武漢，過崇陽、通城，深夜裏，列隊步行越過幕阜山，來到湖南平江。頭一天住在一個名叫南江橋的小鎮上，第二天才來到縣城。到了湖南，就覺得這地方和早先走過的那些地方，頗不相同。到處是青山翠谷，一片蔥蘢。因為樹多，小河和溪流中的流水，也特別潔淨。那繞過平江縣城、多少染著些哀愁氣氛的汨羅江，也清澈見底。這可真是一塊夠得上稱之為山青水秀的好地方。因為平江是上世紀三十年代湘贛蘇區的老根據地，老百姓對我們也算熱情，我們在駐地，與群眾一般都相處融洽。在這地方，由於對早先在書本上接觸過的「楚文化」中許多事物的聯想，由於對歷代、特別是近現代史中許多湘籍人士各種境遇的聯想，也就得出了八個字的最初印象：山青水秀、人傑地靈。往後到了長沙，再往後，在湘江、資江、沅水、澧水環繞著的土地上行走，看到楊度在他的詩中寫的佳絕的景色：「沅湘兩水清且淺，林花夾岸灘聲激，洞庭浩渺通長江，春來水漲連天碧。」並由此聽到的、想到的、得到的大體印象，都脫離不了上述八個大字。

就這樣，我就在這塊土地上住了半個多世紀。在這裏定居、落戶、娶妻、生子，過了一段歡愉的、舒心的、充滿憧憬的日子，也過了二十一年充滿煎熬、折磨、損害著人的尊嚴的日子。在這裏，接觸過上上下下各色人等，也就進一步瞭解一般湖南人的種種特性：一、許多人都有一種剛烈之氣。這種剛烈的氣質，一般人在平時不易顯現，只有在歷史的千鈞一髮關頭，為拯救蒼生免於塗炭，在一些仁人志士身上，大都會迸發出這種充塞於天地之間的磅礴大氣，戊戌變法失敗，譚嗣同的一些好友，其中包括一些日本友人，勸他東遊日本避難，譚嗣同則慷慨陳詞：「各國變法，無不從流血而成，今日中國未聞有因變法而流血者，此國之所以不昌也。有之，請自嗣同始！」結果視死如歸，慷慨就義於京都菜市口。這就是我所說的剛烈之氣。楊度在《湖南少年歌》中寫到的：「若道中華國果亡，除是湖南人盡死。」也是這種剛烈之氣。十一屆三中全會以後，胡耀邦力破堅冰，力排眾議，赴湯蹈火，平反歷年堆積如山的冤假錯案，為百萬「賤

民」爭得起碼的人權。他說：「我不下油鍋，誰下油鍋？」這鏗鏘的語言，義薄雲天，更是表現了這種剛烈之氣。我的朋友、湘人康華楚近日有詩云：「瀟湘舊是亡秦水，流向人間血未凝。」（此詩刊於二〇〇四年三月十二日《新民晚報·夜光杯》副刊。作者自注：「楚雖三戶，亡秦必楚。亡秦戶改作亡秦水，雖嫌生造，尚有風致」。）這是對湖南人剛烈之氣的詩的概括。講湖南人的特性，我以為，此是最主要的一種。二、由於上述的特性，派生出湖南人另一重要氣質：熱情爽快，講究情義。許多男的，大半豪情如火，仗義行事；許多女的，都柔情似水，所謂「湘女多情」是也。水與火，一剛一柔，表面上大不相同，而內含則都是一個「情」字在驅動。三、追求時尚。從近、現代歷史上各個時期各種社會思潮的傳播，和多種多樣生活習俗的演變，湖南人都扮演了先鋒的角色。這在近現代內陸各省、區中，表現尤為突出。在近現代歷史的政治、經濟、思想、文化、軍事等各個領域中，莫不如此。這種不做任何選擇和淘汰的一味追求時尚，既使湖南人出盡了風頭，可也吃夠了苦頭。

　　以上說的是好的方面。

　　主要的缺點呢，我以為，最重要的，有以下兩個：

一、固執，偏激，有些不能辦到或不可以去辦的事，偏要去辦，不達目的，誓不甘休。這就是湖南人通常講的「霸蠻」的脾氣。這幾十年來，這種古怪的脾氣，使湖南人自己也吃了不少的虧。在專制主義和「官本位」占主導地位的社會裏，一些大小官員，如有這種「霸蠻」脾氣，老百姓當然叫苦不迭，大倒其霉。在什麼「大躍進」、「人民公社」等許多政治運動中，這種「霸蠻」作風危害鄉里的事例，多得不可勝舉，此處從略。

二、在長沙、湘潭等湖南省的中心地帶，還有一種油滑、浮泛之氣，有時還雜以痞子或遊民習氣，所謂「長沙裏手湘潭票」，即此之謂也。

　　至於有人說，湖南人中，有的喜歡弄什麼權術「陽謀」、「陰謀」，不講仁義道德，殘忍，陰鷙，特喜整人，且整得置人於死地，對生死與共的老戰友、老部下、老同學，也不例外，且有時涉及個人的私欲能否實現，還要整得更凶，更慘。竊以為，這是專制制度下的「治人」之術，要「治人」，就必然如此。也就是黑格爾在《歷史哲學》中說過的大意是這樣的

話：中國的專制主義，由於皇帝的集權和官僚們的奉承，造成在這樣的社會裏，只有一個人的自由，而使絕大多數臣民都不能自由。所以，這賬要算在專制主義的頭上去，而不能算在湖南人的頭上。

以上，是我對湖南人特性的概括。如果沒有大錯的話，那麼，在近幾十年來，在湖南的文學作品中，能如實地、淋漓盡致地表現湖南人的性格，表現出他們的優點，也表現出他們的缺點，而且表現得合情合理，順乎自然，應該說，實在不多。這或許是由於我的孤陋寡聞，有些好作品，還未能讀到的緣故。但願如此。

這種文學現象的產生，可能與塑造「高大全」的文學作品人物的創作理論，與文學無條件服務於政治的理論（如果政治一旦犯了錯誤，文學要無條件服務於它，也就不可能反映真實，也就必然要跟著犯錯誤），以及與批判「揭露陰暗面」，片面強調「主旋律」的主題論，等等，多少都有這樣、那樣的關聯。這有待於文學評論家們加以科學的、縝密的研究，然後才能做出真正的結論。應該說，教條主義者在這種研究中，不應該留給他們以位置。

現在，就說到曹澤揚老師的這本書上來了。這本隨筆集，依拙見，它不受上述各式各樣的文學理論的影響，不去粉飾或歪曲現實，而是按照現實的本來面貌，真實地在作品中再現現實。書中寫的人物，有極好的好人（如書中所寫的，像唐六爹這樣真正的老農民），也有極壞的壞人（而這些壞人，現在還一路飆升，在當官呢），也有些不好不壞的「中間人物」。不管是什麼人，它都是現實中的實實在在的人物。書中也寫環境的變化，如早年的湘江，如何清澈潔淨，如何充滿詩情畫意，如今又如何受到了嚴重的污染。湘江邊上的人民，有過什麼歡樂，如今又有著什麼痛苦。書中還寫了「大躍進」和「文化大革命」中，湖南底層各種人物的各種形態，以及他們經歷的各種煎熬和災難……所有這些，都是湖南實實在在的歷史，都是深入瞭解湖南人特性的很好的文學資料。這樣的書，它的出版和流傳，我想，它的價值也在這裏。這樣的書，和那些假、大、空唱高調的文學作品，孰優孰劣，在已經大大提高了判斷能力的讀者眼裏，自會立刻作出涇渭分明的判斷。

115

　　末了，還要提一提本書插圖的作者石卜老師。我和石卜老師迄今尚未見過面，但我們是未見面的「熟人」。近三十年前，我在流放地的一所鄉間中學教書，這所中學的閱覽室，曾訂了一份英文的《中國日報》，有時，我也翻翻這份報紙。在翻閱時，突然見到在報上連載的連環漫畫：《馬大哈》。連續看了好幾天後，覺得這些畫幽默風趣，意味雋永，於是，一下子就記住了「石卜」這個名字。兩年以前，讀《長沙憶舊》一書時，看到插圖的作者就是石卜，而且這些畫與當年在《中國日報》上看到的，風格一脈相承，但內容和技巧，卻較前大有提高，閱後愛不釋手。面對這些插圖，猶如面對故人。而且聽說這些畫的作者，三十多年前在大學畢業後，一直在中學教書，因感到如今職稱越評越濫，到現在也懶得去申請評選高級職稱。因此，對石卜老師的人品，也就十分敬重。這本《湘人百態》的插畫作者，就是這樣一位有高尚操守的石卜老師。寫這序文時，雖然我還沒有看到這些插圖，但我大膽地向讀者推薦：這些插畫，一定精彩，猶如讀本書的正文一樣，也值得認真一讀。

　　是為序。

　　　　　　　　　　　　　　　　二〇〇四年三月十九日，於長沙。
　　　　　　　　　　　　　　（原載《出版產業》二〇〇四年第七期）

《嚶求文苑》序

舍弟繼光在編《嚶求文苑》[1]，他電話告我，嚶求理事會希望我能為這本文集寫篇小序。我沒有在英華中學學習過或工作過，少年時，雖然對這所中學有過極好的印象，但僅憑幾十年前的表面印象，來為她的一個班級的文集寫序，似乎過於冒昧，不大得體，因此，開始時是不想承擔這個任

▲《嚶求文苑》主編李繼光，於二○○二年十月，訪問位於福建順昌洋口鎮的抗戰時英華中學舊址。

務的。繼光在電話上對我說：「你先看看文集中的一些文章，以後再說，好嗎？」於是，他陸續為我寄來了收入文集《我這五十年》這一欄目中許多文章的複印件。我細讀了這些文章後，有所啟示，有所領悟，有所感動；這種思想上的啟示、領悟和感動，與幾十年前對英華的最初印象融合在一起，突然產生了這樣的感覺：現在編這樣的文集，可說是頗有意義的一件事。於是，改變了原來的想法，想從一個普通讀者的角度，為這本文集寫幾句話，請各位嚶求學長予以教正。

我以為，編印這本文集，有如下三個作用：

一、西哲有言：「一顆砂粒看出一個世界，一滴水反映出一個太陽。」中國也有這樣的古語：「以小明大，見一葉落而知歲之將暮。」（《淮南子》）這樣的文集，無疑將為後人編寫當代中國的歷史，特別是寫當代中國的政治史和文化教育科技史，留下一些有用的思想資料和思考線索。一個國家、民族，在一個時代中的政治史和文化教育科技史，無疑主要包含這個國家、民族所處的這個時代中許多知識份子的理想、嚮往、渴望、追求、覺醒、奮鬥、

---

[1] 《嚶求文苑》是福州英華中學嚶求級校友們合著的高中畢業五十周年回憶錄文集。此書是李繼光主編。

117

掙扎以及由此得到的歡樂和痛苦，一句話，這些知識份子經歷的曲折道路和承受的奇特命運。總結這些歷史，從中汲取主宰歷史的主角們在歷史演變過程中取得的功業、成就，分析他們犯下的錯誤、罪過，這對於我們後代子孫如何清醒地審視歷史道路，重視前車之鑒，使他們以後的生活能避免重蹈覆轍，能過得更加圓滿、美好，無疑十分重要。寫歷史就必須寫「信史」。就要尊重史實，有膽有識，分清主次，明辨是非，且不文過飾非，以假亂真。只有這樣的「信史」，才能真正地教育人，啟示人。這本文集，理所當然地提供了寫這樣「信史」的史實。一個班級一百多位來自四方八面的同學，畢業後，各奔東西，又被大時代撒向四方八面，經過了半個世紀的風雨滄桑，這一百多人在四方八面各式各樣的遭遇和生活經歷，有哪些共同之點？在共同點之外，又有哪些特殊之處？研究和推敲這些，當然可以從中總結出某些歷史規律及違反規律的教訓。這就是中外思想家們講的，一顆砂粒、一滴水、一片樹葉，在觀察世界中的作用。讀這本文集，大概可以證明這些思想家們的判斷並非子虛烏有，而有它深刻的哲理性。

二、在教育領域中，當前，正在全面推進素質教育。這本文集，為全面推進素質教育，提供了一些有用的思考線索。

所謂素質教育，我理解，就是通過教育手段，全面提高培養人才的質量。這些人才，既要有高尚的道德情操和思想感情，又要有健全的體魄、豐富的學識和卓越的能力，能為國家、社會，提供優質的服務。哪一個學校，哪一個班級，出現的這樣人才很多，就證明他們的素質教育弄得很好。

從文集中的文章看來，嚶求級就出現了一大批這樣的人才。無論是各類專家學者、大學教授、報紙總編……還是普通的幹部、普通的勞動者，只要他們奉獻於國家、社會，在自己工作範圍內作出成績，出了成果，他們的辛勤勞動，有助於推動社會的進步，他們就是人才。這樣人才的大批出現，當然要歸功於學校的教育和培養。英華的校訓：「爾乃世之光」，就是教育學生要發光發熱，要用獻身的精神，把自己化為光亮，去照亮黑暗，拯救世人。這個校訓本身，也就體現了素質教育。

英華中學辦得好，還要歸功於陳芝美校長。陳芝美校長是在現代中國的中學教育中，實行素質教育的先驅，他做出的成績，實在應該載入教育

史冊。這就要講到我少年時對於英華的最初的極好印象了。雖然這印象極其表面、浮淺。

那是在抗日戰爭的中後期，我就讀的學校，遷到了福建將樂的高灘。從一九四二年下半年起，每個學期兩次，從福州赴校和從學校返家，都必須經過當時英華中學內遷的所在地順昌洋口。上水時，船從南平到洋口，要在那裏住一晚，第二天換小船到高灘；下水時，有時，也要在洋口停留換船。那時，英華良好的學風，給我留下了深刻的印象。還沒有開學，學生們都到齊了，都穿著整齊的校服；清晨，在學校範圍內，到處都有在讀書的學生，也有許多人在鍛鍊身體。在洋口街上，絕對看不到東遊西蕩的英華學生。傍晚，學生們都每人手持一盞油燈，去上晚自習。（我記得，那時，洋口雖有電燈，但十分昏暗，在旅館裏，殘燈如豆，時明時滅，在電燈下根本就無法看書）。當時，正處在兵荒馬亂的戰爭年代，而英華的學生們，仍能這樣處世不驚、自覺勤奮學習，我以為，如果沒有一種良好的校風，沒有陳芝美校長得力的領導，沒有他實行的嚴格的素質教育，那是很難做到這一點的。

其實，近、現代中國成千上萬的先進教育家們，也都一直在注意推行素質教育。試舉我熟悉的兩例：其一，全國著名的南開中學主任喻傳鑒先生。南開的校訓是：「日新月異，允公允能」。日新月異說的是這個學校的教育內容：要能適應不斷變化的時代潮流，要隨時代的前進而前進；允公允能，說的是這個學校要培養什麼樣的人——培養能為國家民族前途和命運著想的、具有公心、且有服務於社會的廣博知識和實際能力的人。為了實現「公」「能」目標，他們的教育訓練的方針是：1.注重體育；2.提倡科學；3.鼓勵團體組織；4.注意人格陶冶；5.培養建國實力。這事例，不是十分具體的素質教育麼？（喻傳鑒先生的先進事蹟，詳見拙作《喻傳鑒先生的感召力》一文，此文先載於《炎黃春秋》，後收入拙作《散文隨筆續集》）。其二，光華大學副校長兼附中主任廖世承先生。（光華大學只存在了二十五年，解放後，院系調整時，以它為主要基礎，成立了華東師大。所以，現在很多人不知道光華附中這所名校了。在三十年代初，它與上海中學、南洋模範中學並稱上海三所教育質量最高的中學。一九三六

119

年，曾被當時的教育部，指定為全國進行實驗的九所優良中學之一。開辦二十五年的光華附中，曾培養出許多著名的科學家、學者、政治家、文學家、出版家、教授等等。光華大學是我的母校，所以，我對光華附中的情況，較為明白。）一九九二年，人民教育出版社出版的一本四十萬字的《廖世承教育論著選》，其中內容從論述中學學制、入學考試、課程設置、教學問題、體育、美育、人格教育與學生品性的形成……直到中學生的「性教育」，可說是中學各方面問題，應有盡有。但，一本四十萬字的書，內容可歸結為：「中學要把整個的青年作為訓練對象，把服務社會、獻身國家，作為教育訓練的目標，使學生增進知識，陶冶情感，養成能力，健全身體」「中學教育的對像是千變萬化的青少年……要從實際出發搞好學生的品行、健康和知識教育，應把這三者看得一樣重要。」（《廖世承教育論著選・前言》）所有這些，不也是十分具體的素質教育麼？

多少年來，在教育領域中，我們粗暴地隔絕了許多寶貴的教育學精神遺產，使我們教育事業遭受了很大的損害。教育事業受到損害，這可是關係到國運興衰的大事啊。現在，我們正在全面推進素質教育，我以為，亟應全面吸取過去的教訓，應該很好地繼承教育界的先驅者們留下的可貴的精神遺產。對於英華，首先就要繼承陳芝美校長進行素質教育的可貴遺產。這本《嚶求文苑》，是應該履行這種繼承的一種重要的、有力的佐證。

三、這本文集的作者，大半已屆古稀之年。人到了老年，就喜歡懷舊。老年人回憶青春往事，往往有助於增強思想和身體的活力，從而有益於健康。所以，嚶求的級友們，在逍遙自在之際，一書在手，緬懷故人，雖歎年華之似水易逝，亦喜往事之可圈可點，且能在悠閒之中，思索過去，放眼未來，此豈非人生之快事哉？此當是本文集的第三個作用。不可小看了這個作用。這作用對於健全精神、益壽延年，或有裨益。

是為序。

　　　　　　　　　　　　　　　　　　　一九九九年六月廿八日，於長沙。

並非序言

——寫在康華楚兄近七十載舊體詩結集出版之際

　　老友康華楚兄，要把他從垂髫、弱冠一直到耄耋之年前後近七十載所寫的舊體詩結集出版，囑我在書中寫幾句話。

　　讀這本合乎規矩的舊體詩集初稿後，不免就想到當前中國詩壇的狀況。先想到的是：為什麼半個多世紀以來，寫舊體詩和讀舊體詩的人，越來越多，而讀新詩的人，則越來越少。對這種眾所周知的現象，許多人分析了許多原因，莫衷一是。我沒有做過深入的探索和研究，說不出見解，只好先抄兩位名人的話，作為我抒發以下感想的依據。

　　一段是鄭超麟老先生的話。一九八九年六月，湖南人民出版社出版了他的舊體詩詞集《玉尹殘集》，老共產黨員樓適夷老先生為這本詩集作序。一九八九年第一期《新文學史料》季刊也以《記鄭超麟》為題，發表了這篇序言。樓適老在這篇序言中，摘引了鄭超老給他的一封信，其中有談詩的一些話：

▲二〇〇八年九月，康華楚兄患癌病重，李冰封（左）專程赴衡陽探視。翌年初，康華楚兄病逝。這是他們最後一次的見面。

> 五四文字革新，散文成功了，現在沒有人再寫古文，但詩失敗了。第一代文字革新者有如陳獨秀，如魯迅，都寫舊詩。詩總是要有格律的。西方諸語種的詩都有格律（所謂自由體除外）。我未見中國有一首新詩受人廣泛傳誦，如魯迅的舊詩者。所以我嚴肅對待舊詩詞，不敢打油。

　　對於鄭超老的這一段話，我贊成一大半，保留一小半。說五四以來，詩的改革，失敗了，我認為有對的一面，但嫌說得太絕對了些。因為這幾十年，畢竟還有若干寫新詩的詩人和一批新詩流傳下來了，以後大概也可以繼續流傳下去。雖然，從整體上說來，作品的數量和作家的人數都嫌不足。不過在詩的領域中，新詩不能完全代替舊詩確是事實。而在散文領域中，則與詩的情況完全相反。現在散文完全代替了古文，卻也是一種千真萬確的事實。為什麼呢？其中恐怕有個重要的原因是：新詩發展到近九十年後的今天，也還沒有創造出幾種大部分人認可的、大部分詩歌都應該有的格律，而且這種格律的音節和聲韻，要能和現代語言在整體上相對應，相和諧。

　　另一段是抄錄朱光潛老先生的話。

　　上世紀三十年代初，朱先生留學歐洲，一九三三年回國時，就帶回了一本名為《詩論》的初稿。朱先生到了晚年（一九八四年），他還自稱「在我過去的寫作中，自認為用功較多，比較有點獨立見解的，還是這本《詩論》」。胡適之先生上世紀三十年代初在北大當文學院院長，當時，他看到這部《詩論》初稿，就敦請朱光潛先生到北大中文系講課（附帶插幾句題外的話：這部《詩論》中有一篇附錄，指名道姓地批評了胡適之先生在《白話文學史》中講到的「做詩如說話」的觀點，而且批評得十分尖銳。胡適之先生卻有這樣真正的雅量：你雖然嚴厲地批評了我，但只要你有學問，批評得對，我就應該接受，還應該邀你來北大講課。歷史過去了七十餘年，在人文環境的這一方面，現在的中國，比那時還落後多了！如今，從一些小爬蟲到大腦殼，多半是批評不得的。正確地批評大人物而闖了大禍的，例子還少嗎？推行專制主義，阻礙了中國在歷史中的正常發展，由此也可得到有力的證明）。以後，在抗戰期間，《詩論》在大後方正式出版；解放以後，在兩三家出版社重印了這部書。現在，我抄錄的朱先生的話，都出自這部《詩論》。

　　朱光潛先生說：「……據我研究中外大詩人的作品所得的印象來說，詩是最精妙的觀感表現於最精妙的語言，這兩種精妙都絕不容易得來的，就是大詩人也往往須費畢生的辛苦來摸索。」又說：「我讀過許多新詩，我很深切地感覺到大部分新詩根本沒有『生存理由』。」

對這兩段一針見血的話，我的體會是：大部分新詩根本沒有「生存理由」的原因，就在於：這些詩不能用最精妙的語言去表現最精妙的觀感。而最精妙的詩的語言中，無疑包含了音節、聲韻、格律、樂感和音樂情趣等等，這才有別於一般的說話。而最精妙的觀感，無疑包含了在時代的脈搏中跳動著的整個「詩心」。也就是說，從詩人的想像能力、觀察能力、判斷能力、藝術概括能力、藝術表現能力……中顯現出的詩情畫意和箴言哲理。時間又過了七十多年，朱先生說的這些「生存理由」，我們的許多新詩也還沒有爭取到哩！

朱光潛先生又說：「新詩的固定模式還未成立，而一般新詩作者在技巧上缺乏訓練，又不能使每一首詩現出很顯著的音節上的個性，結果是散漫蕪雜，毫無形式可言。」還說：「許多新詩人的失敗都在不能創造形式，換句話說，不能把握住他所想表現的情趣所應有的聲音節奏，這就不啻說他不能做詩。」

我的體會是，這實際上指出，新詩要有若干形式的格律。掌握了這些格律，才算真正在做詩。其實，朱先生和鄭先生的意見是完全一致的。

朱光潛先生又提出，新詩要「學」。「凡事沒有不學而能的，藝術尤其如此」。學什麼呢？「伸在眼前的顯然只有三條路」：

第一條，是西方詩的路。朱先生認為，西方詩可以教會我們「新鮮的感觸人情物態的方法」，「變化多端的技巧」，「儘量發揮語言的潛能」。不過，西方詩難學，對中國人來說，詩的「不可譯性」，還將阻礙著這種學習的深入。

第二條路是中國舊詩的路。朱先生認為，有些人根本反對讀舊詩是不對的。「中國文學只有詩還可以同西方抗衡，它的範圍固然比較窄狹，它的精煉深雋卻往往非西方詩所可及」。每個國家的詩，都有「一個一線相承、綿延不斷的傳統」，中國詩當然也不例外，「很可能幾千年積累下來的寶藏還值得新詩人去發掘」。

第三條路是流行的民間文學的路。不過，民間文學有它的特長，也有它的限制，流行的鼓書戲詞之類，已不能算是真正的民間文學，已到了形式化和僵硬化的階段了，內容和形式上實多無甚可取。

　　這就是說，以上所講的三條路，中國的新詩要學習中國舊詩的路是最重要的一條。當然，學習中也應該兼及西方詩和民間文學，不過那不是最主要的。這種學習除了學古代中國的舊體詩詞外，無疑也包括了學習現代中國人寫的合格的舊體詩詞。

　　半個多世紀以來，特別是綿延了十年的、禍國殃民的文化大革命結束以後，我們開始能讀到許多有思想與文化價值而且也有深厚的藝術價值的舊體詩集了。而在這些舊體詩的作者中，從第二代的老詩人聶紺弩等（第一代無疑要算陳獨秀、魯迅、郁達夫等），直到年輕一代的何永沂等，前後五六代人的優秀作品都出現了，林林總總，璀璨閃光。這種文學現象，是不是也從一個方面，反映了一個時代獨特的文學風景和廣大讀者迫切的文學需求呢？我以為，這是很可以加以探討、研究的一個重要問題。康華楚兄的這本舊體詩集，無疑也可以加入到這個行列，起到他應起的作用。我更希望，這些舊體詩集能對新詩的發展、特別能對與中國現代語言相對應的現代格律詩的形成和崛起，起到他們應起的推動作用。這是我讀了康華楚兄這部詩稿後最主要的一點感觸和遐想。

　　讀了康華楚兄這本詩集，我的另一感想是：詩集中蘊藏了不少箴言和警句，值得讀者深入發掘、鑒賞、品味和思索。凡存在於真正的詩中的箴言、警句，當然不能表現為說教和喊口號，而一定要內涵深刻，藏而不露，要在含蘊、綽約中表現其潛存的詩美和哲理。且「詩無達詁」，讀者見仁見智，各人有各人的發現、理喻和闡釋。故我在這裏不宜過多摘引，只舉兩例，就教方家。

　　一是：「聞道文場亦市場，幾多『名士』費包裝。我來只賣瀟湘水，聊勝羊頭狗肉湯。」

　　另一是：「瀟湘舊是亡秦水，流向人間血未凝。」（見二〇〇四年三月十二日《新民晚報‧夜光杯副刊》，未見詩稿）

　　瀟湘水現在也受嚴重污染了，正在治理，希望能儘快治理見效。詩人帶來的可能是幾十年前的瀟湘水，那時，瀟湘水清冽、純正，而且摻和了屈原的眼淚、杜甫的憂思和千千萬萬革命先烈的鮮血和他們為了救國救民，而在忠肝義膽中表現出來的正氣。這樣的水，當然要比羊頭狗肉湯勝

過多多。現在，不但賣羊頭狗肉湯的人不少，甚至有人還掛羊頭在賣病死的瘟豬肉呢，那瘟豬肉湯吃了是要死人的，但一些人只顧緊撈住自己的既得利益，死人不死人的事，他們想得很少。

瀟湘舊是亡秦水。不錯。「楚雖三戶，亡秦必楚。」這當年的瀟湘水中，飽含著三湘四水多情兒女們的豪情、激情以至溫情、柔情。他們和秦始皇之類暴君的專制主義是勢不兩立的。這樣多情的瀟湘水流經之處，人們必然熱血沸騰，豪情萬丈，這人間熱血又哪能冰凍和凝結呢？只要這專制主義未除，後面的「好戲」就會源源不斷，這是不以人們意志為轉移的發展著的歷史！

華楚兄要我在這本詩集中寫的幾句話，算是寫完了。這當然不算是寫序，而只寫了一些零星的雜感。不過，我寫的這些話，對或者不對，是否信口開河，有無事實根據，讀者們讀了華楚兄這本詩集後，自會有一個明白的判斷。

二〇〇七年五月十七日，於長沙。
（原載《書屋》二〇〇七年第八期）

一位大陸作家的文革記憶
　　——訣別史達林模式及其他

遊蹤心影

商市街夜尋蕭紅故居

　　一九八四年夏天，第一次到哈爾濱開會，很想抽個時間去看看商市街廿五號蕭紅故居。因為年輕時，讀過蕭紅的《商市街》，印象很深。但那次會議安排得很緊。晚上有點空閒，又找不到志同道合者，願意和我一道去探幽訪古，這個小小的願望，遂未實現，當時並引為憾事。

　　到哈爾濱，為什麼產生了想看看商市街蕭紅故居的強烈願望呢？原因不外乎：一、這裏是蕭紅一生的一個重要轉捩點。一九三二年，蕭紅懷有身孕後，被她的「未婚夫」汪某欺騙，作為「人質」押在哈爾濱道外東興順旅館後，一個偶然的機會，遇到了蕭軍。在蕭軍的協助下，她才能逃離那旅館，並在哈爾濱市立第一醫院生了一個女嬰。（那嬰兒留在醫院送給人了。一九四二年一月，蕭紅彌留期間，還懷念過這女孩。說過：「但願她在世界上很健康地活著。大約這時候，她有八九歲了，長得很高了」。）此後，她和蕭軍正式結合，在商市街廿五號安下了家，生活來了個異乎尋常的轉折，開始了艱難苦楚的、然而完全不同於過去的新的人生旅程（以上事實，均見蕭軍《蕭紅書簡輯存注釋錄》及駱賓基《蕭紅小傳》）。二、這裏又是蕭紅參加左翼文學活動的出發點。她和蕭軍合著的第一本短篇小說集《跋涉》，就是住在這裏時出版的。《商市街》中《冊子》一節，記述此事甚詳。蕭軍在此書出版後的卅三年，蕭紅逝世後的廿四年，或許由於個人感情傷痕過深，或許由於對他所從事的文學事業感慨萬千，或許也由於中國土地上一場反常的大風暴已經來臨，他不免傷時感事，乃在此書的扉頁上，作如下題字：「此書於一九四六年我再返哈爾濱時，偶於故書市中購得。珠分釵折，人間地下，一幀宛在，傷何如之！蕭軍志（篆刻名章）一九六六，三月廿七日

▲蕭軍、蕭紅合影。攝於二十世紀三十年代。

於京都（篆刻閒章：銀錠橋西海北樓）」這就
證明了這個文學活動的出發點如何值得紀
念。三、這裏還是蕭紅和蕭軍一道，追求自由
（物質的和精神的）的出發點。「有誰不愛自
由呢？海洋愛自由，野獸愛自由，昆蟲也愛自
由。」（《商市街·同命運的小魚》）——難
道人就不愛自由？「我們決定非回國不可（引
者按：當時哈爾濱屬偽『滿洲國』，回國，指
去關裏）。每次到書店去，一本雜誌也沒有，
至於別的書，那還是三年前擺在玻璃窗裏退了
色的舊書。非走不可，非走不可。」（《商市
街·又是冬天》）物質和精神上的饑餓和寒冷，
迫著他們去追求溫飽，追求民主和自由。《商
市街》最後的一句話是：「小包袱在手上挎著。
我們順了中央大街南去。」從中央大街南去，
就是去火車站，坐火車去了大連，坐「大連丸」
郵輪去了青島，然後又去了上海，追求他們要
追求的東西去了。

▲《跋涉》複印本書影。此書
是蕭軍與蕭紅合著的第一
本短篇小說集。

▲蕭軍在《跋涉》首頁上的
題字。

　　有這三個原因，這商市街廿五號難道不值得
去看看麼？但是一九八四年夏天，我沒有看到。

　　過了七年。

　　一九九一年八月，和朱正、黎牧星兩兄一道去佳木斯參加全國第五次丁
玲學術討論會，路過哈爾濱。於是想：這次一定要看看這商市街廿五號了。

　　殷勤的主人，黑龍江新聞出版局的同志，安排我們住在離松花江很近
的哈爾濱友誼宮。那天傍晚，主人又請我們在中央大街有名的馬迭爾旅社
對面的華梅西餐廳吃了一餐豐盛的俄國大菜，回住處，天還沒黑。（哈爾
濱的夏天要到晚八、九點鐘才天黑呢！）打聽到了商市街如今改名紅霞
街，離友誼宮不遠。朱正、黎牧星兩兄又都是尋訪蕭紅故居的志同道合者。
於是，出發了。

　　三個人出友誼宮大門，步行過高誼街，一拐彎，就到了紅霞街，也就是過去的商市街。初步印象是，這條街不算寒酸，現在的居民，也不大部分是「木匠、油漆工人和小販」。這時，天開始慢慢黑下來了。看門牌，那是一百多號，問廿五號，都說往西，往中央大街方向。找著，找著，找到了三十幾號，一問，還得往西，再往西，就到了中央大街了。那麼，廿五號大院呢？再問路人，回答是：可能就在那正蓋房子的地方。這條街，靠著中央大街的拐角，有一片地方，正在大興土木，那麼，廿五號是找不到了。

　　過了七年，我還是未能看到商市街廿五號，如果門牌的次序沒有更改的話，如果我們又確實沒有弄錯的話，這大院大概再也看不到了。

　　回友誼宮的路上，三個人的心情都難免有些落寞。

　　到旅舍，不知道為什麼，忽然間想起聶紺弩在六十年代初期，到廣州為蕭紅掃墓。聶紺弩當時已年過花甲，反胡風和反右運動中受了誣陷和牽連，被送去北大荒勞改過，這時他的心情，正是他在詠林沖詩中寫的：「男兒臉刻黃金印，一笑心輕白虎堂。」當被召回北京後，他去了一次廣州，在暮春微雨中，專程去憑弔了蕭紅墓。什麼感情驅使他這樣做呢？對蕭紅的真摯的友情，對不堪回首的往事的回憶，對左翼文學的熱愛，對中國痛失一代才女的哀思，對權勢者摧殘人才的抗議，我想，諸多情感都是交織著的。此行聶紺弩寫下了六首感人肺腑的詩篇。作為蕭紅的晚輩，是什麼驅使我們去商市街夜尋她的故居呢？除了傷生憂世之思外，恐怕就是蕭紅作品的力量在驅動著了。《呼蘭河傳》、《生死場》、《商市街》、《手》、《小城三月》……在我們思想上織成了一股精神的紐帶，這紐帶拉動著我們要看看她的故居，看看這一生受盡白眼、「奇才末世例奇窮」（紺弩詩）、對中國左翼文學的發展作了扎實貢獻的一代才女早年的生活痕跡。文學確實有這樣的力量。聶紺弩掃蕭紅墓的詩，過去讀過，但不能背誦，當時手頭又無書可查。九月回長沙後，翻閱《傾蓋集》，對這幾首詩又重讀數遍，覺得它確很沉痛地概括了蕭紅的一生。抄其中的第二首如下：「流離東北兵戈際，轉徙西南炮火中，天下文章幾兒女，一生爭戰與初終。狼牙囓敵詩心蠱，虎口修書劍氣虹，蔣敗倭降均未見，恨君生死太匆匆。」蕭紅的一生，是多麼悲壯而又哀婉的短促的一生！

　　那天回旅舍後，想到的另一件事是：商市街何必改名為紅霞街呢？如果不改名，廿五號大院又還保留著，在大院牆上，請哪一位書法家寫幾個字，嵌上一塊黑色大理石雕著金字的牌子，文曰：「蕭紅蕭軍故居」，就像外國對許多文化名人的故居所做過的那樣。那可又有多好呵！因為這是一個城市的文化氣氛。如果那樣，哈爾濱人民應該以這塊嵌在牆上的小小的大理石引為驕傲。在我走過的國內許多城市中，我的印象，哈爾濱是保存城市原貌做得較好的城市之一，那中央大街，那條很有特色的有名的大街，基本上就按原樣保存下來了。如果商市街廿五號大院當時能夠保存下來，那可多好！

　　　　　　　　　　　　　　一九九一年十月二十七日，於長沙。

日本的「廁所文化」

日本人講究廁所的乾淨、舒適、美觀、體面，給人以很深的印象。在日本九天，沒有遇到過一處不像樣的廁所。

在日航飛機和新幹線的火車上，那廁所的講究，就不必說了。日航飛機的洗手間，也就是化粧室。燈光柔和。擺上各式各樣香水和化妝品。沖洗抽水馬桶的水中放著消毒劑。新幹線火車上的廁所，一塵不染，清香四溢，坐在抽水馬桶上，透過明亮的車窗，看窗外飛馳而過的秀麗的田野風光，看著那小巧的屋舍，蒼翠的樹木，絢麗的花草，確也是一種享受。

在一些大飯店，一些公共場合，那廁所的裝飾，或華麗，或素雅，不遜於咖啡廳，那也不必說了。這裏要說的只是兩個使我多少感到驚奇的廁所。

一個是在奈良。三月十三日清晨，我們從京都坐火車去奈良，上午參觀了東大寺和春日大社。中午，在奈良驛旁邊一條小街上的梨花餐館用餐，稍事休息。那餐館是一家車站附近隨處可見的，很小的餐館。上樓，見那樓上只擺了四張小餐桌，也就夠擠的了。就在這小餐館裏，我上了他們的廁所。沒料到那廁所可不同一般。牆上砌的是白瓷磚，地上鋪的是花瓷磚。明亮潔淨，格調高雅。除備有香皂、香水、除臭劑、手紙以外，還有一台紅外線烘手機，洗完手，手向它一伸，就烘乾了。這紅外線烘手機，在北京，大概是大賓館才有，在長沙最大的蓉園賓館，好像還沒有見過。這廁所，是奈良車站旁邊的小街上，許許多多的小餐館中的一個呵！

另一個是在東京新宿區一個更小的餐館裏。三月十五日上午，亞洲文化中心和我們商

▲在奈良驛附近，櫻花初放的時候。一九八九年三月。

133

談些事務，中午，亞洲文化中心的飯田惠先生請我們在出版會館附近的小街上吃鰻魚飯，他說，有家小餐館鰻魚飯弄得挺不錯。那餐館比奈良的梨花餐館更小，單層的鋪面，鋪面上只有五張小餐桌。在這個餐館裏我上了廁所。那廁所也小，大概不會超過兩個半平方米，除了異常的潔淨、備有廁所中必備的物品外，窗臺上擺著個花瓶，瓶裏竟插著大簇鮮花，鮮花淡淡的清香，彌漫在東京這小小餐館的小廁所裏，給人一種難以言傳的美感。

　　這就是文化。在日本正興起並日益普及的「廁所文化」。據說，這文化，日本正走在世界的前列。人是每天都要去幾次廁所的，每天必去的地方，如果充塞著骯髒和愚昧的氣氛，充塞著萎靡不振的氣氛，對於人的精神世界，怎麼不會有負面影響呢？（記得日本一位有名的女演員——是真由美吧？和中國合作，在西雙版納拍片。她在生活上沒有別的要求，只要求為她單獨弄個廁所。中國有些人看了這報導，覺得不能理解。我看到了日本廁所狀況後，對此，好像很容易理解了。）這就難怪在日本正興起著一門新興的學科，名叫「廁所學」，難怪有人正在攻讀「廁所博士」的課程，難怪有人說，廁所的水平如何，除了反映一個國家的經濟發展水平和人民的教育程度、衛生習慣外，還反映了這個國家中人民的公德心和審美觀。

　　我想，審美觀在這裏十分重要。日本已故名作家谷崎潤一郎有篇著名的散文〈陰翳禮贊〉，有一節談到廁所。把廁所寫得很有意蘊。這一節文字我是在周作人的《苦竹雜記》一書中看到的。早兩年，我買了一本國內一家大出版社出的《日本隨筆選集》，也收有〈陰翳禮贊〉，但卻刪節了這一節文字，恐怕是個編輯工作上的缺陷。周作人先介紹谷崎講到京都奈良寺院裏，廁所應該有個什麼樣的使人耽於冥想的環境後，引了谷崎的一段文章：

> 我重複地說，這裏須得有某種程度的陰暗，徹底的清潔，連蚊子的呻吟聲也聽得清楚地寂靜，都是必須的條件。我很喜歡在這樣的廁所裏聽蕭蕭地下著的雨聲。特別在關東的廁所，靠著地板裝有細長的掃出塵土的小窗，所以那從屋簷或樹葉上滴下來的雨點，洗了石

燈籠的腳，潤了墊腳石上的苔，幽幽地沁到土裏去的雨聲，更能夠近身地聽到。實在這廁所是宜於蟲聲，宜於鳥聲，亦復宜於月夜，要賞識四季隨時的物情之最相適的地方，恐怕古來的俳人曾從此處得到過無數的題材吧。這樣看來，那麼說日本建築之中最是造得風流的是廁所，也沒有什麼不可。

周作人對谷崎這段文字的評價則是：「谷崎壓根兒是個詩人，所以說得那麼好，或者也就有點華飾，不過這也只是在文字上，意思卻是不錯的。」

我讀書太少。在我讀到的文字中，把廁所寫得那樣富有詩情，充滿畫意的，這一段文字，恐怕算是第一。那位生於希臘、長於愛爾蘭、就讀於美國、歸化

▲一九九○年十二月，深圳華僑城的「錦繡中華」公司，邀請作者專程前往講演「廁所文化」。

於日本的小泉八雲，在〈詩片〉一文中曾說：「詩歌在日本同空氣一樣的普遍。無論什麼人都覺得能讀能作。不但如此，到處還耳朵裏都聽見，眼睛裏都看見。」這一段文字，與谷崎的那段文字，與日本國民素質中詩一般的審美氣質，與日本重視研討「廁所文化」，我覺得都是一脈相通的。可見，一個國家，要把廁所這樣一個看來是小小的事情弄好，除了要有上面提到的各種條件外，人們審美觀念的充實和提高，也十分重要。審美觀念根植於生活之中。也靠教育。我們的學校，似乎還不大重視美育。

我們國家現在正要發展旅遊業。但廁所狀況的糟糕，可能也拖住了發展旅遊業的後腿。許多外國遊客最頭疼的事情之一，是中國的公共廁所太髒，使他們感到很不方便。話說回來，我在三月十七日從東京飛回北京，下午，住進了東三環路附近一間小招待所裏，房間裏沒有衛生間，用的是走廊盡頭一個公用的廁所。男廁所裏統共只有一個坐式抽水馬桶，漏水，因之便桶也沖不乾淨，馬桶蓋上滿是尿漬，還粘著乾了的糞便，

用髒了的便紙四處都是，使人望而噁心，望而卻步，結果那天早上，我只好改變早起上廁所的習慣，憋著不解溲，而出去找個勉強可以蹲下去的公共廁所。離京回湘乘的是火車軟席臥鋪，但軟臥的廁所，晚上電燈不亮，也沒有人管一管，和列車員講了，他愛理不理，結果有些旅客摸黑上廁所，加上列車員懶得打掃，這廁所又焉能不髒？假如我是一個外國人，來中國旅遊，連續碰到這麼兩次，以後我還來麼？花了錢來買受罪的事，幹麼？有再好看的東西以後也只好「拜拜」了。這些好像都是掃興的話。但有時掃掃興也有助於發憤圖強。我們要發展旅遊業，在廁所問題上下一點功夫，至少在大中城市和重要旅遊點，使廁所的面貌能有個根本改變，沒有三年五年的時間，怕還不行。如果還要「綜合治理」的話，恐怕也還要更長一點時間。主張學別人的長處要扎扎實實，學一件，算一件，那麼，我想，「廁所文化」是值得先學的一件事，雖然，在有些人看來，這是微不足道的事。

一九八九年冬，於長沙。

費城札記

「寫美國，要先寫華盛頓」

費城這個城市，曾經誕生了美國。因為，一七七六年，當時的大陸會議，在這裏通過了《獨立宣言》，並在一七八三年贏得了獨立戰爭；一七八七年，在這裏討論通過了美國憲法；一七八九年華盛頓就任美國第一任總統後，翌年，即把首都遷址到費城，直到一八〇〇

▲費城獨立宮。在這裏，誕生了美國。

年。聯合國教科文組織把費城獨立宮定為世界級文物古跡，即為紀念美國是在這裏誕生的。

而美國誕生和發展，都離不開華盛頓以及當時一批偉大的思想家、政治家，包括傑弗遜、佛蘭克林、麥迪森等人。其中，華盛頓功勞最大。

在費城第六街、第七街與核桃街交叉處，有一個「華盛頓廣場」，廣場上有一座無名戰士墓。墓前通道兩旁，飄揚著美國獨立前十三州的州旗。墓上有一塊很大的紀念碑，中間矗立著華盛頓的塑像，塑像上方有兩行用大寫字母組成的警句：

▲費城「華盛頓廣場」上的無名戰士墓。

▲無名戰士墓前通道兩旁，飄揚著美國
獨立前十三州的州旗。

自由乃是一片光芒

為爭取它，許多人已經死於黑暗

▲瞻仰獨立宮的人很多。經常是排著一、
　兩百公尺的長隊。

在華盛頓塑像的左邊，有幾行字：「在這廣場上沒有標誌的墳墓裏，埋葬著華盛頓軍隊的成千無名戰士，他們因負傷或疾病，死於革命戰爭。」塑像右邊，摘錄一七九六年九月十七日華盛頓任滿第二屆總統後告別演說中的幾句話：「你們現在享有的獨立與自由，是在共同危難、受苦與成功中，聯合商議與齊心努力的成果。」（你看，這時，偉大的華盛頓仍然強調人民群眾「聯合商議與齊心努力的成果」，而沒有去表白他自己或其他領導人的領導成績。這就是領袖的素質。這樣，人民反而不會忘記他的豐功偉績。這也是歷史的辯證法。）在墓前，長年都有各方人士放的花圈。因為我每天都要把步行作為運動，在費城，是經常走到華盛頓廣場的。每次到那裏，幾乎都看到有人在那裏瞻仰、拍照。當然，那不一定是費城居民，而大部分是外地來旅遊的人。

從華盛頓廣場過一條街，就是獨立宮國家歷史公園，到那裏去瞻仰獨立宮的人，可就更多了。門口經常是排著一、兩百公尺的長隊，那也多半是美國各地以及世界各地來的人。我們去參觀那天，站在我們前面的一對老年夫婦，就是從德克薩斯州來的。（從得州到費城，老人開汽車要走四天或五天，坐飛機要四個多小時。）「九一一事件」以後，凡進入獨立宮的人，都要通過安全檢查。每過兩、三分鐘，才放進五個人。有時，在門口排隊就要站上一、兩個小時。但，來瞻仰的人，仍然絡繹不絕。

獨立宮內的大會堂，是大陸會議先後討論和通過《獨立宣言》以及美國憲法的地方。指揮並贏得獨立戰爭，制定並通過美國憲法，華盛頓厥功甚偉，尤其是制定美國憲法，建立了一種適應現代社會的民主體制，這種體制是促進美國發展和強盛的主要因素，影響不僅及於美國，而且及於全

球。應該說，這是人類在政治學領域中的一項寶貴遺產。而華盛頓是這項遺產的主要創始人之一。抱著這種尊敬的心情，我站在華盛頓當年主持討論美國憲法的座位後面，拍了一張照片。

獨立戰爭開始後不久，華盛頓作為弗吉尼亞州的代表，被大陸會議推選為殖民地人民各路軍隊的總司令，華盛頓謙遜地接受了這一任命，並聲明：除了償付他一些因公支出的費用外，他不接受總司令這一職務的薪俸。一七七五年七月，華盛頓接受了全軍指揮權，此後，殖民地人民軍隊反敗為勝。華盛頓屢立戰功。一七八一年，英軍指揮官率全軍投降，獨立戰爭以美國人民的勝利而告結束。華盛頓在人民心目中的威望，如日中天，輝煌燦爛。

一七八二年五月，發生了一件極重要的事。因為大陸會議對軍隊中的一些措施，處理不當，華盛頓部下有一名上校，路易士・尼古拉，發表了一份意見書，公然主張美國應成為以華盛頓為國王的君主國家。在這時候，如果華盛頓想做皇帝，真是唾手可得。但華盛頓出於對建立民主、自由的法治國家的信念，堅決拒絕了這種「勸進」。華盛頓公開表示：「依我看來，這種勸進書隱藏著對我們國家莫大的災禍」，並說：「對此，我實在感到深惡痛絕，不能不嚴加申斥」。這樣，他正確處理了這場「隱藏的災禍」。

一七八三年，交戰雙方的和約簽訂了，十二月四日，英國艦隊從紐約啟程回國。當年十二月二十三日，華盛頓就把總司令的委任狀交還大陸會議，並聲明此後謝絕參與軍隊中的一切公務。他服役期個人開支帳目，是他親手紀錄的，詳細而準確，總數為 2.47 萬英鎊。他並實踐過去的諾言，個人薪俸分文未取。翌日拂曉，華盛頓即啟程返回故鄉佛吉尼亞自己的山莊，傍晚到達。

此後四年，他就在自己的種植園中，經營他的農副業生產。戰爭期間，他的種植園因土地荒廢，貨幣貶值，損失不少於三萬英鎊。

這一段時間，美國政局混亂。一七八七年，美國制憲大會在費城開幕。華盛頓的朋友們說服了華盛頓，以他的威望影響大會，促使大會開得成功。他終於接受弗吉尼亞州議會的推選，作為一名代表，出席會議。五月二十五日，費城制憲大會開幕那天，代表們一致選舉華盛頓為大會主席，

此後三個多月，他一直冒著炎熱的天氣，主持大會，最後，通過了美國憲法草案。到一七八九年，也是在他主持下，在憲法中增加了一項《人權法案》。他在演說中指出：「……如果我們尊重自由公民的應有權利，關心社會生活的安定和諧，我們就必然要考慮如何才能充分保障人民的權利，以及如何才能安全而有效地促進社會生活的和諧。」至此，一部自由、民主、尊重人權的法治國家的憲法，在華盛頓的參與下，第一次出現在人類歷史上。

由於新憲法規定要設置全國最高行政長官的職位，一七八九年二月四日，第一屆選舉團在紐約進行投票，一致選舉華盛頓為美國總統。他接受了這一職務，但他是「懷著有生以來從未有過的惶惑與不安的心情」接受這一職務的。當時，美國建國伊始，國務千頭萬緒，紛繁複雜，華盛頓謹慎且妥善地處理了許多重大問題。

到任期將滿的一七九二年，他就開始準備告別演說，想等任期結束，即告老還鄉。但那時，全國人民要求他連任的呼聲特高。傑弗遜對他說：「有你在，南北兩方就不會分裂。」一七九三年二月十三日，選舉團投票，又一致選他為總統。他考慮到尊重民意，三月四日，在首都費城舉行連任就職典禮。到一七九六年，要求他再度連任的呼聲更高，他堅決不肯再連任，於一七九六年九月，在任期未滿時，就發表了一篇告別演說，使人們放棄了再度選他為總統的念頭；同時開了美國總統不得兩度連任的重要先例。

▲美國憲法是人類在政治學領域中的一項寶貴遺產。我懷著崇敬的心情，站在華盛頓當年主持討論美國憲法的座位後面，拍了這張照片。

一七九七年三月，他將總統職務交卸給繼任總統亞當斯後，即返回他的山莊。一七九八年，美國受到法國的戰爭威脅，在舉國奮起自衛的時刻，他接受了新總統亞當斯給他的籌組、指揮合眾國新軍的任務。一七九九年，與法國交戰的陰雲消失，他又重回他的種植園，重新過起閒適的退休生活。一七九九

年十二月，因病逝世於他的故鄉。美國眾議院曾評價說：他是「戰爭中獨一無二的，和平中獨一無二的，他的同胞心中獨一無二的。」[1]

走出獨立宮的大會堂，我這樣想：在領袖人物中，不迷戀權力，且身體力行，堅決摒棄人治，追求法治，致力於建立一個民主、自由和尊重人權的政治體制，使國家和社會，具有克服各種危機和錯誤的自我調節能力，在世界歷史上，華盛頓可能也是獨一無二的。所以，一位朋友對我說：「寫美國，要先寫華盛頓。」

文明記實

根據我在美國的實地觀察，覺得美國社會文明程度較高。

我以為，判斷一個社會的文明程度，首先要看它的成員職業道德水平。我在美國接觸的主要是服務性行業，所以，先從這方面說點事實和觀感：

四月初，從北京無人結伴獨自登機去費城，坐的是美國西北航空公司的班機，要在底特律換機。在底特律，過海關，取出行李並轉運，再進登機大門，接受檢查，就花了近一小時。進登機門後，在大螢幕上，在一百來個飛機的班次中，找到了去費城本班次的登機口，也花了一點時間（估計因是臨時安排登機口，故預定的機票上無法注明登機口號碼）。底特律機場很大，登機口有一百來個，等我找到登機口時，人們早已開始登機了。到了費城後，和我侄女閒談此事。我說：「如果再晚十分鐘，可能就耽誤了班機。」侄女說：「唉，要在機場找一個服務人員，

▲ 費城的賓夕法尼亞大學主樓前的紀念碑。標明這所大學建於一七七九年，是美國第一所國立大學。

---

[1] 文中寫華盛頓的事蹟，參考了美國歷史學家惠特尼著《美國總統列傳》中的《喬治·華盛頓》篇（天津人民出版社一九八六年出版中譯本）及《不列顛百科全書·中文版》第十八卷。

要他們用輪椅送一送您，那就會很快到了登機口的。機場上，對老人，都有這種服務，而且是免費的。」六月，從費城回大陸，同樣是在底特律換機，不過，這一次，有我侄女作伴，她正好有事到大陸。在底特律一下飛機，她立刻找到了一位機場上的男服務員，推來了一張輪椅，讓我坐上。隨身的行李也放在輪椅上。那服務員笑咪咪的，態度極好，一路上還不斷和我侄女攀談。他送我兩次上下電梯，還坐在輪椅上乘了一次機場內的快速無軌電車。到規定的登機口時，我侄女給他三美元小費，他有禮貌地道謝，還向我們熱情道別。在登機口旁邊，我們坐了差不多一個小時，才開始登機。這就和我從大陸去費城時的情況，完全不同了。

▲賓夕法尼亞大學校園一角。

現在，又回過頭來，說四月初我獨自飛抵費城時的情形。出機場時，因為走錯了一個出口，（「九一一」以後，在費城，出機場也要接受檢查；而且出來後，不能再從這出口進去），到機場來接我的侄女，當然是在這趟班機規定的出口等我。彼此又都沒有手機，無法聯繫，所以，她就沒有接到我。我只好拿出寫好的地址，用蹩腳的英語問一位黑人員警，怎麼去這地方？那位黑人員警，很和藹地告訴我：要「打的」去。並且帶我走了幾十步，要我從那地方下樓梯，再出門，就可以「打的」。到了門口，我又問另一位黑人員警，怎麼「打的」去？他竟替我到附近喊一部廣東人開的計程車，並告訴我，價錢是二十美元。這位廣東同胞不會講普通話，聽普通話的能力也有限，所以，我連托運的行李都沒有去拿，就上車，去了我侄女在費城的寓所。一個多小時以後，我的侄女才在機場，帶著我托運的行李回寓所。

以上是說兩個機場的服務。再說地鐵。

大約是四月下旬的一個假日，我想坐地鐵去看看賓夕法尼亞大學，（因為這是美國第一所國立大學。要乘地鐵去，則是因為我還沒有在美國坐過地鐵）。我的侄女就陪我去。大概，她平常去賓大都是坐汽車去的，如何

坐地鐵去，並不熟悉。到地鐵買了票，我的侄女就先到諮詢台，問如何去賓大校園的某個地方。諮詢台的一位中年服務人員，先送她一張費城地鐵的地圖（印得也算精美，不收費），在地圖上作了記號，告訴她在那裏下車，然後順著那一條路走好遠，就到了目的地。他還問：你在費城住哪裡？我侄女告訴他住址後，他又在地圖上指出，回來時，應該在哪一站上車，到哪一站下車，回寓所就更方便。這樣周到的服務，至少，我在大陸的公共交通部門，是從來沒有遇到過的。你說，他們的服務人員，如果沒有較高的職業道德水平，沒有強烈的工作責任感，沒有對服務對象的關愛（這裏面包含了深厚的人道主義），能夠做得到這些麼？

▲費城地鐵裏的壁畫。

▲乘坐費城地鐵免費贈送的地圖。地圖上畫的記號，是服務人員細心地告訴你，應該在哪裡下來；回來時，又要在哪裡上車，哪裡下車。

還說醫院中的服務。

四月中旬，我侄女的醫療保險中，有一項常規的身體檢查，要按時進行。頭天晚上，她問我：「明天清早，我要去傑弗遜大學附屬醫院檢查身體，您和我一起去嗎？」

我說：「我去幹什麼？」

「至少可以從表面上接觸一下美國醫院，瞭解他們為病人服務的狀況嘛。」她說。我當然滿口答應了。

第二天清晨七時，我們步行去傑弗遜大學附屬醫院。大約走半個小時，就走到了。離門口不遠，有一個登記台，一位值班的黑人，先看看病歷和預約單上的預約時間，登記一下，就讓來人進去了。到了指定的病室門口，門口護士看看預約單，就說：等十分鐘，就可以進去。其時，病室門口沒有

143

其他等待看病的患者。十分鐘後，我的侄女進了病室。我就坐在病室門口休息室的大沙發上，翻閱畫刊。沙發旁的矮桌上，放著一個大花瓶，瓶中插著一大簇月季，散發著幽香。半個小時以後，我的侄女檢查好了，從病室出來，她問門口護士：「什麼時候可以看到檢查結果？」回答是：「五天。」第五天下午，在寓所門口的信箱中，看到了傑弗遜大學附屬醫院寄來的一封信，那就是身體檢查的結果，非常詳盡。說是五天，就正好是五天。

至於一些紀念地、名勝、博物館、展覽館的服務，也都是第一流的。服務人員的態度，都熱情周到，無懈可擊。比如，到費城獨立宮參觀，我侄女對服務人員說：「我伯伯想要一份中文的說明書，可以麼？」五分鐘後，那份中文說明書，就送到了我的手中。那當然是免費的。（所有參觀獨立宮的人，也都不用買門票）。

從這些第一流的服務中，我總覺得，都體現了整個社會的職業道德水平和工作人員對工作的責任感。以小喻大。去年，「九一一」那天，紐約世貿大廈遭恐怖分子襲擊，紐約的消防人員和員警，忠於職守，視死如歸，進入被炸的大廈，搶救傷員，有三百多人以身殉職，正是在危急關頭，體現了這種可貴的責任感和職業道德水平。

體現社會文明的另一個重要標誌，是社會的公共道德水平和社會成員的精神文明狀態。

我在美國的兩個多月中，也走了不少地方，無論是在大城市、小城鎮或鄉村，從來就沒有遇見過一次口角、罵街或吵架這類的事，更不用說打群架了。（說句喪氣的話，在我們這「文明古國」，在我住的這個城市，幾乎天天都可以在大街小巷上，遇見罵人、吵嘴或打架的事）。他們待人接物，謙和有禮。每天清晨，我外出散步，在費城街上，遇見不相識的人，他們一般都對我點點頭，道聲「早安」。在公眾場合排隊，無論排得多長，都耐心等待，從來沒有人到前面去插隊，也從來沒有人為此而吵吵鬧鬧。過馬路時，從來就是車讓人，而不是人讓車。有時，我帶去在大陸養成的習慣，在沒有紅綠燈的小馬路斑馬線旁邊，等著車開過去後再過馬路，那時，開車的人會立即停車，伸出手，做個手勢，讓你先過馬路後他才開車。他們遵守公共秩序，從不在公共場合抽煙，從不在公共場合大聲嚷叫，也

不在公園裏或大街小巷亂扔垃圾，諸如，果皮，廢紙，塑膠瓶，盒子之類的東西。（只有紐約的唐人街和一些黑人居住區例外。這在後面還要寫到）。他們帶上口袋進超市，不要寄存，商場以此表示對顧客的尊重。當然，超市中一般也都有精密的電子監視系統，如果有極少數人要小偷小摸，那也是會出洋相的。

環境衛生的水平，也是社會文明的標誌之一。

在我到過的地方，除紐約的唐人街等少數地方外，一般都很乾淨。熱鬧的大街和僻靜的小巷，乾淨的程度幾乎一模一樣，因為他們不需要製造假像，為了迎接什麼「檢查」。這裏特別要提出的是，美國公共廁所的衛生水平，在我去過的十幾個國家中，那算是名列前茅。在大商場中的廁所，乾乾淨淨，都備有手紙，洗手液，香肥皂，揩手紙，烘手機等等，自不必說了。就是在高速公路附近的公共廁所，看似無人管理，但其乾淨程度和備用的各種用品，和大商場中也一模一樣。有時，還有自動售貨機，銷售各種飲料和礦泉水等。而且，任何地方的公廁，一律不收費。（在歐洲的一些國家，如義大利、荷蘭等國，是經常要遇到收費公廁的，而且收費不低）。美國各處的公共廁所，能做到這個程度，除顯示了他們的環境衛生的管理水平外，還表現了他們公民的公共道德水平和審美觀念水平。

最後，我認為，一個國家或社區居民，是否勤儉自律，樸素節約，也應該列為社會文明的一個重要標誌。美國雖然社會富裕，但多數居民，卻都注意勤儉節約，且從不鋪張浪費，大吃大喝。比如，我看到的美國人吃自助餐，都是吃好多就拿好多，從沒有見到在盤子上有吃不完剩下的。也沒有看到他們請客，要了許多菜，吃不完就浪費了的。平時，一般人衣著也都樸素，隨便，只是在莊重的場合，如：上班，上教堂，重要的會見，等等，才衣冠楚楚，而且打了領帶。這一切衣食方面的特徵，恰恰和大陸近十幾年形成的追求豪華奢侈，紙醉金迷，揮霍無度的不文明的風氣，形成強烈的反差。這確實要引起我們深思。

因為美國人中，有百分之六十以上是基督教徒，所以，我以為，美國的社會文明與基督教倫理中宣揚的一些美德，諸如：自立自強，勤儉自律，

誠實處世，寬容待人，施與愛心，遵守社會規則，且在消費上要量入為出，杜絕奢侈等觀念之深入人心，有很大的關係，這就需要有關專家、學者，對這個問題作些深入的探討。

　　在美國，我也見過兩件不文明的物事，記錄如下，以證明白璧之中必有瑕疵。

一、紐約唐人街的髒、亂、差，可謂突出。據說，紐約有些黑人居住區，情況也大同小異。那一天，我是從費城到紐約，參加一個旅遊團去波士頓的。到紐約唐人街時，正是清晨七時半。只見遍地廢紙、塑膠盒、飲料瓶、果皮，而無人打掃，那種髒亂的情況，與中國大陸一些衛生狀況很差的中等城市，有過之而無不及。很多店鋪沒有開門，牆壁和大門上，歪歪扭扭地塗寫些不像樣的漢字和希奇古怪的畫。看了那景象，我倒抽了一口冷氣，直覺地感到：中國人一些惡劣的習慣，竟在大洋彼岸作了充分表演，實在丟人。以後，又路過紐約唐人街三、四次，有時情況略好，有時也很差。有一次，在福州人開的小餐館裏吃飯，看到一些講著福州話且帶有鄉下口音的小同鄉（估計是「偷渡客」吧！）架著二郎腿，在那裏一面酗酒，一面打著手機，並講些不三不四的粗話、痞話。我不免暗暗臉紅。這樣的狀態，又如何叫人看得起呢？

二、參加去波士頓的旅遊團，在波士頓吃晚餐，被「宰」了一次。那是臺灣的導遊，在去吃晚餐前，在車上講得天花亂墜，說這一家海鮮館如何如何有名，烹調又如何如何精美，到波士頓不去吃這一頓，實在有虛此行。結果，我點了一小盤最便宜的海鮮，要了一小罐啤酒，結賬時，花了二十五美元。另外，帳單上還先打上了五美元的小費。那盤海鮮，帶有很重的腥味，以中國菜館的烹調標準來看，不但說不上精美、可口，而是根本不能及格。旅遊團中有人要了一個漢堡包和一小瓶可口可樂，花了十美元，還要外加小費。餐後，上車去旅館時，坐在我座位旁邊的一位廣東小姐對我說：「今天算我倒楣，花了十美元，只喝了一小瓶可樂。那漢堡包，根本無法入口。」我們議論的結果是，那位臺灣的導遊，和這家海鮮店的老闆，聯手宰了我們一頓。回到費

城，有朋友對我說：遇到這種情況，你們完全可以不吃，到外面找一
家館子，自己去吃一頓。

在美國看到這兩件不文明的事，又多少都與我們這個「文明古國」有
些關聯，這該怎麼解釋才好呢？

環保印象

美國的國土面積為 932.76 萬
平方公里，比中國的國土面積只
小二十七萬多平方公里。他們很
少有中國西部那樣廣大的沙漠和
荒地。所以，國土面積現今實際利
用率，比中國要大得多。在這樣一
片遼闊的國土上，能把環境保護工
作搞得相當出色，實在是很不容易

▲作者和任女李鍾民在費城城區散步。到處
可見這樣林木蒼翠、百花盛開的街頭廣場。

的事。我的印象是：比起我去過的世界各大國的環保工作，美國算是第一
流的。他們如何防止大氣污染、水污染、土壤污染、噪音污染、放射性污
染等等，需要有關學者作一些專門調查研究，寫出專著，供有關方面作為
改善環境保護工作的參考。這篇隨筆無力涉及這方面的問題。這裏只談對
他們環保工作的初步印象。

在費城，每天清晨六時，只要
是天晴，我必定要外出散步。這時，
街上除了一些環保工人在工作外，
行人很少。天是湛藍湛藍的，那種
幾乎是透明的藍色，一塵不染，我
只有少年時代在閩西山區見過，因
為那裏樹多，又沒有工廠。再就是
上世紀四十年代後葉，在北平的秋

▲在費城博物館後面，還有一個不算太小
的公園。

▲費城的一條小街道——春天街。晚春時節，路旁的櫻花正在盛開。

▲費城佛蘭克林大道旁的大花圃。成千成百的玫瑰花正在盛開。

天也見過。那時，為什麼北平秋天的天空那麼藍，藍得使人毫無局促狹迫之感，藍得使人心曠神怡，原因我說不清楚。現在，我在地球另一端的費城，又見到久違了的這樣湛藍的天空，實在親切極了，也高興極了。地上，草地是綠油油的；街道兩旁的林蔭樹，樹葉上不沾一點點塵土，青翠欲滴；到處是鮮花，在佛蘭克林大道旁，有大花圃，成百成千的玫瑰正在盛開。在這樣的環境下，我在散步，在鍛煉身體，心情舒暢是容易讓人理解的。

離費城約半小時的車程，有一所大學，名為東方學院（Eastern College），我在那裏住過三個夜晚。好幾百畝的校園，除了一塊大運動場外，全部覆蓋著參天大樹，學校的教學樓、科研樓、圖書館、學生宿舍、食堂、因為都不是高層建築，完全隱沒在樹林中間。食堂前的花圃，牡丹花正盛開，花有大缽子那麼大，比之我國的洛陽牡丹，有過之而無不及。沒有樹和花的地方，就是草地。清晨，在這樣的校園中散步，撲鼻而來的是花香，草香，樹葉香，空氣的潔淨程度，還要超過費城城區。

還有一次，到波士頓旅遊，在波士頓郊外一家名為 Home suites inn 的小旅館住了一晚，清晨外出散步，極目瞭望，附近既無民居，又無行人，只偶見高速公路上有一、二輛小汽車奔馳而過，除此之外，四周全部是郁郁蒼蒼的樹林。這裏空氣的潔淨程度，當然比費城城區，比東方學院，又要高出一籌。

據說，美國絕大多數地方，大氣潔淨的程度，都有如上三個地方的水平。有的還要大大超過這水平。這裏面，樹林在防止大氣污染中，起了極

其關鍵的作用。有人開車在美國的北部、南部和中西部旅行，有時，好幾天車子都在大森林中穿行。有這樣多的森林，在北部許多州，卻都立法不准開採。克林頓卸任前，又把很多森林列為保護區，說是要把這些資源留給後代子孫。國土上有這麼廣袤的森林，大氣又焉能不潔淨？（當然，還有其他許多條件，也在起重要作用。比如，不能隨意蓋工廠，能源主要靠用電而不用木材和煤炭，等等）。早幾年，日本全國的森林覆蓋率，達到百分之六十六，在我經過的美國東部九個州和特區，印象是，這裏的森林覆蓋率還要超過日本。

美國全國各地的自來水都可直接飲用。在我去過的城市或鄉鎮的公共場所，一般都有飲水器，一撳按鈕，自來水就垂直噴射，嘴巴對著水柱直接飲用就是。如果什麼地方，自來水中細菌超標，不能直接飲用，那可就是一件大事，電視、報紙都要發新聞，有關部門就要限期儘快解決。據說，這樣的事情，極少極少發生。這是一位到過美國的醫學教授，在多年前就告訴過我的，當時，我聽了以後，還有點將信將疑，做得到這一點麼？這次到美國，印證了，這是千真萬確的事實。（附帶說一句：美國全國絕大部分地方，一天二十四小時，也都有熱水供應。做到這一點，應該說，也很不簡單）。自來水的供應狀況，從側面說明了他們防止水污染，做得很好。如果江河湖泊的水源，受嚴重污染，恐怕就很難保持自來水有這樣的潔淨程度。

至於防止土壤污染的狀況，從市面上美國國內農產品供應的情況中，也可看出。有污染的農產品，如果上市，那是嚴重違法的，幾乎不出現這種情況。上市的農產品潔淨程度符合規定，那就證明大部分土壤未受污染。

生態保護工作的狀況，還可從城鄉各地的人與大部分動物能否和諧相處，看出端倪。費城街道上和公園裏，到處都是成群的鴿子，人和鴿子親善，有時，還餵它們食品；鴿子也不怕人，有時，成群的鴿子還圍著人團團轉。在費城的公園和廣場上，還有許多松鼠，也與人相處融合。不少松鼠見到人，還會直立起來，兩個前爪合在一起，向人作揖，以表示友好。據瞭解，在農村，大家都保護鳥類以維護生態平衡，從來沒有看到人用氣槍打鳥。如有人打鳥，則被認為是十分不文明的野蠻行為，可以打電話請員警依法處置的。

149

據我觀察，美國的環保工作，其所以能保持良好的狀況，有兩個重要因素，不可忽視：

一、在全民中普及環保意識。而且對兒童從小就進行這種教育。如在公園或街道中，不可亂扔果皮、廢紙、塑膠瓶、飯盒等垃圾，不可攀枝折花，應該愛護鳥類，和大部分動物應該和諧相處，等等。而且告訴他們，不但口頭上做到，且要身體力行，這是他們從小就受到的公民教育。我國學校中，特別是在小學中，迄今不注意這方面的教育，是個大缺點。我住的這個城市，小學教師帶著學生在公園裏春遊或秋遊，他們走了以後，往往留下的垃圾成堆，令人「慘不忍睹」。

二、要嚴格執行法令。比如，在美國的公共場合，其所以沒有人敢抽煙，除大部分人自覺以外，也與嚴格執行法令有關。此次，我在美國往返時，都乘坐美國西北航空公司的飛機，在廁所裏，我注意到：洗手盆上的鏡子旁邊，有兩行印製的小字：「不可在廁所中抽煙。如違反規定，將罰款兩千美元。」而且他們說到做到，人們當然就不願去觸這霉頭的。在飛機上的其他地方，更是不能抽煙。我兩次乘坐的都是波音747大型客機，各國乘客近五百人。大家都遵守規定，秩序井然。這也和他們嚴格執行法令有關。在我國，其所以有些事辦不好，就因為規定歸規定，執行歸執行，有些人我行我素，對違規的事熟視無睹，這是因為他們知道，這樣做，根本就無所謂。久而久之，一種「大家都無所謂」的很不好的風氣，就蔓延開來，結果，對應該制止的事，當然也就很難制止了。

「保存文化、保存特色」

十七年前，鑒於當時我國大陸城市擴建、改建中存在的一些問題，我曾寫過四篇隨感，談城鎮建築中的美學思路。這四篇短文先發表於《美育》雜誌，後收入拙作《李冰封散文隨筆初集》，其中有一篇，懷念了鄧拓同志，並借此簡單介紹了梁思成先生關於城市建設的可貴的藝術思想，題目就叫做「保存文化、保存特色」。寫本篇隨筆時，想來想去，乾脆就借用那篇隨筆已用過的題目。

　　我理解，梁思成先生關於城市建設的重要的美學思路之一，就在於，建設中的城市要保存原有的特色，而這種特色也就表現了它的文化。所以，他主張要把北京照原樣保存下來，包括它的城牆，它的牌樓，它的胡同，它的四合院。這將是一個世界唯一的建築大博物館。而在這個基礎上，逐步地使這個難得的建築博物館進一步現代化和藝術化。如在城牆上建設一個世界上唯一的環城大公園之類。而北京的新城，則建在五顆松那一帶去。且新城和舊城在藝術風格上要和諧一致。梁思成先生這個可貴的藝術思路，當時不但沒有得到應有的尊重，而且受到粗暴的詆毀和批判，結果，我們在自己的手中，毀掉了一個有獨特建築風格，能代表我們民族卓越建築文化的老北京。現在，一切都無可挽回了。

　　這一次，在費城，竟有趣地發現，梁思成先生城市建設的美學思路，竟和兩百多年來費城的城建思路，不謀而合。一位華裔的美國朋友告訴我，梁先生曾在賓夕法尼亞大學讀過書，學過建築（確否待證，我查了一些資料，沒有查到）（見文末備註說明）。或許是費城的城市建設中的一些美學思想，啟發了梁先生？

　　費城現在是美國的第四大城市，它的港口與流經它的特拉華河的一些港口，構成了世界第三大航運中心，但它在一六九九年，還只是一個一萬人口的城鎮。由於它瀕臨大西洋的重要港口，且在美國獨立戰爭中和建國初期顯示出特別重要作用，一七九〇到一八〇〇年的十年間，遂成為美國首都，它的城市建設也是隨著它的地位變化而逐步發展起來的。獨立戰爭前後，這裏曾聚集著一些美國獨立史上的名人，其中除華盛頓外，最重要有兩個人：富蘭克林和傑斐遜。富蘭克林少年時從波士頓移居到這裏後，實際上就成了費城的居民。傑斐遜曾在這裡居住過，起草過《獨立宣言》，那起草《獨立宣言》的小樓，在市場街和第七街的交叉處，如今還作為歷史文物保存著。費城城市建設的思路，無疑也包含了他們的可貴思路。

▲傑弗遜起草《獨立宣言》時居住的小樓，在費城的市場街和第七街交叉處。

　　費城市區留出的綠地面積特別大，全市就有一百多處大小公園，市中心區的費爾蒙特公園則是美國最大的市區公園。綠地多，當然也就樹多，花多，並使建築物不顯得過分擁擠，這就為住在這裏的居民，創造了很好的居住環境。市區街道成棋盤形，除市中心的市政廳一帶建有一些高樓外，其他地方嚴格控制了高樓的發展。全市建有許多展覽館、博物館、圖書館等文化設施，並竭盡所能，保存了歷史紀念地。這就形成了一座歷史名城莊嚴、凝重、端方、清秀的風格和底蘊深厚的文化氛圍。這一切城建思路，都可供我們借鑒、參考，並根據我們實際情況，吸取其精華。

　　但，我認為，所有這些還不是最重要的。最重要的是他們在城市擴建中，保存了城市原有的特色，包括了費城還是小城鎮時期具有的特色。這就使費城其所以成為費城，使「這一個」費城鮮明地顯現它「這一個」的特點，顯現出它的文化。

　　在世界級的歷史古蹟獨立宮的周圍，所有建築，包括民居和商店，都要按照原先的式樣，保持原貌，那自不必說了。就是連街燈和道路的狀況，也要保持原貌。比如有些道路是灰磚鋪的，且有點凹凸不平，也不去改變它。以致於我們現在看到的獨立宮《導遊指南》中，竟有這樣一段對遊客講的關切的話：「在走過車輛往來的街道時，敬請小心。在磚路上與凹凸不平的地方，也請小心行走。」在這些道路上還停有一些當年式樣的馬車，駕馬車的人也穿著當年式樣的服裝，每個人花十美元，乘著這樣的馬車在這裏繞一圈，緬懷著當年美國人民肩負著的重要歷史使命，在這裏開始追尋自由與獨立，使美國在這裏誕生與成長，經過兩個多世紀的風雨滄桑，世界上許多反民主的專制政體崩潰了，坍塌了，而它們卻繁榮了，壯大了。撫今思昔，能不感慨萬千？

▲在費城獨立宮附近老式的街道上，有老式的馬車在招攬乘客。

152

在費城還是小城鎮時期老街的建築，也都大體保存著。那些建築，大半是靠近特拉華河沿岸，現在的第二街和第三街附近。因為當初的歐洲移民，上岸後，靠近河流建起居住區，交通方便些，便於居住和謀生。所以那一帶民居，有北歐風格的，有法國風格的，有英國風格的，等等。我到過第二街旁邊的一條小街，街道只有幾米寬，街中間鋪著鵝卵石，鵝卵石兩旁鋪著紅磚，兩旁是兩層的小樓房——古典法國式的民居。大門台階旁和窗臺上，各式鮮花爭妍鬥艷。走在這樣的小街上，是很有古典的情調的。保存著這樣的建築，並使它們與市內一些現代建築和諧統一起來，使人十分清楚地領略到費城各個時期的歷史面貌以及它們的特色。這，無論從歷史的角度和審美角度來看，都是十分可取的。

現在我們許多城市都在大興土木，其中有所謂政績工程，民心工程和城市形

▲費城還是小城鎮時期的老街建築，也都照原樣保存著。這是第二街附近的一條小巷。西歐風格的民居，鵝卵石兩旁鋪著紅磚的街道，都是近三百年前的原樣。

▲費城華埠（China Town）第十街——唐人街。

▲波士頓昆西市場附近街頭，孩子們在看民間藝人的表演。

象工程，等等。名目繁多，使人眼花繚亂，而「保存文化、保存特色」，有些好像開始注意了，但更多的好像還沒有引起足夠的重視。這該怎麼辦呢？

備註

　　此事已得到證實，梁思成先生早年曾在賓夕法尼亞大學學過建築。這是清華大學原建築系主任高亦蘭教授於二○○五年五月二十二日在清華園中面告作者的。高亦蘭教授入清華後，曾師從梁思成先生和林徽因先生，並研究過他們卓越的建築美學思想。二○○五年六月中旬，作者夫婦收到了高亦蘭教授贈送的《建築師林徽因》一書。此書是為紀念林徽因先生誕生一百週年而出版的。書的作者是梁思成先生和林徽因先生的兒女及梁思成先生續弦夫人林洙，以及梁、林兩先生的弟子們，由清華大學建築

▲在清華園，高亦蘭教授領我們參觀了梁思成先生生前工作和學習過的地方。參觀後，攝影留念。時為二○○五年五月二十二日。這地方，也是廖世英的父親廖芸皋先生留美前讀書的地方。

▲二○○五年五月二十二日，清華大學原建築系主任高亦蘭教授，陪作者夫婦遊清華園。高亦蘭教授（右）是廖世英（中）抗戰時在重慶南開中學讀書時的同班同學。

學院編輯，清華大學出版社出版。全書詳盡記述了林徽因先生和梁思成先生為保護和發展中國現代的建築文化（這裏面當然包含了建築美學），作出堅苦卓絕的努力和貢獻。並記述了他們所代表的一代知識分子的高尚風格。作者讀了這本書後，茅塞頓開，覺得梁思成先生等是現代中國偉大的建築學家，梁先生的建築美學思想，雖然因外部因素的阻撓，沒能實現，但他的英名和成就，以後無疑應列入世界現代建築思潮史和城市規劃學史。今後作者如有可能，當寫些讀了此書的讀後感，以彌補這篇拙作隨筆的膚淺和簡陋。

二〇〇五年八月二十九日，加注。

（寫於二〇〇二年十一月。此原文共十節，兩萬多字，僅錄此四節）

夔門水色

我們乘坐的旅遊輪，晚上十一點半鐘就到了奉節，停泊在江中。整晚，船頭都打著很亮的探照燈，準備第二天清早，進夔門，下瞿塘峽。

一九八八年深秋，在成都開會，會後到重慶坐船經三峽回湘。過瞿塘峽時，因為睡著了，什麼也沒有看到。這次，下決心要看一看夔門的雄姿。

凌晨四點就起床了，等著天亮。從船窗向外看，十來艘等著下水的船隻，都泊在江中，都打著探照燈，很有點氣勢。破曉，我就上了視野開闊的船頂。白帝城一帶，初冬晨風迎面勁吹，還真有點刺骨的寒冷呢！

曙光初露，船就開動了，一艘跟著一艘，每艘相隔總有五六百米，陸續進入三峽。

夔門確實壯觀。兩岸陡峭的山峰，比江面高約七八百米，筆直地夾著那寬不過百米的江面。長江在這裏奔騰著，咆哮著，直下東方。景色中，蘊藏著陽剛之氣，雄偉極了。我在想，這裏，兩岸如有更多的樹（就像張家界那樣長在石頭上的樹），江水不是渾黃而是碧綠、碧綠的，那麼，雄偉中又兼有清秀，可就更美了。

其實，從重慶起，我們的船已在這條祖國母親河的黃色滾滾濁流中，走了一天一夜，但不知為什麼，到了這裏，才覺得赭黃色的江水和兩岸的青山顯得格外不協調。

三峽的江水，過去不是這樣的。

南北朝北魏的酈道元，寫《水經注》，形容三峽的江水是「素湍綠潭，回清倒影」。過了兩百來年，唐朝的張說寫夔州一帶的景色是：「綠水透迤去，青山相向開」，比他稍晚的唐朝詩人張祜，寫夔州則是「樹色秋帆上，灘聲夜枕前」，不但水清，兩岸還樹多呢！不然，樹色怎麼能映在江中的船帆上去呢？又過了約四百年，陸游寫西陵峽一帶的水，也還是綠的，他的〈將離江陵〉一詩，有「山花白似雪，江水綠於釀」之句。江水綠得像酒，當然是像青梅酒這一類的酒了。他的〈入蜀記〉，寫巴東至白

帝城這一帶的景色，屢見「古木森然」、「松柏皆數百年物」之類的文字，可以想像，那時，這一帶樹也多。

再過了三百多年，明朝的狀元楊升庵，貶雲南之前，寫三峽這一帶是「巫山花已紅，楚江波新綠」，三峽屬巴、楚交界之地。故這一段江流又稱楚江。一直到近代，湖南詩人易順鼎（1858-1920），有〈望巫山〉一詩，有句云：「瑟瑟三分水，苔苔十二峰，日光明素瀑，嵐色茂青松。」瑟瑟，即碧色，猶白居易詩「一道殘陽鋪水中，半江瑟瑟半江紅」中的「瑟瑟」，有的書，注此處的「瑟瑟」指風聲，誤。可見那時三峽的水，也還是綠的。

那麼，什麼時候起，三峽的江水，以及整個長江的江水，變成了渾黃，變成如此混濁了呢？恐怕也不過是幾十年間的事。

我自己第一次的經驗是：長江的水質要比黃河好過許多。那是一九四九年五月下旬，我們隨軍南下，先是在開封住了十來天。河南給我們的最初印象是，到處是土黃色，缺少綠色，有點「赤地千里」的味道。第一次見到的黃河有點像翻滾著的黃泥漿。那時，我們穿的是白土布襯衣，據說，有人渡黃河前，把那襯衣在河水裏一泡，就染成了土黃色。七月，到武漢後住了半個多月，等著進湖南，閒時沒事，也就好幾次到長江邊上走走，我對長江的最初印象是，江水大大有別於黃河，大體上是綠的，雖然有時也綠中帶黃。那時長江的水質似乎大大好過現在。

現在呢？我的印象是，長江快要變成黃河了，當然，這只是根據表面現象來作出的判斷。到底長江江水中泥沙含量比黃河少多少，水中有害的雜質與黃河相較，污染程度孰輕孰重，這要作出科學的測定，然後實事求是地作出結論。不過，我在遊輪上三天半，還見過這樣千真萬確的事實：我們喝的開水，杯底都沉澱著一層泥巴，這水當然不是自來水，而是從長江中汲來的水。記得茅盾在〈見聞雜記〉中，寫三十年代末的蘭州，喝的「甜水」，是黃河上挑來的，一玻璃杯水，那杯底沉澱著小半杯泥巴。現在我喝的長江水，也沉著泥巴，那不是長江快要向黃河靠攏了麼？至於水中的有害雜質，恐怕還超過了那時蘭州一帶的黃河呢！

中國是世界上水土流失十分嚴重而人均耕地面積又是很少的國家之一，早些年的統計，據說水土流失面積有一百五十萬平方公里，每年流失

土壤五十億噸。應該說，這是十分令人觸目驚心的數字。一個外國生態學家講過，黃河裏流的泥沙，實際上是流著這個民族的血，實際上是這個民族的動脈在出血。而長江中流著的泥沙，何嘗又不是這樣呢？那麼，我在長江遊輪上喝的這一杯杯沉著泥巴的開水，實際上是我們這個民族的血水。這條中國的母親河，中國的動脈，它可在大出血呢！

觀賞夔門和瞿塘峽的景色，竟由渾黃的水色引起這樣的聯想，實在有點大煞風景，還是止住吧！

不過，我們似乎還是不應該回避這個現實。現在的某些輿論，對這個事實還是在遮遮掩掩，躲躲閃閃，這不利於診治「動脈出血」。真正的愛國者，真正為我們這個災難深重的民族前途著想的人，都應該大聲疾呼，讓所有人們，都來關心這個事實，扭轉這個局面。這樣，「動脈出血」的危症庶幾得救。長江中上游各地營造防護林工程進行得怎樣了？防治水質污染的計畫怎樣實現？中上游亂砍濫伐森林的現象制止了沒有？三峽工程動工後，泥沙問題和水污染問題如何得到相應處理？這一切，似乎也都要在大聲疾呼中而不是遮遮掩掩、躲躲閃閃中，得到落實。

一九九四年十一月二十日，於長沙。

受傷的王國

——滇行憂思錄

　　一九九二年冬，我初到雲南。先到昆明，四天後，去下關和大理古城，觀賞了秀麗無比的蒼山洱海之後，由下關沿著抗戰時期修成的滇緬路，去滇西南——渡瀾滄江，越怒山，到保山；再渡怒江，越高黎貢山，到芒市，到畹町，到瑞麗；兩天以後，在晨霧茫茫中，從翠竹成叢、娟秀嫻靜的瑞麗江邊出發，沿原路返回昆明。歷時半月，行程兩千公里。

　　半個月的走馬觀花，雲南給我這個初來者的最初印象是：這是一個神奇的樹木花草的王國。不過，這王國受了嚴重創傷，康復和發展，尚待努力。

　　雲南的大部分地方，確是不折不扣的種樹種花種蔬菜水果的好地方。乘飛機到昆明，從機場進城，給人的第一個印象就是：昆明大街的林蔭道上，樹木長得特別好。有一種叫鳳凰木的樹，挺拔，俊秀，蒼翠宜人，不蔓不枝，樹身有十幾米高，首先給人一種氣度不凡的感覺。住在昆明城內那幾天，到處走走，在一些馬路上，隨處可遇此樹。有的長得比八層樓房還高，一打聽，樹齡都不過十多年，因為許多馬路是新修的，修成後才種了此樹。從昆明到大理，公路兩旁種了許多尤加利樹。此樹在北方沒有，在長江中、下游，也不常見，至少我在湖南，就很少見過。在這裏，此樹長勢特別旺盛，大可合抱的，處處可見。在保山以南，樹的長勢就更好了，各種經濟價值高的、好看的、實用的樹，諸如香樟，紅木，紫檀，柚樹，榕樹……應有盡有，到芒市以下，處處是大片翠竹林，大片橡膠林，更是壯觀了。

　　花也長得特別好。在芒市，扶桑長得有兩人高，冬天，枝頭的花苞，說少了還有百把個。在芒市有名的樹包塔附近，有戶居民的屋前，也長著

這樣繁茂的扶桑。我們問：這扶桑，要種好久才長得這麼高、這麼俊？回答是：這花最好栽了，折個枝子，一插就活，兩三年就長得這麼高了。到畹町，車停邊防指揮所休息，看到他們院子裏的一品紅，也長得有一個半人高，而且紅花不比綠葉少。在南方的其他地方，比如說，在湖南，這些花都是種在花盆裏的，高不盈尺。雲南的花還有個特點，葉子又厚又大，顏色特別綠，綠得發黑。車過南華縣新橋鎮，在一家小飯館吃中飯，我們看到栽在大陶盆裏的兩盆君子蘭，綠葉竟近半公分厚，發黑，發亮，花莖近一米高。我見過許多君子蘭，包括用東北黑色腐殖土栽培出的君子蘭，也比這個遜色多了。車行高黎貢山，到處可見一大片一大片的野菊花和冬櫻花。據說，這是在冬天，花的品種少了些，要是在春天或夏天，高黎貢山一帶野生的各種各樣的花，什麼杜鵑花、馬纓花、蘭花，長起來就是一大片，色香俱佳，好看極了。因為時令不對，有名的滇茶未到花季，沒能看到它的花期盛況。據說，開花時，「爛山熠谷」（明散文家張岱語），會弄得看花人眼花繚亂的（張宗子是浙江人，他必定看多了浙茶。這樣形容滇茶，一定是和浙茶作了比較後，才寫出的）。

　　能長樹長花的好地方，長蔬菜水果當然也就不在話下了。在昆明，我去過菜市場，看到粗壯的胡蘿蔔竟有兩根筷子接起來那麼長，番茄呢，有小飯碗那麼大，蔬菜水果的顏色，綠是翠綠，紅是艷紅，黃是嫩黃，特別招人歡喜。住在昆明，能經常吃到這樣好的蔬菜水果，大概也不能不說是一種享受。

　　同行的彭潤琪兄，五十年代後期蒙冤受屈後，在農村勞動加自學，作物栽培知識較為豐富。他告訴我：雲南的樹木花草，其所以能長得特別好，關鍵在於有得天獨厚的土壤和氣候。它的大部分土壤，屬紫色土，這是在紫色砂頁岩上發育起來的土壤，含鉀豐富，含各種微量元素也多，土質疏鬆，只要適當施用有機肥料，並注意水土保持，就會成為一種結構特別優良的肥沃土壤。其次是氣候。「四季如春，一雨成冬」，陽光和煦，空氣濕潤，早晚和中午溫差適當，這都有利於植物的生長。在昆明一帶，有些人家的門上，倒掛著肥厚的仙人掌，居然也能開花。汪曾祺先生在他的散文名篇《昆明的雨》中，提過這情況。此次，我也聽人說過，確實如此。

仙人掌的生命力特強，固是開花的重要原因，但如果缺乏良好的氣候條件，會是這樣麼？所以，我的印象是：雲南確實是大自然賜給中國的一塊獨特無二的、種樹種花種蔬菜水果的好地方。

可惜，幾十年來，這裏受到很大的創傷，迄今尚未恢復。最主要的，表現在森林覆蓋率的下降；而且下降的趨勢，還在繼續。

車行兩千公里，我們看到的，有不少地方，樹木確實長得很好，山頭滿目青翠，莽莽蒼蒼。如，昆明一帶，保山大壩一帶，即是如此。保山附近有個水庫，下雨時，水色也是碧綠澄清的，和兩旁青山相映，雨中顯得特別清秀俊逸。大理和德宏有些地方，樹林也長得不錯。但各地差別很大，有不少地方，實在不行。許多山嶺童山濯濯；有的山，山頂還留有一點樹林，底下卻是光禿禿地露出一片紫色土，像一個氣息奄奄的重病號戴了一頂灰綠色的小帽。也有些高山上的飛播區，立了一個牌子：「飛播區：封山育林，禁止砍伐」，可能因為管理不善，整個山頭卻像個癩子，這裏一點，那裏一點，稀稀疏疏地長些樹苗，許多地方則仍是光禿禿的。從下關以西，到漾濞、永平一帶，許多水庫，水色是黃褐色的，比黃河的水還要黃些。瀾滄江也是濁流滾滾。因為森林嚴重受創，這也就加重了若干地方的滑坡，公路兩旁，塌方處處可見。滇西有些地方，泥石流為害甚巨；由於森林亂砍濫伐，水土流失嚴重，這就加重了泥石流的危害。

下關往西不遠，有一條河，叫西洱河。諸葛亮在〈前出師表〉中提到「五月渡瀘，深入不毛」，七擒孟獲時，可能就到過那地方。羅貫中的《三國演義》八十九回，誇大其辭，把那條河說成「孔明令伐木為筏而渡，其木到水皆沉。」其實那是一條並不顯眼的、不大的河流，如今污染卻特別嚴重。河水是黃黑色的，水面流著濁黃色的泡沫，至少尺把厚。我們的車子，沿河走了十幾公里，都是如此。再往前走，看到公路旁邊有些牌子，如「皮革廠由此進」、「鋅品廠由此前進××米」、「冶煉廠在此前方」等等，那麼，這河裏的污水，是這些工廠排放的工業污水。河流的污染，表面上看，與森林砍伐無關，而細想一下，卻頗有關聯，因為不論河流污染，不論森林砍伐，都表明，這些地方，環境保護的意識很差，環境保護問題，還沒有提到議事日程上來。

　　這幾十年，森林遭了三次亂砍濫伐的大劫，一次是大躍進中的「大煉鋼鐵」，砍樹作為煉廢鐵的燃料；一次是「以糧為綱」，毀林開荒；（據說，芬蘭有個統計，森林對保護環境所產生的價值為 53 億馬克，而木材本身價值僅有 17 億馬克。我們毀林開荒，種出的糧食，肯定比木材的價值還要少得多，到底能值多少人民幣呢？這是不是「手中有糧，心裏不慌」的小農經濟的指導思想在作怪呢？）另一次，則是八十年代初期的「林權下放」，因為，宣傳等工作沒有趕上，農民怕政策多變，「多得不如少得，少得不如現得」，於是，只有一人高的樹，都砍掉做柴火燒了。和我們同行的，有兩位南澗彝族自治縣的幹部同志，他們認為這三次大劫，使南澗元氣大傷。南澗列為全國的特等貧困縣，原因很多，但林木的亂砍亂伐，環境受到很大的破壞，應該算是重要原因之一。除了遭這三次眾所周知的大劫外，也還有個大問題，至今仍未引起嚴重注意，這就是：把林木作為能源，毀林以作燒柴。據說，雲南人均佔有水電資源每人有兩千瓦，占全國第一位，而且開發條件好，投資少，工期短，效益高。瀾滄江流域更是如此。但我們在雲南，從昆明到大理，到保山、芒市、瑞麗，都遇到了經常性的停電，各地旅館的房間裏，幾乎都放著蠟燭備用。我們剛到昆明的第一晚住繁華的南屏街附近的一家旅館，就停了一整個晚上的電；從滇西南回昆明，住在一家大機關的招待所裏，也停了一晚的電，且在此之前，已連續停電三天。在瑞麗的第一天晚上，也遇到整晚停電。可見是全省性的電力供應不足。由於不能用電作為能源，有些地方又發展鄉鎮企業，要烤膠，要榨糖，要烤煙，老百姓又要生活用柴，自然就要毀林作為燒柴了。雲電資源，要是充分開發，電力本來可以大量外送，但現在連自用都嫌不足了。這問題不知如何解決？我看，當政者關心這類問題，似應比修三峽工程多關心些，多下點本錢才好；開發瀾滄江，似乎不像修三峽工程那樣，有多大爭論；而且開發瀾滄江，光靠雲南自己的力量，恐怕也不行。

　　從雲南回來後，想到這些，心裏難免不平靜，因此，多少帶點「位卑未敢忘憂國」的心情，翻閱了兩本書。

　　一本是湖南教育出版社一九九二年十月剛出版的《博士論叢》中的一種：《災害生態經濟研究》（申曙光著）。這位不到三十歲的年輕博士，

是專門研究災害生態的，分析了大量的資料，做過許多實地調查，所以論文寫得有理有據，頗為深刻，而且側重了中國西南的災害問題。其中有這樣的話：

「雲南省的森林覆蓋率由五十年代的 50%下降到七十年代的 25%，現在只有 23.2%，並正在以每年 0.9%的速度減少。西雙版納是雲南省森林減少最快的地區，五十年代以熱帶林為主的森林覆蓋率高於 70%，現在已降至 33.9%，而且這些森林大部分是在保護區內，保護區以外的森林已寥若晨星了。」

又說：

「西南地區森林資源最大的效益在於涵養水源、保持水土、防洪抗災。但是，長期以來，林業採取以用材林為主的經營方針，大規模地砍伐，導致森林資源已經減少到失去自身調節能力的程度，造成了生態系統平衡關係的失調，對西南和長江中下游地區已經產生了嚴重後果。此外，由於森林資源的喪失，許多動植物種也正走向滅絕。」（見該書 175 頁〜176 頁）

另一本是：《瀾滄江——小太陽》，雲南人民出版社一九八九年三月出版。這是一九八八年四五月間，應雲南省人民政府邀請，國內一些著名的專家、教授、記者，會同雲南省的同志，對瀾滄江中下游的資源情況，進行了綜合考察。此書是考察組成員文章的結集。書中收有《經濟日報》記者楊德華同志《警惕西雙版納變成沙漠》一文，其中寫道：

「據瞭解，以植物王國著稱的雲南，解放初期森林覆蓋率為 50%，現在已降為 23%。短短四十年間，森林減少了一半有餘。有『綠寶石』之稱的西雙版納，解放初的森林覆蓋率為 63%，現在降為 32.5%（此為 1982 年統計數字，1984 年 7 月 26 日《經濟日報》載文數字為 28%）。」

　　申曙光博士與楊德華同志引舉的統計數字，大同而略有小異，但都告訴人們一個怵目驚心的事實：樹木花草王國面臨的森林覆蓋率下降、生態環境惡化的災害，遠遠未能得到遏制。

　　到雲南走了一趟，雲南的山川、人民，給了我很好的印象。但它又富饒又貧困，而且面臨生態災害的嚴重危險，也令人憂心忡忡。我多麼希望這塊神奇、美麗的土地，能很快克服創傷，成為一個名實相符的樹木花草的王國。

　　　　　　　　　　　　　　　　一九九三年元月五日，於長沙。

滇遊草

蓮花池懷古

我們開會的地方，在昆明城北的雲南民族學院；住的地方，就在這學院的招待所。學院離蓮花池，只有里把路。

既然到了昆明，住地又與蓮花池近在咫尺，不去看看，實在也有點遺憾。於是就去了。

昆明的冬日，天氣真好。午後，豔陽高照，晴空萬里，一碧如洗。與彭潤琪兄一起，出招待所大門，往西走幾步，就是蓮花池正街，沿這條小街往北，過一條窄軌鐵路，就看到了蓮花池。據傳，陳圓圓跟著吳三桂到了雲南後，出家，吳謀反，清兵平滇，她就在這裏投水而死。

近半個世紀前，黃裳先生有一篇長篇散文〈昆明雜記〉，其中是這樣描寫蓮花池的：

「……一潭澄碧，池畔的一行白楊倒影在湖裏，蓮花已經沒有了，田田的荷葉還佈滿了大半池。更有一片睡蓮的小小的紫花，點綴在細碎繁密的葉子中間，池旁間或有幾個洗衣服的女孩子，和頭上包了花布的賣菜鄉婦，把菜籃子在池裏浸一下，環境實在寂靜得很。」

黃裳先生還提到池畔有個石碑，刻了一個枯瘦老尼像，碑上還刻了一段「圓圓事略」。再上去不遠，還有一塊石碑，也刻了陳圓圓的畫像，那則是一個古美人，比起那老尼，漂亮多了。

所有這一切我們全沒有看到。

現在的蓮花池，池水在太陽底下，顯暗灰色，水邊有一些簡陋的建築，也可能是作坊或小工廠之類吧，很可能是它們正向池裏排汙。池畔沒有白楊，池中也沒有荷葉或荷梗，到夏天，當然也就不會有香遠益清、亭亭淨植的蓮花了。黃裳先生那時曾有詩云：「蓮花池畔水青青，芳草依稀綠未醒。」如今完全不是那麼回事了。至於那塊「比丘尼」石碑，

據說是毀於文化大革命。再上去，那塊古美人圖的石碑，也早就不知去向了。

現在這樣的蓮花池，實在沒有什麼看頭。難怪同行的彭潤琪兄說：「只看到了一潭污水。」

不過這蓮花池附近以及昆明的一些地方，確實有許多傳說中的陳圓圓遺跡。

有吳三桂為她修的安阜園即野園（故址已不存），有傳說中的商山寺側陳圓圓墓，有傳說中的陳圓圓「梳粧檯」，還有她出家的宏覺寺。這些遺跡，雖是傳說，但也不可能完全是無稽之談。大概對昆明的歷史和對南明的史料比較熟悉的人，都不會懷疑陳圓圓在昆明住過。

但我看了蓮花池之後，卻記起了十來年前的一椿學術公案：一位老小說家，為了給李自成的部將劉宗敏「辯誣」，說陳圓圓在李自成農民軍入城前，早就被吳三桂的父親吳襄送往寧遠（今遼寧興城），因不慣關外生活，不久就病死了，有人說她曾被李自成、劉宗敏所得，全是胡說。因為她早就病死，當然以後就不可能來過昆明。記得這個論斷，還引起過一場小小的爭論。

要作這樣的「學術研究」，誰都有自己的自由，我作為一個讀者，則對這樣的研究「成果」毫無興趣。而這種研究「成果」，也早就有人撰文把它駁得一乾二淨了。不過，我覺得隱藏在這種「研究」後面的，卻是一個至今看來仍很有點趣味的思潮：美化歷史上的農民戰爭。過去，強調歷史研究的「古為今用」，恐怕也在某種程度上，對這種思潮起了推波助瀾的作用。提出這種論點的邏輯好像是：在封建社會裏，只有農民戰爭才是歷史發展的動力（說的是「只有」，這個大前提是否符合歷史科學，尚待議），既然李自成是一場農民戰爭中的領袖，劉宗敏又是李自成手下的一名大將，他也就必然是完美無缺的，至高無上的，他必然英勇善戰，公正廉潔，堅持原則，愛恨分明。說什麼他掠奪婦女，搶劫錢財，殘殺無辜，騷擾百姓，全都是一些別有用心的人對農民戰爭的污蔑，相信這些話，就是「立場不穩」，立場堅定者，就應該義不容辭地為劉宗敏「辯誣」。所以，陳圓圓就應該死在關外的寧遠，而不應該死在南疆的昆明。（只可惜，

除陳圓圓外，還有一些被劉宗敏搶劫去的女人，如名妓楊宛等，是不是也要設法考證一下，並無此人或並無此事呢？）事情的實質，好像就這樣帶點「妙不可言」的色彩。至於有人要在這種「研究」中，找一找實事求是的影子，誰知道到哪兒去找呢。

到了蓮花池，難免懷古。難免想起三百多年前的這位有名的美人，也想起文化界早些年一些有趣的舊事，忽作冥想，乃作小文如上。

續蓮花池懷古

昨日，為查一資料，翻閱了一九八〇年第四期的《新文學史料》，無意中讀到李岫悼念她父親李廣田的文章，才知道這位著名的散文家、詩人，雲南大學校長，人品和文品都為人稱道的共產黨員，在文化大革命中，也是死於蓮花池中。

此次到昆明後，在將去滇西南的頭一天傍晚，晚飯後，特意要搶個時間，爭取看看雲南大學和翠湖。看雲南大學的目的，主要是想看看有沒有熊慶來先生和李廣田同志的遺跡，因為我所知道的歷屆雲南大學校長中，好像是這兩位最為著名。我在中學讀書時，就讀過李廣田的詩、文，如，他和卞之琳、何其芳兩位合出的詩集《漢園集》及當時在大後方用毛邊紙印的散文集《灌木集》等，我很喜歡他那行雲流水般的散文，很喜歡他的那種質樸自然、不事雕琢的文章風格。李廣田同志在「一二一」運動中，以及抗戰復員後到解放前夕在南開大學和清華大學的民主運動中，均表現出色。在昆明，聞一多先生犧牲後，他自知被列入國民黨特務暗殺的黑名單，亦毫不畏懼，並著手為聞先生主編了文集。一九四八年，朱自清先生逝世後，文集也是由他主編。一九五二年調雲南大學至一九六八年去世的十六年間，雖有一段時間，處境艱難，但仍兢兢業業，做了許多有益的工作。這樣的人才，在文化大革命中，死於非命，不能不使人扼腕歎息。

雲南大學的北院就靠著我當時的住處雲南民族學院，從雲大北院過環城北路的天橋，到了南院，走著走著，走到會澤院，已暮色蒼茫。暮靄中，只見會澤院居高臨下，俯瞰翠湖，是頗有些氣派的，其餘則什麼也沒看到。

第二天，天剛亮，就去了滇西南。誰知這會澤院就是李廣田同志在文化大革命中，多次挨打、挨鬥、受盡侮辱的地方，而蓮花池則是他殉難之處。

李岫記述她父親去世的情況是：

> 「……萬萬沒有想到，在經過長時間的迫害與折磨後，父親這個硬漢子卻突然死去了。一九六八年十一月二日夜，蓮花池周圍的村民們聽到不斷的狗吠聲，後半夜平息下去了。次日有村民在蓮花池裏發現了父親。他滿臉是血，腹中無水，頭部被擊傷，脖子上有繩索的痕跡。撈上以後，即送去火化，他那一身勞改時穿的補丁衣褲還是濕漉漉的，當時在旁的一位老人隨口說了一句：『真是水深火熱呵！』於是這位老人以『同情李廣田罪』被批鬥、被拷打。」（《新文學史料》一九八〇年第四期，199頁）。

時間已經過去了四分之一世紀，但讀到這樣的文字，想到當時中國一位出類拔萃的知識份子這樣悲慘的遭遇，也不免使人毛骨聳然。

不記得魯迅先生在什麼地方說過大意是這樣的話：一個朝代的統治者，把這個朝代中的好人，自己來收拾得差不多的時候，他的末日也就到了。四人幫的覆滅，正是應驗了魯迅先生的預言。

「徹底否定文化大革命」，早幾年，還有人經常講講，但言者諄諄，聽者藐藐；這幾年，講都很少講起了。我們這個民族真是一個善忘的民族。有的人善忘，有的人則希望人們善忘。但我總相信，以後，總有一天，要建立起文革博物館的。即使不在什麼地方建立，大概也要在十二億人子孫後代的心中建立。那時，這博物館中，大概也要在某一個角落中，寫上蓮花池這個地名。在蓮花池旁，可能也會有一塊石碑，指出，這也是中國二十世紀前半葉的散文家、詩人李廣田殉難之處。

一九九三年三月

此文共六節，受篇幅限制，僅選二節。

藝海拾貝

發現、整理經過與思考線索

——有關梁遇春致石民四十一封信札的兩件事

一

梁遇春致石民信札四十一封，是我從湖南人民出版社的一堆廢紙中揀來的。

一九七九年二月，我錯劃右派問題「改正」以後，由洞庭湖邊一所鄉間中學調湖南人民出版社，和副社長柳思共一個辦公室。在我們辦公室的角落裏，堆放著一堆廢紙，其中有廢報紙，有文革前的書稿審定意見表，有大字報底稿，有文革時的舊文件。我問過柳思：這堆廢紙是從哪裡來的？他說，他也弄不清。柳思在文化大革命中作為「走資派」被鬥，文化大革命結束後，才分配工作。

出於好奇，有時，我就在那堆廢紙中東翻西翻。有一天晚上，加班審稿，看累了，又在那堆廢紙中亂翻，竟然給我翻出了兩本用牛皮紙作封面、用手工訂成的八開白報紙本子。上面貼了許多信件，在第二本，信件的後面，還貼了五個信封。[1] 這兩個本子中，個別的信件，被撕毀了；

---

[1] 這四十一封信札，寄信人署名「遇春」、「秋心」，均係梁遇春，無疑。但信中收信人，皆稱「影清」，信末多無寄信年、月，甚至沒有寫日子。為了考證這四十一封信，確係梁遇春寄給當時北新書局編輯石民的，這五個信封，在考證中，頗有點作用。故有必要介紹這五個信封款式、字樣、郵戳等。它們分別是：1，白色厚道林紙制西式信封，信封上鋼筆直書：本埠七浦路二八八號北新書局編輯所　石民先生收　梁寄；貼一分橘黃色中華民國帆船郵票，上海郵戳，日期模糊不清；2，淺藍色厚布紋紙西式信封，鋼筆直書：上海七浦路二八八北新書局編輯所　石民先生收　福州梁寄；貼四分墨綠色中華民國帆船郵票，福州郵戳，日期為「十八年八月八日」，「十八年」當指民國十八年，即一九二九年；這是四十一封信中，可能是兩封寄自福州信件中的一個信封；3，西式白色厚道林紙信封，左上角印有：THE NATIONAL UNIVERSITY OF PEKING，PEKING，CHINA。鋼筆直書：上海

有一兩封，前面被毀，後面卻留下來了。有一封信，連同貼信的白報紙，有被皮鞋踩出的腳印。個別信件，有些字漫漶不清。兩個本子，有一本右上角，有被老鼠啃咬的痕跡。這兩個本子中，還夾著一張牛皮紙，上書：「梁遇春給石西民信。邵陽市政協。」這不知道是什麼人寫的，意義也不明，但卻提供了一個線索，說明這批信件是從什麼地方到了出版社。但寫這幾個字的人，顯然是把石民誤為石西民。石西民同志，在文化大革命開始時，是被作為文化部的「走資派」批鬥。這兩個本子，很可能是在什麼地方抄家時被弄來，造反派或軍宣隊或工宣隊中搞政審的，想在其中找些收藏它的主人與「走資派」石西民的關係，但不得要領，因而被作為廢紙丟棄了的。

收信人石民的名字，屢見《魯迅日記》，從一九二八年到一九三六年，名字在日記中出現約五十餘處。《魯迅日記》對石民的注釋是：「湖南邵陽人。（按：大概這就是這批信件和邵陽市政協有些瓜葛的淵源）一九二八年北京大學英文系畢業，曾任上海北新書局編輯。一九三〇年後肺病復發時，魯迅曾給予幫助。」（見新版《魯迅全集》十五卷，第三百六十六頁）。梁遇春，當時我也知道他是二十年代至三十年代之交早逝的散文作家，翻譯家，因介紹英國蘭姆的散文到中國而頗有名氣，因而私下感到，這樣的信件，作為廢紙處理掉了，十分可惜。於是，就把這兩個本子留下來了，放在我辦公桌最底層的抽屜裏。但一直沒有去細看它。以後，多次調換辦公地點，這兩個本子也一直跟著我。一九八九年下半年離職後，我就把這兩個本子帶回家了。

一九九二年秋，朱正兄要為海南出版社主編一套《美文選編》，預定的選題，第一輯十冊，有一本是梁遇春的。他約我編選這一本。這時，我

七浦路北新書局編輯所　石民先生收　北平東城報房胡同五十六號梁寄；貼四分墨綠色中華民國帆船郵票，北平郵戳，日期是阿拉伯字，為：「18.2.30」，18當指 1929 年；4，印有「國立北京大學圖書部」紅字，中有大紅框的中式白色信封，毛筆直書：上海七浦路二八八號北新書局編輯所　石民先生收；郵票脫落，郵戳日期不明；5，印有「國立北京大學緘」紅字，中有大紅框的中式白色信封，毛筆直書：上海江灣花園街莊家閣七號　石民先生太太收；郵票脫落，郵戳日期不明。這些信封，與信中的字體一致，符合其中有些信件的內容；由此證明，「影清」即石民。

才把這些信件仔細看了一遍，考慮了廣大讀者的興趣和需要，從其中選了四封，編入這本散文集子中。集子編成後，已經發排，但征訂數平均每冊只有兩千多，出版者單純從經濟上考慮，怕賠本，不肯付印，這套叢書就這樣流產了。這書中題為《未發表的信札》的四封信，也就沒能和讀者見面。所以，此次發表的四十一封信，全部是首次和讀者見面的。[2]

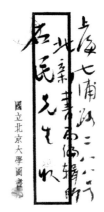

▲ 梁遇春致石民的信札。

這些信件的整理頗費周章。除了一些漫漶、被毀的字跡需加辨認、考證外，原信還有不少筆誤或脫漏。但，這些還算比較好辦，最麻煩的，其中寫有不少英文和法文，許多是用毛筆寫在毛邊紙上的，加以字跡潦草，不易辨認；原信在書寫英文和法文時，也有個別筆誤，這就給整理者增加了不少困難。我的英文程度很低，完全不懂法文，外國文學的知識也淺陋，光靠我自己整理，顯然有不少困難。但又難於找到一位願意做這些瑣事的、合適的合作者。這樣，就把這件事擱下來了。不久前，和唐蔭蓀兄談起，他慨然應允合作。蔭蓀兄當過多年的外國文學書籍的編輯工作，成績斐然，他自己也譯過好幾部外國文學名著；現在，手頭還正在趕譯《馬克・吐溫短篇小說選》。他願意抽出時間應允為這些信件做些校、譯的工作，應該說，是很不容易的事。由於他的支持，這些信件今日才得以面世。我作為這批信件的發現者，不能不對他表示感謝。

---

[2] 此說有誤。《梁遇春致石民信四十一封》及本文和梅志同志有關石民情況的兩封信，在《新文學史料》一九九五年第四期發表後，本文作者曾收到好幾封讀者來信，信中都指出梁遇春的這批信件頗有文學史料價值。北京師範大學朱金順先生在來信中還特地推薦了吳福輝先生編的《梁遇春散文全編》（浙江文藝出版社出版），認為此書編得較好，值得一讀。此後半年多，本文作者才找到了這部書。翻閱後，也才發現其中收有《致石民書六通》（原刊一九三三年二月《現代》第二卷第四期，署故梁遇春）和《秋心小札》（梁遇春幾封信的摘要。原載一九三六年五月一日《西北風》創刊號。摘抄者是梁的友人沈海。但這「小札」摘抄得很不理想，把信中一些頗為重要的內容竟摘丟了）。《致石民書六通》及《秋心小札》中摘抄的這些信件，全部摘自一九九五年在《新文學史料》上發表的梁遇春的這四十一封信中。因此，較確切的說法應是：這四十一封信，大部分是首次和讀者完整地見面。說「全部是首次和讀者見面」，則是錯誤的。（一九九八年五月李冰封注）

附帶說明一下，因原信大部日期不明（有的乾脆沒有寫日期，有的只寫日子，而無年、月），這兩本貼信的本子，貼信的次序有些先後顛倒。至於這些信件孰先孰後，現在暫無法全部考證出來。所以，這裏發表的信件，先後次序暫以貼信本子上的次序為準。第一個本子的即標為第一部分；第二個本子的即標為第二部分，按次序類推。

二

我不知道在中國現代文學研究領域中，有沒有人在專門研究梁遇春。但，專門研究五四以後到抗日戰爭以前中國的散文創作、文學評論和文學翻譯狀況者，該是有的。我以為，在他們的研究中，不應該遺漏了梁遇春。

那麼，這批信件，在研究梁遇春的文學活動中，給我們提供了哪些可供思考的線索呢？我覺得，可主要側重注意以下幾個方面：

一、梁遇春的文學活動和成就，不僅僅限於散文。應該把研究的視野擴展到散文以外，包括文學評論和文學翻譯。

梁遇春生前只出版了一本散文集子：《春醪集》（一九三〇年），他去世後的兩年，即一九三四年，一些友人又為他出版了另一散文集子：《淚與笑》。目前有些出版社出他的選本，一般均依據這兩本集子。這兩本集子中，嚴格地說，只有兩篇文學評論性的散文，一為《查理斯·蘭姆評傳》，一為評論英國傳記作家斯特拉奇（Giles Lytton Strachey 1880-1932）的長文，而從序號為 I_{25} 的信中（此信估計寫於他去世前的兩年），他列舉即將陸續寫出的文學評論就有十八篇之多，內容均係世界文學的名家名著，從卜伽丘的《十日談》到果戈理的《死魂靈》，從但丁的《神曲》到歌德的《浮士德》，從萊辛的《拉奧孔》到司湯達的《紅與黑》、到蒙田的隨筆，無不囊括其中。這些評論，估計到他去世時，並沒有寫完，但也不可能全未動筆。如果能夠找到某些已寫出的評論，對於研究他在文學評論領域的思路和成就，肯定將大有突破。另外，從各信中可以看出，他十分勤奮，不斷地在翻譯一些文學作品。一九八三年，他的朋友馮至先生，介紹

到他的文學翻譯工作時，說他「翻譯外國文學作品二十餘種，其中英漢對照的《英國詩歌選》，有在三四十年代攻讀過英國文學的大學生，在他們已將進入老年的今天，還樂於稱道這本書，說從中獲益匪淺」。（馮至：《談梁遇春》。見《新文學史料》一九八四年第一期）。收集他翻譯的這二十餘種著作，當也是對梁遇春深入研究的必不可少的手段。至於他翻譯蘭姆和研究蘭姆，更是有口皆碑，在這裏就無須多寫了。附帶說明一件趣事：馮至先生說，「梁遇春沒有創作過詩，但他有詩人的氣質，他的散文洋溢著濃郁的詩情。」（亦見《談梁遇春》一文）而在這些信件中，卻發現了一首他沒有發表過的詩。雖然此詩不是成功之作，但卻證明了他確實寫過詩。至於信件中對中國舊體詩和外國詩的敘述和評論，更是比比皆是，讀者自可從其中更進一步研究、探索他的「詩人的氣質」，和他在詩歌王國中漫遊的各種印象和觀感。

二、從這些信件中，可以瞭解梁遇春對中外古今各種文學名著的喜愛和見解。瞭解這些，一方面，可以知道他的創作，受到那些名著的影響，並由此探索他的作品的文學淵源；另一方面，可以知道他的文學見解的獨特或局限，以及個人的偏愛等等。這，對於研究他的文學評論（如果以後還能發現他的文學評論文章的話），將大有用處。

他在 I_{15} 等信中，對陀思妥耶夫斯基備加讚賞，甚至認為《卡拉馬助夫兄弟》是「天下古今第一本小說」。對於《罪與罰》，也頗有興趣。高爾基也認為，陀思妥耶夫斯基是「最偉大的天才」，並認為「就表現力而言，他的才能只有莎士比亞堪與媲美」。在俄羅斯，在政治和藝術觀點各異的各種人們中間，認為陀思妥耶夫斯基是個十分傑出的、深刻的一代文豪，在這一點上，認識好像是相同的。而梁遇春認為《卡拉馬助夫兄弟》是「天下古今第一本小說」，雖然有點講得過頭了，但陀氏作品中蘊藏的深刻社會意義，鞭撻人性中的醜惡卑劣和宣揚人性中的崇高善良，以及作品中淒苦、冷峻、感傷的風格，卻不能不影響到他的散文創作。另外，他讚賞孟郊、賈島，「郊寒島瘦」，在他的散文風格上，也就起了潛移默化的作用；他還讚賞黃山谷，認為黃山谷的詩「孤峭真摯」，這風格，同樣也可以在他的某些散文中尋到某些曲折的反映。我們只要翻翻一九三〇年

五月至十一月，他發表在《駱駝草》週刊上的幾篇散文，無疑都可得到這種印象。這是一方面。

另一方面，他的一些藝術見解，頗為獨特，有些卻也包含著自己的偏愛和局限。比如，在 I₁₉ 信中，他有波特賴爾和愛倫・坡的比較論，就頗值得注意。他讀了波特賴爾的詩，相見恨晚，但覺得在內容方面，不如愛倫・坡的小說：「Poe 雖完全講技巧，他書裏卻有極有力的人生，我念 Baudelaire 總覺得他固然比一切人有內容得多，但是他的外表彷彿比他的內容更受他的注意，這恐怕是法國人的通病吧！我近來稍稍讀幾篇法國人（的）東西，總覺得他們太會寫文章了，有時反而因此而把文章的內容忽略了。」這觀點，和他的創作和評論，注意文學反映人生，側重作品的思想內容，是一脈相承的。認為晏幾道的詞勝過他父親晏殊，似也是這種藝術見解的反映。

另外，在他的文學比較論中，又不無一些個人偏愛或局限。比如，在 I₂₆ 信中，他認為孟郊和賈島勝過王維和孟浩然，且認為王、孟「有時太小氣」，這除了反映他的藝術偏愛外，可能還反映了他對唐詩諸家理解的局限性。

所有這些，都是一些對他的文學藝術觀可供思考的線索。

三、瞭解梁遇春的為人處世。人們常說，從一個人給親朋好友的信件中，往往最容易看到真實的「這個人」。我讀了這批信件後，也認為，從這裏可以看到真實的梁遇春。瞭解一位作家的為人處世，對於研究他的文學活動，無疑是十分重要的。從這批信件中，可以看出，他工作勤奮（在暨南大學當助教時，甚至因為無事可幹而要換個工作地方）、讀書認真、重視友情、同情弱者。表現得更可貴的是，特別同情受害的勞動人民。在 I₁₀ 信中提到，因為他離開上海，怕雇用的女傭人失業，因而推薦這個「性情和藹，的確是個老實的鄉下人」的女傭人給朋友，而使這位女士蒙冤受禍（可能是作為盜竊嫌疑犯被拘捕吧！）他於心十分不安，除自責外，還急於打聽此事的結果。由此就可見他為人的忠厚、善良。在 I₁₂ 信中，他認為《駱駝草》第六期上徐玉諾的詩「真做得好」，我認為，讚賞此詩主要也側重於內容，同情勞動人民的苦難遭遇。徐玉諾一九三〇年五月作於淮

陽的此詩，題為《誰的哭聲》，主要是反映當時江淮農民在軍閥的戰火下
「民不聊生」的情景。

　　諸如此類情節，都可以看出梁遇春的為人處世。至於從信中看來，他
是否有婚外戀之類的問題，我認為，那倒是無關緊要的。

四、這批信件，再次證明了不能用一種簡單的標籤界定一位作家或一部作
品，比如說，這是批判現實主義，那是消極浪漫主義，等等。這種對作家
和作品的簡單化的分類法，顯然不適宜於複雜、豐富的各種文藝現象。關
於這個問題，拙文《〈美文選編‧梁遇春卷〉前言》已作較詳細的闡述（此
文收在《李冰封散文隨筆初集》中），此處不贅。

　　鑑於上述種種，我認為，這批信件的發表，對於梁遇春的研究，提供
了一些有用的思考線索，從而也有利於豐富中國二十世紀二三十年代之交
的散文創作、文學評論、文學翻譯乃至文學出版等狀況的研究。

　　　　　　　　　　　　　　　一九九四年九月三日，於長沙。

附一

梁遇春致石民信四十一封

李冰封（整理／注釋）
唐蔭蓀（翻譯／校正）

第一部分

——3

影清：

　　昨夜飲酒逾量，今晨拂曉即醒，無師自通地做出一首香艷的情歌，班門弄斧，乞加斧削，到底成詩與否，尚希見告。少年人到底是少年，枯燥的心總難免沾些朝露，倘編輯先生以為成詩，則用以填《北新》空白可也。但弟自己無甚把握，所以請「勿要客氣」（這句蘇白，說得不錯）。酒意尚在，焉能多說？肅此，敬請

　　總編輯先生總安

　　（新年號《北新》可否見賜二、三本？）

弟春　頓首
書於辦公室

幽會之後
梁遇春

姑娘，請你再多滯一會兒吧！
可憎的太陽還沒有起來；

3　此信是毛筆直書，寫在印有「國立暨南大學」紅字的便箋上。詩是用鋼筆直寫在小32開道林紙書寫本撕下的紙上。信末及詩後均無日期。

讓我們默默地在黑暗裏，
多飲些清涼的朝露。

晶晶臨風的露珠，
怪像你那醉人的眼兒，
剎那間消滅的朝露，
正好象徵我們夢幻的人生。

等會要在粒粒的露兒上，
我們看到我倆癡癡的雙影；
恒河沙數的露珠裏，
映出恒河沙數挨肩的你我。

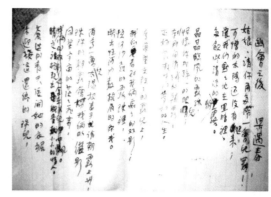

▲梁遇春手稿：幽會之後。

再等一會兒太陽招著手請朝露上升，
珠珠的朝露會帶我倆的儷影，
同望宇宙的茫茫飛奔，
晴空裏頓現出無量數小小的情人。

蒼茫的青天張開她的衣裾，
來迎接這還鄉的珠兒，
露珠就永在上帝的腳下休息著，
上帝俯下頭來對裏面的雙影微笑。

姑娘，讓我們借這小小珠兒的力量，
來實現一對有情人的永生吧！
在千千萬萬的天真露珠上，
實現千千萬萬我倆的永生。

姑娘，你再多滯一會兒吧！

別這匆匆地，失丟了我倆的永生。

一⁴

影清：

今天病了，所以寫信。病得很不衷感頑豔，既非病酒，與愁緒亦絕不相關，只是鼻子呼呼，頭中悶悶。你遷新居後謠諑紛興，俟我返申實地調查，有何鶯聲燕語鴨尾高跟隱在屏後否？

（中缺）

……陽中秋之約，恐在乎必負之列，良心（交與 Nurse）已如風前殘燭，一片冰心將赴之東流矣。但倘萬一負約，此後願每月代貴刊作三千萬字補白，底於永劫。

病中作書，情意實屬可感，足下以為如何？

此頌

遷安

弟遇春　頓首

七夕前五日

二⁵

影清：

前幾天寄上請帖，想已收到。此中消息，仁兄可想而知矣。日來因良心將次消失，無心攻讀經史，只好拿元曲選來消遣，覺得關漢卿、喬孟符等之作品，文清麗而不濫，事纏綿而不俗，實非當代劇曲作家所得望其項背也。近兩日更無聊，連元曲亦覺得太正經了，只好看看集古人詩句之聯，胡君復選的，中頗有可喜之妙對，擇錄之如下：

---

⁴　此信寫在沒有印字的毛邊紙八行信箋上。

⁵　此信寫在沒有印字的毛邊紙八行信箋上。

我醉如（欲）眠君且去　人家有酒我何愁
三山半落青山外　千里相思明月樓
夫子若有不豫色然　先生何為出此言也
惟女子與小人為難養也　有寡婦見鰥夫而卻嫁之
勸君更盡一杯酒　與爾同銷萬古愁
（這對真是渾脫一氣！）

落葉無端悲壯士　真茶遠寄自潛夫
凌寒獨立憐孤韻　濁飲隨方適晚情（晴）
昨夜清尊思北海　使君麗句過西昆
佳句漸如良友少　殘詩都作記遊篇
已收長佩趨高座　獨閉空齋畫大圈
掃除文字棲淵默　斟酌元化追精靈
明月也知千里共　夕陽親送六朝來
豈有文章堪下拜　生來情性不宜官
（此聯可作貴局客廳中用）

海棠開後燕子來時黃昏庭院　紅粉牆頭秋千影裏臨水人家
睫在眼前長不見　詩傳身後亦何榮
常共酒杯為伴侶　更無書札到公卿
我聞其來喜欲舞　君自不去歸何難
甚欲去為湯餅客　何人生得寧馨兒
高人讀書夜達旦　清溪繞屋花連天
笑有限狂名懺來易盡　問相逢初度試語還難
昨日閒愁今朝暗恨　三生慧業萬古才華
推枰尚戀全輸局　開篋重看未見書
遊子何之　阿儂憊矣
綠酒乍親惟歡影　青山看慣轉無詩

手抄酸了，說些實在的話吧！弟定於陽（曆）九月四、五號，偕內子離閩，這是絕不會再延的，把晤匪遙，諸容面罄，即請

撰安

弟遇春頓首
口口[6]前兩天

子元兄共此恕不另

四[7]

影清：

今天以為你會來，然而現在已經十一時半了，足下之清影尚未照在敝齋，今日你大概是不來了。

大作 De Profundus[8] 捧讀，覺得於花香鳥語之中，別有叱吒風雲之概，頗有烏江帳裏之聲，你從前之作稍嫌有肉無骨，比不上近作的力雄萬夫了。昔王定國寄詩與蘇東坡，坡答書云，新詩篇篇皆奇，老拙此回，真不及矣，窮人之具，輒欲交割與公。我不會做詩，真是窮得連窮人之具都沒有，的確交代不出來，奈何。

殺死妖魔弟總以為不是好辦法，除非是台端借到了陸壓君之至寶，也請「葫蘆轉身」一下（這個典故，你知道吧！）。前張督辦的「誘敵深入」的確合了老氏「欲取固與」之道。釋迦欲逃地獄，故先眾人而入地獄，這都可以做他山之石。

前日同子元談天，慨乎兄之詩懷有加，酒量日減，我們尚希（兄）珍重。

日來博翻（說不上讀）各詩集，在《金庫》裏見到一首 Bacon 詩，千古權奸，出語到底不差。錄一段如下：

6　貼這批信件的第二個本子中，貼了五個信封，其中有一封寄自福州，郵戳為「十八年八月八日」（民國十八年為西元一九二九年），查《一百五十年陰陽合曆》，八月八日為當年立秋。故此處當為「立秋」二字。

7　此信用鋼筆橫書，寫在 16 開白道林紙上。信末無日期。

8　De Profundus：拉丁文，《論深刻》

Domestic cares afflict the husbands bed，

Or pains his head：

Those that live single，take it for a curse，

Or do things worse；

Some would have children：those that have them moan，

Or wish them gone；

What is it，then，to have，or have no wife，

But single thraldom，or a double strife？[9]

　　弟近來讀詩，不喜流利之豔體，卻愛涵有極多之思想的悱怨之作，Herrick[10]等深覺不合口味，這或者是老的初步吧。

秋心　頓首

　　前日朱、王在我家打牌，打得非常好。你有空很可來一試。子元下禮拜四出外去了。

五[11]

影清：

　　失迎自然是對不起的，那天阿拉吃酒去也。病酒未愈，又受了風涼，心煩喉乾，覺得做人沒有啥意思，原來如此。定庵是個真性情的人，詩詞

9　這是英國哲學家、作家培根（Francis Bacon，1561-1626）的詩《人生》（Life）中的一段。譯成中文是：
　家累使丈夫睡夢不穩，
　或是頭疼；
　獨身漢把獨身當災難，
　或是難堪；
　想有兒女，有了又悲歡，
　自添麻煩；
　究竟討老婆，還是不討，
　是鰥居還是一對爭吵？
　（引用戴鎦齡教授譯文）
10　Herrick：羅伯特‧赫里克（1591-1674）英國詩人，屬「騎士派」詩人之列。以田園抒情詩和愛情抒情詩著稱。
11　此信用鋼筆直書，寫在16開白道林紙上。信末無寫信日期。

183

都極可喜，文章卻太古雅了，阿拉無法懂。西冷風光被博覽會糟塌得一塌糊塗，連馮小青的墓都青白化了，墓碑好似天蟾舞臺的廣告，幾點楓葉，尚覺可人，餘則平平又平平耳。湖水快乾了，這是我最高興的事。老媽在樓梯上捧腹大笑，她們的生活是強過我們的，她們是懂得人生的，這話抑何平民化與革命化耶！可惜不曉得老媽是屬於第幾階級的！

　　本星期四上午阿拉辦公去，足下可以屆時移玉真茹。

　　「月明花滿天如願，也終有酒闌燈散，不如被冷更香銷，獨自去，思千遍。」這是定庵的詞，好不好？World 的確是 insipid，tasteless 的[12]，莎翁說得也不錯。

　　老朱走了，要隔兩月才回，王普做官去了，剩得我們這兩個 Literary beggars[13]，無人伴我打牌，苦殺也。

（按：信末簽字看不清）

六[14]

（上缺）

　　未晤，風雨愁人，焉能不念及詩人耶？午夜點滴淒清，更能撩起無端愁緒，回思弟生平謹願，絕無浪蝶狂蜂之舉，更未曾受人翠袖捧鍾（友人某君，似曾一度為之酒逢知己飲，博雅如兄，當能考據其底蘊，勿容弟之饒舌也），自更談不到失戀，然每覺具有失戀者之苦衷，前生註定，該當挨苦，才華尚淺，福薄如斯。昨宵雨聲不絕，兄當亦為之起坐，或已詩成二字矣。

　　今日細君歸寧，重溫年前生活，獨酌於某酒樓，醉後挑燈，惜無劍可看，亦別有一番風味也。

　　暇時過我一談何如？萬勿卻步。老朱回來了，他請你這星期日來我這裏玩。

秋心

---

[12] world 的確是 insipid，tasteless 的：世界的確是枯燥無味的。

[13] Literary beggars：文丐。

[14] 此信鋼筆直書，寫在道林紙稿紙背面。信末無日期。

七[15]

影清：

「燕子不來花著雨」，元旦弟等了整天（你那封信是七號才收到）。前星期日中飯，炒了三個荷包蛋。這星期日請你來吧。我近來大念俄國小說，前日還到書店賒一本 Goncharov[16] 的 Oblomov[17]，請你於星期日把 Best Russia Short Stories（worlds Classic）[18] 順便帶下，來這兒口談手談，急急如律令，此賀

新年

弟　秋心

七號

八[19]

影清：

別已逾旬日矣，弟於八日安抵此間，無日不忙，辦工搬家，雙管齊下，加以心緒不佳，是以遲遲未致一函。總之，木已成舟，弟深悔北上之失計也，此中一言難盡，無非種種煩惱而已，做人要吃飯，吃飯要做事，這真是悲劇。弟之所以離上海，大原因在乎暨南無事幹，白拿錢，自己深覺無味，現在到此間事情太多，亦覺萬分難受。做人總是處處被小煩惱磨難著，這真是無可奈何。現在一切尚未定，但是已經有些不妙神氣，弟只得自認晦氣而已。因此更注意於譯事，詩注一月後總可寄上，《蕩婦傳》堅決按月五萬字（譯出），你把 Dead Souls[20] 看完沒有？廣告做好未曾？請先與小峰兄說一下，報酬係照弟（譯）其他百種名著辦法。弟現與鍾君同住東

---

[15] 此信用鋼筆直書，寫在 16 開白道林紙上。

[16] Goncharov：岡察洛夫（1812-1891），俄國作家。

[17] Oblomov：奧勃洛莫夫，岡察洛夫在 1847-1859 年所寫的同名長篇小說中的主人公。岡氏在小說中，表達了農奴制改革前夕社會上強烈的反農奴制情緒和要求變革的願望，描述了地主知識份子奧勃洛莫夫精神上的死亡過程。

[18] Best Russia Short Stories（Worlds Classic）：俄羅斯最佳短篇小說（世界經典著作）。

[19] 此信寫在「國立北京大學圖書部」的道林紙信箋上。開始一行用毛筆寫，第二行第三個字起，用鋼筆寫。直書。

[20] Dead Souls：指俄國作家果戈理的小說《死魂靈》。

城報房胡同五十六號，來信可寄此。總之，深深感到自己的不學和無能力，處在不好的環境裏，連（發）牢騷都沒有充分的理由，只好自視為該餓飯的弱者而已，奈何奈何，乞賜覆，免得愁悶得發狂。頃接子元兄來信。他大概已出去了，所以不寫信給他。此請

　　撰安

弟　遇春　頓首
十六號

九[21]

影清：

　　信去，杳然不得一覆，想足下必沉迷於 Baudelaire，Marion Davies，Cafe，Bebe Daniel，My Dear（refers to tobacco，not human being）[22]之中矣，弟整天過 treadmill 式的 clerk 生活[23]，煩悶仍然，找辦半天「工」的事情是很不容易的，詩人其三復斯言。春天已經到北京了，海上的柳影桃魂如何？昨日偕內子往萬牲園，象尚健在，虎已作古，虎死留皮，皮尚用破棉絮實著，擺在玻璃櫃，好在 Erosheko[24]。已經不知去向，別個瞎子也不會到「自然博物院」（這是它的新頭銜）去，就是無虎可叫也是無妨的。北平一切依舊，不過不交學費變為一切大學生的天經地義，後生可畏，我們只好認晦氣，為什麼早進大學幾年。前日讀鄉前輩姜白石詩：「已拼新年舟中過，倩人和雪洗征衣。」這兩句真可為弟此次北上寫照。（按：南宋詞人姜夔是江西波陽人，梁遇春是福建福州人，如果梁祖籍不是江西，「鄉前輩」一說，疑有誤）。編輯先生以為如何？此外，「自作新詞韻最嬌，小紅低唱我吹簫」，亦豔絕。弟覺（得）白石之詩不下於詞，猶劉禹錫之詞不下於詩也。可惜都做得太少。Thilly's[25]哲學史已收到否？子元已

---

[21]　此信係用毛筆橫書，寫在「國立北京大學圖書部」道林紙信箋上。

[22]　此處，寄信人抱怨他的朋友沉迷於波德賴爾、馬里恩‧大衛斯、貝比‧丹尼爾、咖啡館、「My Dear」香煙之中，而不給他覆信。

[23]　意為：整天過單調刻板的辦事員生活。

[24]　愛羅先珂（1889-1952），俄國盲詩人。二十年代初期，到過中國，在北京大學等學校任教。

[25]　不明，待查。

返申否？都在念中。足下近來酒量何如？有甚新詩沒有？北海圖書館館長為人勢利，館中人員已經不少，同 George T‧Yeh 談兩回，恐無從著手。弟日來精神恍惚，頗不妙，前得梁老闆信云，弟走後幾天，霞飛路 1014弄內 5 號被劫，家姐頗有損失。年來 Avenue‧Joffre[26]真可謂多災多難。不管暇不暇，都請即覆。幹嗎這樣姍姍來遲呢！

小峰兄處代問好。

來函寄東城報房胡同 56 號。

弟　遇春　頓首

三月十日

十[27]

影清：

前得來函，不勝悵悵，「太太」尤為難過，我們頗有「我雖不殺伯仁」之感，因為我們覺得這麼一走，劉媽不是失業了？所以把她薦給老朱，想不到反使她蒙了大禍。弟思必定因為劉媽在朱森家裏時常去訪問 1014 號（弄）內同事，如家姐之乳媼等，所以犯了嫌疑，但是我們相信劉媽絕不是引盜之人，彼性情和藹，的確是個老實的鄉下人，現在這事情如何結果？老朱有辦法沒有？請你告訴我們吧！

北大近來也多「故」得很，德國教授衛禮賢死了，這個人弟不知道，所以也無感於衷，單不庵先生也於最近死了，而且身後蕭條，人們都說他是好人，我也看他是個很誠懇的人，不過太不講衛生一點，他為人很有幽默情調，（在）這點上，他是強過梁漱溟的，雖然他們都是宋學家。劉子庚（毓盤）先生也死了，他是弟所愛聽講的教授，他教詞，總說句句話有影射，拿了許多史實來引證，這自然是無聊的，但是他那種風流倜儻的神情，雖然年屆花甲了，總深印在弟心中，弟覺得他頗具有中國式名士之風，總勝過假誠懇的疑古君及朱鬍子等多矣。還有誨人不倦之關老夫子也於前日作古了，你聽著也會覺得惋惜嗎！這幾天裏，弟心中只擺了一個「死」

---

[26] Avenue Joffer：霞飛路。
[27] 此信係毛筆直書，寫在印有「國立北京大學圖書部用箋」的毛邊紙八行信箋上。

187

字，覺得世事真太無謂了，一切事情幾乎都是同弟現在所辦的「工」一樣無味的。

談些好聽（的）話吧，馬裕藻之女馬珏（你認得這個字嗎？）在北大預科念書，有枯零 Queen 之稱，弟尚未曾識荊。

日來忙於替友人做媒，恐怕不能成功，自己幾乎染上失戀，不如說不得戀的悲哀，這真未免太 Sentimental[28] 了。

詩注於下星期內准可寄與老闆，勞你代為招呼一下，有重複的刪去，與原文意思有衝突的改去，這自然是要說謝謝的。

弟近來替人教四小時作文，每次上課，如臨死刑，昔 Cowper[29] 因友人薦彼為議院中書記，但須試驗一下，彼一面怕考試，一面又覺友人盛意難卻，想到沒有法子，頓萌短見，拿根繩子上吊去了，後來被女房東救活。弟現常有 Cowper 同類之心情，做教員是現在中國智識階級唯一路子，弟又這樣畏講臺如猛虎，既無 Poetical halo[30] 圍在四旁，像精神的悲哀那樣，還可慰情，只是死板板地壓在心上，真是無話可說。

近來想寫一篇《無夢的人》，但是寫了一個多月，還寫不上五百字，大概（才思之泉）是已經涸了。

這封信請拿給老朱看，若使他還在上海的話。

你近況如何？喝酒沒有？別的話下回再說吧！

弟　遇春頓首
三、廿一

十一[31]

影清：

久不寫信給你了，也有好久沒有得到你的信。你近來怎麼樣呢？聽說許久以前上海白晝昏黑，你那天大概可以不辦工吧，我們這裏沒有這麼好的幸運，天天晴朗。

---

[28] Sentimental：傷感。
[29] Cowper：科伯（1731-1800），英國詩人。
[30] Poetical halo：詩的靈光。
[31] 此信係毛筆直書，寫在印有「國立北京大學圖書部用箋」的毛邊紙八行信箋上。

你從前不是送我一本《曼郎》嗎？有好幾位朋友借去看，他們都稱讚你的譯筆能（表）達原文意境，我頗有「君有奇才我不貧」之感。但是弟卻始終沒有瞧一個字。朋友，請你別怪我。我知道那是一部哀感頑豔的浪漫故事，心情已枯老的已娶少年的我，實在不忍讀這類的東西，這還是一個小理由，最大的理由是近來對於自己心理分析（孤桐先生所謂「心解」）的結果，頓然發現自己是一個 Sentli-mental 有餘，而 Passionate[32] 不足的人，所以生命老是這麼不生不死的挨著，永遠不會開出花來——甚至於「的的雞」的小花。（按：「的的雞」，福州話諧音，意為「一點點」）。我喜歡讀 Essay[33] 和維多利亞時代的詩歌，也是因為我的情感始終在於微溫（Lukewarm）的狀態裏的緣故吧！這樣的人老是過著灰色的生活，天天都在「小人物的懺悔」之中，愛自己，討厭自己，顧惜自己，憎惡自己，想把自己趕到自己之外，想換一個自己，可是又捨不得同沒有勇氣去掉這個二十幾年來形影相依、深夜擁背（這句話好像是在一本無謂的小說《綠林女豪》中的，十幾年以前看的，今日忽然浮在辦工桌旁邊的我的心上來）的自己，結果是自己殺死了自己。總之，我怕看熱情沸騰的東西，因為很有針針見血之痛，此事足下或有同慨也。比來思作一文，題目是「一個無情的多情人」，不過恐免不了流產。弟一生迷信「懷疑主義」，一舉一動均受此魔之支配，大概因為自己因循苟且的根性和這一派的口頭禪相合，所以才相視而笑，莫逆於心，假使要說做是為主義而犧牲，那又未免近乎囈語，有些誇大狂了。廢名近來入市了，他現正辦著《駱駝草》，好像很有興致，弟與他談了幾次，自來水筆的苦衷早已說過了。北平，北大，太太，一切均照常。太太快生產了，怎麼得了。弟現入北大做事，才發現北大是藏污納垢之區，對於人世又減少了一些留戀，弟從前常以為自己是個已失天真的人（不如沈從文先生那麼有志），現在卻發現自己和世故還隔得遠哩！（這個字，足下必得會打個圈圈），也許在此發現之中，自己就失丟了以前認為失丟，實在並沒有失丟，現在以為尚存，實在卻已不存的

---

[32] 傷感有餘而激情不足。

[33] Essay：隨筆。

天真了。這句（話）未免太麻煩，但是人生和人心實在是更麻煩的東西。
請你回信。

弟　秋心　頓首

總理就非常大總統紀念日

又：日來為《英國詩歌選》做一篇序，不知不覺寫得太長了，大概將
到二萬字，這真是無聊，不過自己因此對於英詩的發展有個模糊的概念，
這也未始不是好處。說到這裏，記起一件事了，前月弟寄與老闆的英詩注，
想早已收到，勞你代為編上原稿，實在謝謝得很，現已付印否？

十二[34]

影清：

從跟你吵架的那位編輯那裏，聽到你有些不滿意於我的久不寫信給
你，彷彿想同我也吵一陣，但是小弟困於家室之累，不如那位編輯那麼清
風明月，已經夠悲哀了，是經不起罵的。

你的詩[35]的意思我十分贊成（你看見《駱駝草》上署「秋心」這個名
字所做的《破曉》沒有？裏面不是也有一段驚歎機械的魔力的話嗎？）但
是，我覺得裏面的音調太流利些，所以不宜於歌詠那毫無人性，冷冰冰的
鐵輪。你的譯詩何時告竣？我真是跂足而望。

第六期的《駱駝草》上徐玉諾的詩真做得好，你以為如何？

前日弟寄給老闆一篇散文《救火夫》（「新土地」的稿子），那是「流
浪漢」一流的文字，弟想足下看著也許會喜歡，那篇裏面的意思，蘊在心
裏已經三年了。和《駱駝草》裏的《破曉》一樣，我自己的情緒總是如是
矛盾著，這麼亂七八糟，固然可以苦笑地說：「夫子之道一以貫之，矛盾
而已矣！」但是的確使我心裏悶得難受。這也許是出於我懦弱性所做成的
懷疑主義吧？

---

[34] 此信係鋼筆橫書，寫在「國立北京大學圖書部」的道林紙信紙上。
[35] 此詩當指刊於《駱駝草》十一期上的石民作《機器，這時代之巨靈》。

　　最近有些小波浪，於是乎產生了兩篇不上二千字的文字（一篇叫做《她走了》，一篇叫做《苦笑》，在《駱駝草》七、八期上），那些文字的代價的確太大了，不談別的，單提到寫時要不給太太看見，然後偷偷地送到廢名那裏，就已經夠苦了。萬想不到已屬中年的我，還寫出那麼兒女的東西。

　　說到太太，記起一件事了，太太快產小孩，而北大經費卻又 Romantic[36] 起來了，所以前一星期我寄五萬字（那還剩四萬字）的 Moll Flanders[37] 給老闆，請老闆將那一百元滙下，若使做得到，並請他把那全部翻完時所拿的一半款（bitter half）[38] 先滙一百元來，那是說一共滙二百元，不知道老闆滙了沒有？勞駕你問一聲，若使還未，請代催一下，我真是窮得利害，太太生兒子又非花錢不可。我恐怕你會罵我說，若使沒有這件事，還不會寫信給你，但是我不是已早說過，我經不起罵嗎？請你留在心裏罵我吧！

　　作猷兄丁憂回川，他的妻女弟弟託我招呼，他的太太整天歎氣，我每天辦工之後就回家，聽這無法勸慰的歎聲，一面還老是提防著太太生兒子，此外心頭還攔著無數的煩惱，就是所謂「她走了」和「苦笑」的悲哀，你看你還忍心罵我嗎？還是替我催錢吧！

　　跟你吵架的那位編輯，替你預備一間房子，不知你何時可以動身，來這兒同弟作竟日之談？還可以打一下牌。

　　子元又跑到安徽，他真是雲中鶴，他太太同福琳都好嗎？

限即回信。

弟　秋心　頓首　六月十六日

---

[36] Romantic，在此處有不切實際或落空的含義。
[37] Moll Flanders：英國小說家笛福（1660-1731）的小說《摩爾·弗蘭德斯》（1722），梁遇春譯為《蕩婦傳》。
[38] bitter half，在此處意為「一半辛苦錢」。

十三³⁹

影清：

　　頃得來信並相片，高興得很，今天從學校拿回一本《北新》，「太太」看見生田春月的像片時候說道：「真像石民，簡直是他的相片，尤其神氣一般無二」。我不禁深為足下憂，還是不要來北平吧！怕的是足下忽然間「破萬里浪」起來，弄得老闆同我兩頭著空，白給東海龍王添個女婿。頃得來信和相片，「太太」又批評起來了，「沒有隔多久，怎麼近來變得這麼整齊這麼年輕呢？衣領一些皺紋也沒有」。但是還是堅持與春月相似，我真是沒有辦法。

　　朵氏傑作明日寄上，那本書我溫了整個暑假，還沒有看完，所以也不好意思太責人，（書）也厚了。近來常覺念書不下去，不知道是自己心靈乾燥呢，還是對於書也幻覺破滅呢。莎士比亞有一句話：「Words！Words！Words！」，文字禪參來參去，無非野狐禪，「紙上蒼生而已」。關於《K兄弟》⁴⁰這本書，我總不能說不喜歡，但是彷彿那是留聲機的聲音，雖然震動讀者的靈魂，總有些不貼切近代人的心境，它裏面的苦惱，恐怕是十九世紀末的苦惱吧！那時人們只去追究神、人的意義，我卻覺（得）我們現在是黑漆一團，好像失丟了一切，又好像得到了一切，將來的人們也許明白地看出這時代的意義，但是我們這班人只覺（得）是在「走馬燈下奔走著」。廢名前天嘲笑我「不甘於沒有戀愛事體」，這句話對不對且作別論，「不甘」的確是我們心中最有力的情調，不甘虛生，不甘安於沉淪……然而，也只是「不甘」而已。

　　今天看了《生田春月》那篇評傳（文章太日本氣味些），生出許多感想，若使我跑去自殺的話（這當然是句笑話），我的絕命書一定是這樣寫：「我是糊糊塗塗地活過一生，所以也該糊糊塗塗地死去，自己也不知道為什麼的。既然是沒有意義地活了這許多年，自然該沒有意義地在這一天內死去。」若使人們問：那麼隨緣消歲月豈不好呢，又何必把自己生命看得如是值錢，

---

³⁹ 此信鋼筆直書，寫在印有「THE NATIONAL UNIVERSITY OFPEKING」的道林紙信紙上。信末無日期。

⁴⁰ 《K兄弟》：指俄國作家陀思妥耶夫斯基（1821-1881）的長篇小說《卡拉馬助夫兄弟》。

居然費力去料理它,親自送它到世界的門口呢?我就要答道:我不願老受莫名其妙的「生的意志」(Will to Live)支配著,它支配了我這好幾十年,我今天可要逃學了。這些話說得太英雄了,慚愧。近來細讀梁巨川[41]先生自殺前寫的書信,深覺得他是懷著青春情緒去尋死的,令人欣歡。而王靜庵的投湖,是生命力的銷沉,令人可憐他。若使區區膽子大到膽敢對死睜視,那麼我一定「師出無名」地走上那永古黑暗的長途。這些也是「Words!Words!Words!」吧!教科書不是說過「多言無益」吧(嗎)?

附上相片一張,大概是投桃報李吧!我卻很喜歡自己這張相片。你看臉上沒有一線筆劃分明的輪廓,這指出我意志力的薄弱,而那種渺茫地欲泣的神情,是很能道我心曲的。寄語朱森,若使他想得我相片,他得先寄一張來(福琳要在內)。沒有空地了。

秋心

十四[42]

影清:

久未得來函,你的 Affaire d'Amour[43]近來如何?我願將靈魂賣給 Satan[44],要看一看做 Lover 的石詩人是怎麼樣子。

前日溫源甯對弟說,石民漂亮得很,生得很像 Angel,當時廢名兄也在旁,這話大概是你所樂聞吧!

近來因為放假,只辦半天工,閒暇較多,常在家裏無事此靜坐,但是總坐不久,結果又是找人談天,亂跑一陣,因此深感到我們一天都是在「躲避自己」裏過活,這也是我們所以需要大都會,的確是近代人的Morbidity[45]。

---

[41] 梁巨川先生是梁漱溟先生的父親,他的自殺經過,可參閱《梁漱溟問答錄》一書第一章。(湖南人民出版社,1988 年第一版)
[42] 此信是鋼筆直書,寫在印有「THE NATIONAL UNIVERSITY OF PEKING」的道林紙信紙上。
[43] 法語:戀愛事件。
[44] Satan:惡魔。
[45] Morbidity:病態。

前日讀一篇 Lermentove[46]短篇小說，碰到一首詩，也是說帆的，他真可以叫做「帆的詩人」了。錄之於下：

> On the rolling waves
>
> Of the deep，green sea，
>
> Many white-sailed ships
>
> Sail away from me，
>
> Mid those ships in one
>
> That is borne to me；
>
> Two oars guide it on
>
> The billows of the sea
>
> Great ships stretch their wings，
>
> When winds and storms arise，
>
> And each her weary course
>
> Across the waters plies，
>
> I bow me low and pray；
>
> 「Quell thy wicked wave，
>
> My own dear little boat
>
> Upon thy bosom save！」
>
> My boat it bears to me
>
> Treasures manifold，
>
> Steered through night and storm
>
> By head and hand so bold[47]

---

[46] Lermentove：萊蒙托夫（1814-1841），俄國詩人，作家。

[47] 這首萊蒙托夫的詩，譯文如下：
在深沉、碧綠的大海
滾滾翻騰的波濤上，
許多掛著白帆的船隻
離開我而駛向他方。
在那些船隻中有一艘
劃過來，朝著我的方向；
在大海的波濤之上
為它開道的是兩把槳。

194

這也是一首好詩，不過跟你所譯的（是）另一種情調，在茫茫人海裏，我希望你已望見你的小舟了。太 Sentimental 了，不能免俗。

袁、顧二先生想已會面，顧君在這裏也正如足下現在一樣。北大經費渺茫，請你催一下款子（Moll Flanders 已譯完，共剩有四百九十元），Gogol[48] 已動筆譯了沒有？請你將 Proper name[49] 的譯名定下，這事是非編輯先生大筆一揮不可，否則不足以泣鬼神。

小恁女名字叫做燕瑛，譯作英文當然是 Peking Beauty[50] 了。北海前日有 vacancy[51]，但據云彼處現非學過圖書館學之人不用，這真是無可奈何。

小孩又哭了，不能再寫，請速回信。

即請

撰安

弟遇春　頓首　七月廿七日

十五[52]

影清：

我現在要說「結婚者的怨言」了。說來話長，容我細表。前日王普由山東來平做事（研究院），我與他約好某日下午同到北海去，誰知到他那

當風暴升起時，
大船展開翅膀，
每回厭倦的航程
都來回在這片海水上。
我彎下身來祈禱：
「平息您那惡意的浪濤吧，
讓我自己親愛的小舟
在您的胸膛裏得到拯救！」
我的小舟向我劃來
帶著許許多多財富，
穿過黑夜和風暴牢牢駕馭
昂首揮臂毫無畏懼。

[48] Gogol：果戈理（1809-1852），俄國作家。《死魂靈》、《欽差大臣》、《外套》等書的作者。

[49] Proper name：專有名稱。

[50] Peking Beauty：燕京美人。

[51] Vacancy：空缺。

[52] 此信係鋼筆直書，寫在「國立北京大學圖書部」的道林紙信紙上。

裏有位女朋友在座，只好說幾句機鋒退去，去找一位同鄉，他又到五齋去了，還有幾位朋友都在少年場裏混戰，恐又碰壁，只好回家與太太對坐。你看，這不是走頭無路吧！幸好此刻不在上海，否則一定會遭你的奚落，「兒女情深，友朋道喪」，於今為甚。結婚者真不勝其悲哀矣。

今日一位朋友請到清真館子吃洋菜，談了許多「毀滅」之話，但是聽說這位先生 arrant[53]，此刻離平，於是乎他 melancolie sans raison[54] 了。

老闆的錢千萬催促，這是我寫這封信的唯一動機，無論如何請他先寄一部分來。

我那幾篇「擬情詩」（1. She is gone; 2. Bitter smile；3. Tomb）[55]你覺（得）如何？恐怕是自作多情吧！許多人因此猜我同 Femme[56]不大好，豈意琴瑟調和，這是你曉得的。

前信不是同你說「躲避自己」嗎？近來仍然如是。買一本英文聖經，想念想了三個月，終未看一字，忽然記起 Dostoivsky 的 Crime and Punishment 裏面的主人翁 Reskornikov 和娼妓 Jonia 跪在床前同念 Bible[57]，信乎哉，只有娼妓可陪讀 Bible，無論如何，比紅袖添香姨太太式辦法高明得多。頗想寫一篇《娼妓禮贊》，終未著筆。

你說，我們在走馬燈下奔波，這是千真萬確的話，謝謝你說出。記得走馬燈的戲本無非「耗子嫁姑娘」等等，不知道我們鬧的是什麼玩意兒，記得 T·S.Eliot[58]說，世界是一個老婦人在垃圾堆裏找些燃料，的確是這麼無聊。這裏蟬聲鬧得很，有時晚上幾乎睡不著，前日看見報上說，歇浦潮興，四川路浸了，那一定是很有意思的。

朱森老不北來，難道也像你那樣捨不得上海嗎？要去理髮了，來信請寫長些，並請介紹道我的朋友。

遇春八、五

---

[53] arrant：聲名狼藉。

[54] melancolie sans raison：法文。意為，陰鬱至無理性地步。

[55] 指他的三篇散文：《她走了》、《苦笑》、《墳》，均見《駱駝草》週刊。皆署名「秋心」。

[56] Femme：法文。婦人，女士。

[57] 意為：忽然記起陀思妥耶夫斯基的《罪與罰》裏的主人公拉斯柯爾尼科夫和娼妓索妮雅，跪在床前同念《聖經》。

[58] T.S.Eliot：T.S.艾略特（1888-1965），英國詩人、文學批評家。1948 年獲諾貝爾文學獎。

假中重念 Dostoivsky 的 Brothers Karamozovs[59]，相信是天下古今第一本小說，他書裏有成千變態心理的人，都描寫深刻得使我做出噩夢。希望你也看一下，但是有一千頁。我這裏有兩部，若使你真想看，可以奉送一部。但是你需先心裏默誓（人格擔保），在收到書後三個月內看完（一天十頁，不算多吧！）默誓後寫信來，即可寄上，否則不行。

但是，那本書與 Amant[60] 同讀不下去，因為裏面全是焚琴煮鶴的話。

那真是值得一讀的書，而且你讀著一定會歡喜的。

上面（的）話幾乎像電影廣告。

<h2 style="text-align:center">十六[61]</h2>

影清：

聽說你常到兆豐花園去，不勝羨慕之至。然而我也有過光榮的日子，曾同一位不大認識的女子在那兒抽煙談天過，但是只是一回而已，班門弄斧，莫笑！前星期天天喝酒（Beer），每晚回家時，凝想酒後的莫須有世界，然而第二天醒來幻象完全消滅，世界仍然如是糟糕，我每次舉杯時，總常常記起你那首《酒歌》，而且彷彿杯杯都是酡酒。你近來做了什麼詩沒有？恐怕不能寫情詩吧！這是一位有經驗的愛人說的話。總之，久不見足下之大作了。昨夜看一部俄國詩集，裏面說葉遂寧在他自殺前一天，用他自己的血寫一首詩給他朋友，因為旅館裏找不到墨水。我真喜歡這段故事。將去自殺的人，拿血寫的詩就是（寫得）壞，也是好的。弟近來常有空虛之感，前月月圓時望月，頓然覺得此生無所寄託，生命太無內容，草草一生，未免有負上天好生之德。《世說新語》裏面有一個人說，做人「手揮五弦易，目送飛鴻難。」弟覺（得）自己既不甘只手揮五弦，天上卻又找不出飛鴻可送，於是乎，像《西廂記》所謂「人琴俱渺矣」。

---

[59] 陀思妥耶夫斯基的《卡拉馬助夫兄弟》。
[60] Amant：法文。戀人，情人。
[61] 此信係鋼筆直書，寫在「國立北京大學圖書部」的道林紙信紙上。

朱森下年仍在上海，這是可恨。他說，他現已甘於寂寞了。不知從前不甘於寂寞時，有何盛事？請你就近質問一聲。

老闆的錢尚是分文未寄來，弟在這兒窮得很，昨日去一快信催他。一面自然還得請你在旁擊鼓催花。

前寄給北新的《救火夫》，你見到沒有？這幾天內正寫一篇《黑暗》，那是我這兩三年入世經驗的結晶。弟常覺得寫點東西，心裏會（輕）鬆點。所以不論是否千古事，當時總有些快意。

Gogol 裏面的名字，請你譯出來寄下。你大概什麼時候動手譯呢？

昨晚讀詞，讀到「二十餘年成一夢，此身雖在堪驚」，幾乎打了一個寒噤。請即回信。

秋心　八月二十日

十七[62]

（上缺）

此間開課無日期，欠薪是當然的，但也有個好處，只辦上半天工，下午多半是遊蕩過去了。這裏有聲電影也盛行得很，青年會電影場改建為專映有聲電影之電影院，叫做「光陸」，洋名也是 Capitol，弟卻未光顧過，因為那些片子在上海時都看過了，加以近來大有幽姿不入少年場之概。

Dostoivsky 收到沒有？開始念沒有？

近來深悟 Schopenhauer[63] 所謂只有苦痛是 Positive，快樂都是 Negative[64]，無非苦痛的忘卻而已，頗有學佛之意，不過時下學佛人皆有許多無聊架子，睨視一切，殊可厭，他們涅槃未得，已經執著許多觀念了。安得有人拈花微笑，為我接引也。

你那 Letters 出版時，請贈一本。祝你長壽！

弟　秋心　頓首　九、十六

---

[62] 此信係鋼筆橫書，寫在「國立北京大學圖書部」的道林紙信紙上。貼著此信的白報紙手工合訂本，在此頁前，被撕去兩頁，此頁上有皮鞋腳印，顯然是被人踩過。
[63] Schopenhauer：叔本華（1788〜1860），德國哲學家，唯意志論者。
[64] Positive：肯定；Negative：否定。

十八[65]

影清：

　　前得來函，說到我是個神經過敏的人，我不禁打一個寒噤，我其真將犯迫害狂這類的病而成仙乎？這恐怕又是神經過敏的一個現象。老闆既說現在不能印書，所以我那本書也等再積厚些時再談。但是你那篇序是預約好了，無法躲避的。

　　雁君昨日來說，要南飛了。這消息你當然是喜歡聽的，但是這位先生之事亦難言矣，請你不要太高興了，否則空歡喜一場，的確是苦事。

　　朱森又有年底北上之信，你來這兒過年嗎？北方的冬天是極有意思的，她的情調彷彿黃山谷的詩，孤峭真摯，你想起來大概會戀念吧！

　　現在有一件事要託你，我一位同鄉，北大同學劉先生譯了 Anatole Frane[66] 的口口口口[67]，這本書是法朗士的童年回憶錄，他譯後由我用英文對一下，錯處大概是不會多吧！不過，因為是他的處女譯，所以譯筆上有些毛病，請你斟酌一下，若使可登，那麼最好能夠早些登在《北新》，因為他是經濟上有困難的人。

　　《駱駝草》大概會繼續下去，這點得更正一下。我近來常感到心境枯燥，有些文章我非常想寫，但是一拿筆來總感到一團難過，寫出後也常自己不喜歡，大有「吟罷江山氣不靈，萬千種話一燈青」之慨，可惜的是，我壓根未吟過江山，彩筆始終未交給我過，現在卻忽然感到被人拿去了，這真是個小人物的悲哀。恐怕一個人的 disillusion[68] 有幾個時期，起來（始）是念不下書了，其次是寫不出東西了，於是剩下個靜默——死的寂然。

　　下科再來。並祝

　　健康

弟　遇春　頓首

---

[65] 此信是毛筆直書，寫在印有「國立北京大學圖書部用箋」的毛邊紙八行信箋上。信末無日期。

[66] Anatole France：阿納托爾・法朗士（1844-1924），法國作家，文學評論家。1921年獲諾貝爾文學獎。

[67] 這幾個字是法文。因為用毛筆寫在毛邊紙上，又極潦草，無法辨認。

[68] disillusion：幻滅。

十九[69]

影清：

　　久不接到你的信了，也久未寫信給你了。我近來倒病了一場，千萬不要擔心，我害的只是風寒，但是卻躺了兩天，病中讀小山詞，恨足下不在此間，無法長談他的詞。我覺（得）他的詞勝過他的父親，無論多麼有詩情，宰相恐怕總寫不出好東西來。其他的話太多了，容面敘吧！

　　前日下個決心，把 Baudelaire[70] 詩（M·L 的）買回來，深恨讀之太晚，但是我覺得他不如 E.A.Poe[71]（當然是指他的小說），Poe 雖然完全講技巧，他書裏卻有極有力的人生，我念 Baudelaire 總覺得他固然比一切人有內容得多，但是他的外表彷彿比他的內容更受他的注意，這恐怕是法國人的通病吧！我近來稍稍讀幾篇法國人（的）東西，總覺他們太會寫文章了，有時反因此而把文章的內容忽略了。前天見到廢君，我說，覺得 Baudelaire 的東西還不夠濃，無論如何，不如 Dostoivsky、Gorky[72]等濃。法國人是講究 style[73] 的人們，他們東西彷彿 Stevenson[74] 的文字，讀久令人膩。我覺得文學裏若使淡，那麼就得淡極了，近乎拈花微笑的境界，若使濃，就得濃得使人通不了氣，像 Gogol 及朵氏的《Kara 兄弟》（按：即《卡拉馬助夫兄弟》）那樣，詩人以為如何？這當然是吹毛，小弟好信口胡說，足下之所深知也。

　　話說回來，讀了 Baudelaire，（現在還祇讀了半部周官[75]），我對於娼妓概念又有些變故（化）了，他們的確偉大得很，使我老記著，前日在一家書店的廣告上碰到一幅圖，畫 Baudelaire 灌漑「惡之花」，覺得很有意思，特剪下寄上。請你回封長信吧！即祝

---

[69] 此信是毛筆直書，寫在印有「國立北平大學北大學院圖書部用箋」的八行毛邊紙信箋上。其中的外文，因系用毛筆寫的，又潦草，有一些頗難辨認。

[70] Baudelaire：波德賴爾（1821-1867），十九世紀法國詩人。

[71] E.A.Poe：愛德格·愛倫·坡（1809-1849），美國小說家。

[72] Gorky：高爾基。

[73] style：風格。

[74] Stevenson：斯蒂文森（1850～1894），英國小說家，《金銀島》的作者。

[75] 周官：又稱《周禮》、《周官經》，儒家經典。作者對《惡之花》評價甚高，把它譽之為經典。

　　早上天天起來運動，以便長壽！

弟遇春頓首
十月廿一日

二十[76]

影清：

　　前星期得到子元的信，聽說你訂婚了，我高興得幾乎從第一院四層樓上摔下來，回去告訴細君，太太說：「我們該買什麼東西送石先生呢？」我說：「送禮這件事重大得很，豈可隨便處置？我們還是先用幾張漂亮信紙，寫信去賀他吧！再問他要什麼，然後再辦吧！」所以就用了這破題兒第一遭的好信紙，打算寫封賀信，然而賀信的確難寫，所以有好幾天沒有下筆。而且覺得我的字太渾脫了，有負此紙。

　　閒話少說，言歸正傳。我對於你的病，是「唯心論」者，我以為你的胃病是受神經衰弱的影響，杜大夫似乎也向我說過這麼一句話。所以，你婚後精神倘能安定些，也許你的「飯桶」會自己端正些。朋友，你說我神經過敏，我看，足下亦是同病者。這的確有相當改變的必要，若使更改得神經太遲鈍，那麼，雖然可以長命，自己也會覺得難過。但是，我近來很希望自己能夠健康長命，為著大她（母親），中她（太太），小她（燕瑛）的緣故。我們 Bourgeois 了這麼多年，真是非再 Bourgeoisie 下去不可，這種感覺也許正是我們 Bourgeoisie[77] 的地方。至於你說叫我留意，我當然睜大眼睛，但是此間欠薪是家常便飯，而所謂不欠薪之衙門又是銅牆鐵壁。但是上帝的旨意誰能知道呢？所以，我仍存個希望。《駱駝草》真將停刊了，此次係雁君告我，非前半官（方）消息之可比也。我希望你能來這兒結婚，讓大哥小弟們熱鬧一下。Mencken 說：「Bachelors have friend and married people have wives」[78]。我看，你我皆非此美國人所料得到的人也。

---

[76]　此信係毛筆直書，寫在佩文齋制的宣紙箋紙上。

[77]　Bourgeois：布爾喬亞；中產階級。

[78]　Mencken：亨利・路易士・門肯（1880-1956），美國著名新聞記者，文學評論家。他講的那句話是：「單身漢擁有朋友，結了婚的人擁有老婆。」

　　昨晚下了整夜的雨——秋天的霖雨，今早他走出門時，街上滿是濘泥的路，寂寞得有如月亮高掛中天的午夜，他獨自站在街心，腳旁的積水黑得像明媚佳人的眼睛，圍著他，使他寸步不前，正如前晚狂舞時，他的靈魂給她的雙眼緊緊地擁著一樣……這是今早我出門時想的，有 Baudelaire 的味兒沒有？一笑。即祝你和她的好

遇春十、卅、

前天，房東太太騎驢子進城找雁君。

二十一[79]

影清：

　　久未通信，念極。前兩天，大禍臨頭，只好趕緊寫信告之情海中之沉石，我的牙齒痛起來了。你痛過沒有？俗語說：「牙痛方知牙痛人」，若使你尚未患牙病，那麼，就沒有資格看這封信。否則，你的同情淚會灑遍這封信了。存亡見慣渾無淚了。還有一事足以使我自殺，那就是牙痛。我素來畏醫如虎，尤其怕那和顏悅色的牙醫。昨日下個決心（卻不能咬定牙齦），去拜訪一位日本牙醫生，真是奇跡呀，我居然生還了。不過來日大難方多，足下晚間祈禱時，萬望將弟名擱在裏面，不勝惶恐之至。仁人君子，幸垂憫之。

你的可憐朋友

二十二[80]

影清：

　　前天收到你的書，讀你的譯文，彷彿同讀你的信一樣，你的 style 多少跑到裏面去了。據我看，好的譯文是總帶些譯者的情調，若使譯者個人沒有跑到作品裏去，他絕不能傳神阿堵，既是走進去了，譯出來當然俱有譯者色彩，Fitzgerald 的 Omar[81] 就是如此。還有你遣使文言，頗有「神差鬼

---

[79] 此信毛筆直書，寫在佩文齋製宣紙箋紙上。信末無日期。

[80] 此信無署名、日期。寫在印有愛神與普緒喀雕塑的明信片的背面。鋼筆直書，字跡纖細。

[81] 此處指菲茲傑拉德從波斯文譯的莪默·伽亞謨的《魯拜集》的譯文。Fitzgerald：菲茲傑拉德（1809-1883），英國詩人、翻譯家，薩克雷、丁尼生等的朋友。

使」之妙。今天，與所謂「老哥」者談及之，老哥近來大讚美足下的詩。他又有南行之說，也許真能成行。實則弟亦有南下之意，你來信所云，聞之未免動心，但是在最近的將來，恐怕是動彈不得。然而弟頗厭倦此間，燈下無事，澂心一慮，難道就如斯草草一生嗎！為之嗒然。還有許多話，等明天再寫信。今夜心境太淒其了！！！

尺牘選中報告訂婚消息之信有數封，這可以叫做「譯識」了。

二十三[82]

影清：

前書倉卒，未盡欲言。弟近日細讀 Baudelaire，覺得他的《惡之花》，比他的散文詩好，很痛惜自己法文沒有學好，無法讀原文。茲附上 Paul Valery 的 The gerfaut[83] 一篇，也頗有 Baudelaire 風味，不過我有些地方不大看得懂，恐怕是英譯不大好的原故。但是詩裏的意義我卻很喜歡。近來想草一篇文，叫做《理想的女性──娼妓》，一發牢愁（騷）。為了掙錢有了種種束縛，時間、精神都受影響，一生事業──當流浪漢，痛飲狂歌，以及許多自己不好意思說的事情──都付之流水，言之可歎，只好有時間同路人長歌當哭，足下以為如何？

雁君昨日想復興《駱駝草》，要弟擔任些職務，弟固辭，莫須有先生頗為怫然。

這兩天把你的書信集差不多看完了，的確佩服你利用文言的本領。但是，在 Charles Lamb[84] 信裏有三個地方譯疏忽了，現寫下來為再版時參考。P.118，the woman of town 是妓女的另一名稱；P.120，括弧裏第二句是：「而在那時候，這種熱情，是閱讀一些詩和文章後糊塗地產生的」；P.134，「你想不靠什麼維持生活的合理計劃，全借著書店老闆間或照顧的供給，去入世謀生嗎？」

---

[82] 此信係鋼筆直書，寫在印有「THE NATIONAL UNIVERSITY OF PEKING」的道林紙信紙上。

[83] Paul Valery：保羅・瓦雷里（1871-1945），法國詩人。去世後，法國曾為他舉行國葬。gerfaut：法文。大隼。

[84] Charles Lamb：查理斯・蘭姆（1775-1834），英國散文家，《伊利亞隨筆》的作者。

弟此回把整本看完，找出三個有問題的地方，這個勞績是該酬勞的，我的條件是：你也得把我的詩同小品兩本從頭到底看一遍。從前在上海時，你不是更正（了）我詩的譯文兩三個地方嗎？急急如敕令！

現在打算買雞去，你聽到後，為之垂涎否？

弟　秋心　頓首
十二月六日

二十四[85]

影清：

前接來函，因為燕兒種痘，她的妹妹或弟弟又正蠢蠢思動，鬧得滿室風雨，所以遲遲未覆。劉先生忽而巴黎，忽而里昂，此君又性喜搬家，弟有一個多月沒有得到他的玉璫了。（按：李商隱《春雨》詩：「玉璫緘札何由達？萬里雲羅一雁飛。」此處用玉璫逕指信札，疑誤）。現向一位朋友詢他最近的位址，明天可以得到，當立即作信去，不誤。

足下的對子很有意思，雖然使你有些不好意思。前月一位蜀中女郎，有同一位廣東人結婚之議，弟當時集句擬一聯：

別母情懷（姜白石）巫峽啼猿數行淚

隨郎滋味（姜白石）羅浮山下四時春

頗有沾沾（自喜）之意，大方家以為如何？

近來夜間稍稍讀書，但在萬籟俱寂時，頓覺此身無處安排（商量出處到紅裙？）真虧雁君終日坐菩團。年假中，擬讀 Boccaccio 的 Decameron[86]，或可勾上些年少情懷。

子元回來沒有？請代買幾件玩物送福琳。

祝你

心寧

弟　遇春　十二月十七日

---

[85] 此信是毛筆直書，寫在佩文齋製宣紙箋紙上。

[86] Boccaccio：卜伽丘（1313-1375），義大利文藝復興時期人文主義的先驅。Decameron：《十日談》，卜伽丘的代表作。

204

二十五[87]

影清：

前天接到你的信，大有同感。弟自去年回滬後，頗覺我們既然於國於家無補，最少對於由我們去負責的人們該鞠躬盡瘁。換句話說，就是該當個「理想的丈夫」和「賢明的父母」。這句話雖然布爾到似乎研究系（按：此語意義不明），然而弟卻覺得做人總是該做「責任」的忠臣，做人的藝術就在乎怎樣能夠「美」地履行責任。這些意思當年讀 Charles Lamb 就已悟到，他真是個知道怎樣把「責任」化成「樂事」的人，但是弟一面又不無野心，常有遐思，那當然是七古八怪的，

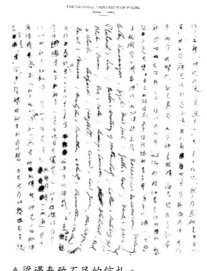

▲梁遇春致石民的信札。

可是近來有些覺得空虛了，所以常向老哥訴那莫名其妙的苦。記得《世說新語》裏面有一個人說：「做人手揮五弦易，目送飛鴻難」。手揮五弦就是足下所謂「做庸人」，弟所謂「盡責」，其實也並不易，晉人未免有些一塵拂拂過去了。至於目送飛鴻，那是走到超凡入聖的路上，近乎涅槃的想頭，我輩俗人當不敢希冀，但是我們有時卻不無妄想，可是恐怕終免不了一個惆悵，拿個香奩詩來比喻吧，「此夜分明來入夢，當時惆悵不成眠」，我們彷彿現在都在「不成眠」的時候，輾轉反側。這些話說得糊塗，但是你一定能「相視而笑，莫逆於心」也。至於你說「就只好忍耐著生活下去」，昨日同雁兄談到這句話，我們都也覺得無論如何，我們當個明眼人，就是遇鬼，也得睜著眼睛。雁兄很有這副本領，恐怕在你我之上，你以為如何？

Lamb 134 那段，細看是你對的，想起不覺失笑自己的糊塗。至於你所編的《青年界》，弟可以補一「大白」。

弟現擬寫十幾篇「傑作」的批評，預定寫：

---

[87] 此信是鋼筆直書，寫在印有「THE NATIONAL UNIVERSITY OF PEKING」的道林紙信紙上。

Boccaccios's Decameron;

Dostoivsky's Brother Karamazove;

Gogol's Dead Souls;

Goeteh's Faust;

Dante's Divine Comedy;

Plutarch's Lives;

Burton's Anatomy of Melancholy;

Cellini's Autobiography;

Blake's Poems;

Poe's Tales;

Lessing's Lavcoon;

Stendel's Red and Black;

Leopardi;

Hazlitt;

Conrad's Lord Jim;

Montaigne's Essay;

Paseal's Pensees;

Aeschylu's Prometheus（Bound）& Shelley's Prometheus Unbound;[88]

　　大約每篇四五六千字以至一萬字，取評傳的體裁，注意啟發讀者鑒賞文字的能力（這話說得太儼然了），對於傑作作個詳細的敘述和批評。寫的方法是弟先把傑作讀一兩遍，然後再讀幾篇別人對於他的批評和一兩本

---

[88] 梁遇春在這裏提出，他擬寫的十八篇文學藝術評論是：
卜伽丘的《十日談》；陀思妥耶夫斯基的《卡拉馬助夫兄弟》；果戈理的《死魂靈》；歌德的《浮士德》；但丁的《神曲》；普盧塔克的傳記；（普盧塔克：約46-120 或 127，羅馬帝國時代的希臘傳記作家）；伯頓的《憂鬱的剖析》；（伯頓：1577-1640，英國學者、作家，《憂鬱的剖析》是他的代表作）；切利尼的《自傳》；（切利尼：1500-1571，義大利雕塑家）；布萊克的詩；（布萊克：1757-1827，英國詩人，版畫家）；愛倫‧坡的故事；萊辛的《拉奧孔》；司湯達的《紅與黑》；萊奧帕爾迪；（義大利詩人，1798-1837）；哈茲里特；（英國散文家，畫家，1778-1830）；康拉德的《吉姆爺》；（康拉德：英國小說家、航海家，1857-1924）蒙田的《隨筆集》；帕斯卡的《思想錄》；（B‧帕斯卡，法國思想家、數理科學家、散文家。1623-1662）埃斯庫羅斯的《被綁的普羅米修士》（按：原信寫漏了 Bound）和雪萊的詩劇《解放了的普羅米修士》。

他的傳記，但是一切批評完全是「我」同「書」接觸時所生的感想，當然說得比較有系統，此外先講些作者的生涯，他的環境和他對後世的影響，那當然是抄襲了。大概每篇裏自「我」的立場和批評占十之六七，其他就是敘述作者和他的書了。近來頗有折（擊）節讀書之意，打算下些苦功，也許日子可以過得容易些。Johnson[89]不是說過「工作」是最好的止痛劑嗎？這麼一來，每月總得寫一篇或半篇東西，當然可以督促讀書，打算由 Boccaccio 入手，現已讀一大半了。

　　元旦日弟大請客，你聽到不無垂涎乎？

　　劉君信已寫去了。請你告我近況。

　　覆此，順祝

　　新年

弟　秋心　頓首

十二月廿八日

二十六[90]

影清：

　　近來病了一場（感冒），致二信來，而不能一覆。半個 Dead Soul 已送來了，黃山谷那首詩，錄後：

和高仲本喜相見

雨昏南浦曾相對，雪滿荊州喜再逢，

有子才如不羈馬，知公心是後凋松，

閒尋書冊應多味，老傍人門似更慵，

何日晴軒觀筆硯，一尊相屬要從容。

　　也許有人用這兩句來做挽詩，那麼，她同他都對了。

---

[89] Johnson：詹森（1709-1784），英國文學評論家、詩人。編《英文辭典》，開創了英文辭典學的新階段。

[90] 此信是鋼筆直書，寫在 32 開的米色網紋紙上。

頃得老闆信，說你要注 Decameron，刪節後出版，前回你的信不是說買一本很講究的所謂全譯的版子嗎？恐怕反用不著。我這裏有兩本《十日談》，一部是所謂全譯者，不過並不是本一字不漏的，一部是刪節的「洗本」，我想，這於你或者很有用，明天寄上，算新年的禮物吧！

病中讀孟東野及賈浪仙集，覺得非常欣喜，他們表現情感是那麼濃淡剛好，的確比劉長卿（這位先生有些官僚），王、孟（這兩個人有時太小氣）都有意思得多，你將來選詩時，請將我這兩個夾袋中人多攔些進去。

英文注譯名著事，你說得不錯，老闆恐怕不答應收版稅，而且商務等書局，關於教科書和補助讀物，都不肯抽版稅，開明林語堂的讀本，就是個例子。我擬寫信跟袁、顧這兩位主動人去商量一下，但恐無甚實效也。是所謂一失足。

前日看 Abelard and Eloise 的情書[91]，頗有所感於懷，此中千言萬語，日來擬草一文《情話》（On Love）寄上，惟足下（可）正之。現在這類話的確非你不可修正。

祝你健康

秋心頓首　除夕前一日

二十七[92]

影清：

好久沒有得到你的信了。聽說你入京一趟，近況何如？袁、顧二君來平，熱鬧一下，現在他們又回去了，而且把莫須有先生拐走，剩我淒冷地滯此。前日送雁君南下，無限惆悵，他「出門一笑大江橫」，行李非常簡單，連心愛的圖章、手杖以及書籍，都隨便留在這兒，的確有些放浪形骸之外的神氣。前日袁、顧二君，與我擬一注釋英文名著叢書目錄，計五十

---

[91] 指《阿貝拉爾與愛洛綺絲的情書》。此書在臺灣，有梁實秋的中譯本。阿貝拉爾（1079-1142），中古法國哲學家、神學家。他為巴黎大教堂教士富爾伯爾的侄女愛洛綺絲做私人教師，不久，師生發生戀情，並生了私生子，其叔大怒，雇人將阿貝拉爾閹割。愛洛綺絲則在教堂做修女。兩人情書仍不斷往來，後編為情書集出版。盧梭曾以類似的事，寫了一部《新愛洛綺絲》的書信體小說。

[92] 此信寫在 32 開道林紙日記本的單頁上，信末無日期。

本，已寫信與老闆了，希望你能合作。上海我的確有點想去，大概因為流浪性的緣故吧，在這裏又有些滯厭了，並且辦工頗覺無聊，所以對他們兩位說：若使暑假他們兩位都到上海，弟亦有躬與盛會之意。他走後，弟在此更見寂寞，雖說是已甘於寂寞了。近日譯一本《最後一本的日記》（小叢書），覺得裏面所說的心境，頗與我現在相似。近日來的確不行極了，從久不寫信給你、而且這封信是如是亂雜上，你可以窺見我心中是多黑漆一團也。千望即回信。

　　問你
　　好

弟　遇春　頓首

二十八[93]

影清：

　　前兩天得到你的信，天天想覆，可是總沒有寫成，此中原因複雜，非一言所能盡也。比如小女兩天不拉屎，於是乎買嬰孩藥片等，就忙了一會兒。又如聽到某 mademoiselle[94]讚美一句，就得意與惆悵了許久，還「口號一絕」：「忍死京華事可哀，青春黯淡奈愁何，偶聞溫語天風下，墜溷翻為落絮飛」，詩人為之失笑乎？總之，又把你的信擱下了。比如，正要覆你信，先把你的信看一道，看到「出門一笑大江橫」（這是黃山谷句子。我在商務出版的《黃太史精華錄》上看的，早就想買一部任淵注的全集，可是老買不起），就把山谷的詩拿來玩賞一下，看到「有子才如不羈馬，知君心是後凋松」，就想買副對子，寫好送給你，可惜我的字彆腳……總之，七思八想，老是擱下，你的信幾乎成為檔案了。你看，說了半天，還沒有講到我們的買賣，言歸正傳吧！

　　《注釋英文名著》的目錄附上，起先我們寫信與老闆說：每本報酬一百元上下，他當然答應了。你所說的抽版稅法，非常好，我想也照你的法子辦去。二人同心，足下其勉之。

---

[93] 此信係毛筆直書，寫在印有「國立北京大學用箋」的八行毛邊紙信箋上。
[94] mademoiselle：法文。小姐。

　　Decameron 已看完了，現正在看參考書，那篇八股大概下月中總可以寄上，呈於馬二先生之前。

　　前寫信給老闆，說要把最近兩年內寫的散文五、六萬字，合起來印為《空杯集》，此事請你就近催促一下，千萬。你那篇序也得起草了。

　　你說要選唐詩，好極。我近來也喜歡讀唐詩，居然花五元買一部木板的《杜詩鏡銓》，從此可想而知矣。唐詩選本，我頂喜歡《才調集》、《王荊公百家詩選》、《（唐人）萬首絕句選》，每當三更兒啼之時，輒倚枕細讀，一解父愁。你選的標準如何？大概誰選得多些，很想知道，因為我正在入迷之時也。

　　黃山谷你愛他不？我近來很喜歡他。「春風桃李一杯酒，江湖風雨十年燈」，「朱弦已為佳人絕，青眼聊因美酒橫」，「去鴻往燕競時節，宿草新墳多友生」，你以為如何？

　　你日本的友人的確知言，莫須有先生說過：「你愁悶時也愁悶得痛快，如魚得水，不會像走頭無路的樣子」，糟糠之友說的話真不錯，我為之擊節歡賞者再。這彷彿都證明出你是具有徹底的青春，就是將來鬢髮斑白，大概也是陶然的，也許是陶然於老年的心境了。這未免太說遠了。

　　候你的回信，即頌

　　康健

　　　　　　　　　　　　　　　　　　　　弟秋心頓首
　　　　　　　　　　　　　　　　　　　　一月廿七日

二十九[95]

影清：

　　昨晚得來函，驚悉你跟老闆吵架而失業了。天不生無祿之人，而且（天生）我才必有用，聊以這話安慰你吧！我萬分希望你能到這兒來。今日往訪葉先生，請他也「睜大眼睛」，他說暨南或有法可想，他即將寫信去，我想若使能找個合式的事情，那麼近水樓臺，也無妨一試。北□大學現在改組中，辦公處亦擴充，我今日寫信給莫須有先生通知這個消

---

[95] 此信係鋼筆直書，寫在 32 開的白道林紙信紙上。信末無日期。

息，叫他想法托人一下，也許可以成功，那麼你能到這裏，下半年再把莫須有弄來，豈不是個大團圓嗎？那時倒反要感謝老闆，此是後話。至於北平其他地方，當然極力睜眼睛，不過「北海」是絕望的，它那裏非學過圖書館學者不行，世界混飯事都得有那麼一個無聊資格，我們這班學文學的人卻大有困難之勢，言之可慨。你說開明事，恐怕成功的成分很少，我近來真想辦小「實業」，如開點心鋪，文具店，理髮館，糖店之類，那總比較有意思些，是人生的本身，然而，也只談談而已吧，連這些灰色夢都不能實現，說也可哀。你目下經濟情況如何，你打算教書不？北大圖書部更動人員，這幾天很忙，真是感到整個人沉沒了。「埋沒空哀一世狂」，這是一位朋友的詩，近來我倒常念起。請即回信，說你的近況。即頌

　　健康

弟遇春　頓首

三十[96]

影清：

　　前上一函，諒已收到，近況奚似，念念。弟連日向幾位師長找位置，但春明頗有難於插足之概。也許忽然又找到一個約伯也，這也是說不定的。弟常覺得天下事皆難如戀愛，然亦皆易如戀愛，此理足下必知之更深，過於徒作戀愛論之可憐人也。

　　劉君有回信，說：太忙，轉薦葉子靜作稿，葉子靜又謂須先知是何性質之刊物。現在此是不必說之事。然亦可以見吃洋麵包者之盛氣凌人。此後咱們還是敬鬼神而遠之吧！

　　弟近來牢落萬分，精神極其疲累。聞君失業，於圖書部事更加留戀。然真是雞肋。人生吃飯難焉！能不慨然於斯言？乞即覆，並請

　　著安

弟秋心頓首

六日

---

[96] 此信用毛筆直書，寫在印有「國立北京大學圖書部用箋」的八行毛邊紙信箋上。

三十一⁹⁷

影清：

　　來函久未覆，不忙不病，春困而已，說來真是太小姐氣了，怪難為情。前日雁君飄飄然下凡，談了一天，他面壁十年，的確有他獨到之處，你何時能北上與這班老友一話當年呢？昨日坐在洋車上，看見燕子穿楊柳枝飛過，覺得真是春到人間了。你記得這兒的柳樹嗎？那是上海永遠找不到的，南京也許還可看得見，然而隔六朝太遠了。近來頗有多讀書、少做文章之意，也就是古之學者為己的辦法，你以為如何？朱森已出發去調查地質沒有？餘不一一。

　　即頌

　　雙安

秋心頓首

　　雁君賀禮已預備好了。

（以下寫在另一信紙上）

　　昨寄與老闆一篇小叢書譯稿：Conrad 的 Youth（青春），這篇東西自己譯得很高興，你有閒時候，拜讀一下，何如？

　　現正從事注《草堂隨筆》，變個十足的馬二先生了。你現譯什麼呢？《十日談》還要不要？

　　友松兄處乞代道好。

四、廿四

---

⁹⁷ 此信係毛筆直書，寫在印有「國立北京大學用箋」的八行毛邊紙信箋上。加上另頁，共三張。另頁信紙與前面兩張信紙相同。

第二部分

影清：

　　友松兄來，禮物已代收了，擬後日送去，還可以順便一遊山水。聽說你要在首善之區舉行婚禮，那麼咱倆禮物寄到時，恐怕你已在燕子磯頭細話流年了，那麼，就算做你回上海時，老朋友向你倆說的一聲歡迎吧！我的文章，洋洋一千言，前日才做好，定十九號可裱好（裱得很講究呀！）預算寄到上海總在廿一、二號左右，這並不是我起先懶惰，實因這篇文章做得太費工夫了，雖然見才拙，亦可見意隆也。《十日談》明天寄上，足下其將作十夜談乎？一笑。新婚後，擬往何處度蜜月？我昨天想，你此後大概不會向我發出「怨言」（單身漢對於結婚人們的怨言）了，覺得很喜歡。因此想到：「願天下有情人皆成眷屬」，恐怕也是因為免聽怨言，一笑。

秋心頓首

影清：

　　妝台眼波之消息如何說法，得容敝人如是我聞乎？家中二老北上，前日預備迎駕，現則忙於漫遊，是以久不作信與這位新郎先生。近來生活狀況，乞見告一二。此乃套話，現在說來卻新鮮可喜，可見新郎不可不做，連朋友的文才都沾光不少。子元病現如何？言歸正傳，老闆處稿費（《蕩婦自傳》）請代一催，遊山玩水，須杖頭錢故也。乞即回信。並祝

　　你倆好

弟秋心頓首
六、七、

---

[98] 此信係毛筆直書，寫在印有「國立北京大學用箋」的四行宣紙信箋上。信末無日期。

[99] 此信係毛筆直書，寫在印有「國立北京大學用箋」的八行毛邊紙信箋上。

三100

影清：

　　天天等你倆結婚的玉照寄來，卻老沒看見這張儷影，現特大筆一揮，請立即賜下。禮物收到多久了？你倆覺得怎麼樣？現在預備著明年送湯餅會的東西。一笑。想到將來路過春申江上時，多一處下榻的地方，而且要吃咖啡，也用不著去洗前日的渣滓，覺得很欣然。未知何日能於風雨之夕在你那兒談些瑣碎的話，吃了滿地的煙灰。《十日談》已收到沒有？大概在十夜談之後，才能開始「談」嗎？雁君有一個多月沒有見到，西山多蘆葦，大概是得其所哉。乞即覆書並寄來戴（戴）高帽的相片。

　　並問

　　嫂夫人好

秋心頓首

六、十、

四101

影清：

　　久未得來信，甚念。子元兄前日抵此，頗有病容。他沒有將福琳帶來，弟殊為失望也。

　　相片已照好沒有？渴望著。你近來生活如何？杜醫生大概久違了。弟夏間添一女，終日脫不了兒女事，有時也以為苦。

　　圖書部搬到操場後面松公府，弟忙碌非常，真厭於辦公生涯矣。寂寞中甚盼來信。

　　祝

　　你倆好

秋心頓首

---

100 此信是毛筆直書在宣紙箋紙上。
101 此信係毛筆直書，寫在印有「國立北京大學圖書部用箋」的八行毛邊紙信箋上。信末無日期。

214

五[102]

影清：

　　乘去雁之便，送些筆墨詩韻以及餑餑，當時匆忙忘卻寫信，現在只好付郵了。我譯的小品文續選，你見到沒有？我自己覺得比前一本好些。你近來忙不忙？前日有位朋友從南方來，據說江南草尚未黃也。前日讀托翁之《Anna Karenina》，裏面有一段說到新婚，據云，蜜月裏糊糊塗塗，三月後才感到家常般之生活。你們現在已經三月了，所以我更想知道你倆的情形，其他一切話，雁君俱能詳述，所以就不贅了，請即回信，並請

　　儷安

弟秋心頓首

六[103]

影清：

　　得到你的大札並小書，實在感激你倆的盛意。雁君真是不愧為紅娘，他一去，你的信就滔滔不絕的來，愁悶如我者，自己也不知道多麼歡喜。日來這兒天氣陰陰，這與我這鬱鬱心情倒很相宜，因此如魚得水，在十丈灰霧之中，頗覺恬然。北平居住的確不像上海那樣，時時刻刻感到生活的壓迫，雁君當能詳言之。我近來的確有些老了，不過很喜歡說自己是中年人，甚至於高談世故，可見還脫不了孩子氣，不說別的，雁飛去後，有時就覺得人間真沒有什麼可以暢談的人，因此很嫉妒你，這種不隨和的癖（脾）氣，大概是我輩之特色。總之，離不開稚子性情。雁君雖而立了，恐也未能免此吧！你願意教書嗎？這裏，彷彿這條路比較容易些。至於北平圖書館，那是有了大人先生們的「八行」還不行的，而且裏面烏煙瘴氣，整天談莫名其妙的圖書館學，也不算個好所在。博士的翻譯計劃好像偏重於歷史及社會科學，文學方面聽說有譯莎翁全集的打算，此外就得打聽一

---

[102] 此信係毛筆直書，寫在印有「國立北京大學用箋」的八行毛邊紙信箋上。信末無日期。

[103] 此信係毛筆直書，寫在印有「國立北京大學用箋」的八行毛邊紙信箋上，信末無日期。

下了。近來讀「安娜」及「戰與和」[104]，頗動寫長篇小說之意。自然我所寫的，不會像那位老頭子那樣的東西，但是這恐將同足下之散文一樣的未見隻字也。餘再敍，順問嫂夫人好。

　　　　　　　　　　　　　　　　　　　　弟秋心　頓首

七[105]

影清：

　　玉照已收到，恍如一團雲彩飛來，內子也拜見過了。雁君已抵家，可是又將回平。前日讀紅樓至那段崑曲「何處覓雨笠煙蓑卷單行，一任俺芒鞋破鈸隨緣化」，頗思寫副對聯送他，可惜我的字蹩腳。世人只賞（識）「赤條條來去無牽掛」，正如昆明湖中波臣所說的，天下解人正不易得也。你以為如何？子元兄回申，見過否？今日天氣晴和，昨夜做個好夢（極平常的，所以尤其好），對窗濡筆，謹祝你倆爐邊絮語的樂趣（這是我從前要做的一篇文章，現在卻連裏面意思都忘記了）。他人酒杯若已印出，何妨讓我啜一口？即問好

　　　　　　　　　　　　　　　　　弟秋心　頓首　五日

　　老闆不但不寄錢（那倒是小事），而且信五去而不一覆，我真是怫然了。

八[106]

影清：

　　前上一函，諒已收到，此間連日天陰欲雪，卻沒有下起雪，昨日沿著河沿閒踱，看見幾隻鳥低低飛著，低低的灰色雲團一襯，鳥的羽翼看得分明極了，四圍空氣是這麼默然，它們飛著，卻好像停著，簡直像一幅油畫，這種風景，晴朗的江南是看不到的，所以特地用拙筆描出贈與詩人。中華

---

[104] 指托爾斯泰的長篇小說《安娜‧卡列尼娜》及《戰爭與和平》。
[105] 此信是毛筆直書，寫在印有「國立北京大學用箋」的八行毛邊紙信箋上。
[106] 此信係毛筆直書，寫在印有「國立北京大學用箋」的八行毛邊紙信箋上。信末無日期。

216

文化基金聞在譯莎士比亞全集，外尚有譯《衣裳哲學》、哈代之諦斯姑娘[107]者，可見範圍很廣也。這幾天，我胡亂看些近代哲學論文，倒也可以解悶銷愁。餘再敘。

即祝

儷安

弟　秋心頓首

九[108]

影清：

　得兩信始一覆，弟心緒之淒其，可想而知也。哈代之《市長》弟遍覓不得，初擬購北大翻印本，後一查，知係排印，並非影印，那麼錯誤當然是多極了。結果長老上山跑一趟，想起此刻已經收到了。《哈代傳》我倒有一本，也放在家中，已函家中，直寄你那裏，大概也收到了吧。

　近來我飽食終日、咄咄書空，真有「白日昭昭未易昏」之意，前日讀詞至「坐久不知何所待」，於身世恍有所悟。我的新居非常寂寞，深夜默坐，頗有入定之意，你近況如何？讀你來函，看到你瀟灑的文筆，很為神往，覺得比我日來乾燥的心境，強得多了。你從前（不是）很誇獎我寫信的天才嗎？這個招牌此刻頗有還贈之意。長老對於足下的書札，亦嘖嘖稱善。

　子元兄前曾有一來信，知道他也安全，數星期的煩惱一掃而空，可是總不想作信，這封信就讓你們兩位去平分春色吧。子元近況如何，目下當然談不到出外調查了。他的弟弟已自前線歸來沒有？我近來的懶性真是該打，大概因為消失於灰色的愁霧裏面的緣故吧。我的緘默就會滔滔不絕地告訴你們我的悲哀了（這句話極像翻譯的）。

　昨日寄上一本文法（West : Revised Grammar）[109]，這本書本來放在作猷兄那兒，我去拿這本書，提起這件事，他就寫了一封信附在這裏。他

---

[107] 疑指哈代著名的長篇小說《德伯家的苔絲》。
[108] 此信係鋼筆橫書，寫在 16 開白道林紙上。
[109] 韋氏文法修訂本。

217

說，假使能夠就寄錢（？），那麼上半部賣三百元也可以，否則先寄二百，其餘二百可俟出版時再寄。你近來想不想編什麼小叢書？我這兒有些小本英國中小學生讀物，假使你要，可以寄上。

前幾天冷得很，現在暖和起來了，希望你常來信，你的信我真喜歡念。覆此並請

　　旅安

　　　　　　　　　　　　　　　　　　　　　　弟秋心頓首

　　　　　　　　　　　　　　　　　　　　　　三月十八日

✝110

影清：

久未得來函，近況奚似？我也久不作信了，要說是懶，那麼，天天彷彿都很忙，要說是沒有工夫，那麼無聊賴的時候又真不少，不說別的，我近來在那裏看《聯語彙編》同《燈謎叢話》以及宋人筆記，這總可算有閒了。其實，忙也好，閒也好，總脫不了一個「悶」字，彷彿這一顆心兒真是孤單單地關在門裏了。

你問的幾個問題，已找人翻出了。第一句是：Phoebe，mighty Diana of the woods[111]；第二個問題是希臘字，就是新約聖經的意思；第三個問題是兩句詩：

Neighbourhood brought about acquaintance & the first stages（of Love）
Love grew with time[112]

還有那個花字，我跑到 Tess 書裏去找，尋到頭昏眼痛，還是目花字不花，忽然大悟，拿下《裘德》來，一目了然。（有人拿這四個字來打一俗語：「閱後付丙」。這個謎倒不壞。說到謎，還要告訴你一兩個：「二十四橋明月夜」，射「夢」字；「終須一個土饅頭」，射古文一句：「故陵

---

[110] 此信用毛筆直書，寫在印有「國立北京大學用箋」的八行毛邊紙信箋上。

[111] 此語意為：福柏，森林中強有力的狄安娜。（按：福柏是希臘神話中的月亮女神；狄安娜是羅馬神話中的月亮女神）。

[112] 這兩句詩的大意是：鄰人帶來相識，帶來愛的最初階段，戀情正隨著時間而發育成長。

不免耳」，還有秦少游的「一鈎殘月帶雙星」，據說是打他贈這首詞的官
妓「陶心兒」的「心」字，可惜心無靈犀一點通，恐怕算不上好謎）原來
是：Alleluia[113]：an exclamation meaning Praise the Lord，就是「讚美上帝」
的意思，所以堪稱為絕妙好字也。

　　前日長老送我一管筆，近日頗有學書之意，塗出寒鴉萬點，亦一快事
也。近來寫了一兩篇文章，頗有繼續寫下去之意，恐怕也單是個念頭吧。
文稿已收到，謝謝。它這麼往海上一遊，好像紅樓夢中之寶玉，所以我對
他也刮目相待了。昨日陰霾，今天晴朗，天公好像在嘲笑人世的淒涼，我
不禁為之扼腕，餘不一一。

　　即問

　　太太好

弟秋心頓首　十八日

　　寫完信封，覺得我的字大有進步了，老哥以為如何？嫂嫂卻不要見笑。

（原載《新文學史料》一九九五年第四期）

---

[113] Alleluia 亦作 Halleluia，即「哈利路亞」，猶太教和基督徒歡呼用語，對神的讚美。

附

有關石民情況的兩封信

梅志

一

冰封同志：

收到大作並信。有關石民的情況，我曾查過魯迅先生日記，除你查到的之外，還有多處。一九三四年五月十七日，讓與石民之散文小詩譯稿（指波特賴爾的《巴黎之煩惱》）；一九三五年一月三十日，記有得谷非信，附石民箋；一月三十日，覆石民信。一九三六年一月二十一日，往生活書店取版稅，又石民者四十元；七月十九日，收生活書店補版稅，又石民者十五元。

有關石民的情況，僅就我所知，向你說明：

胡風認識石民可能在北京大學讀書時，至少是讀過他的作品後。一九二九年，石民在北新書局當編輯，因胡風朋友朱企霞和李小峰很熟，要他出小說集，曾同去北新找李，又見到了石民，當時石民對胡風很表友好，請他為《北新月刊》寫稿。後來，胡風在日本求學，就成了《北新月刊》的特約撰稿者，常給石民寄各國的文藝出版情況及作家情況譯介等小文章。後來他們又辦《現代文學》，又約胡風寫文章，他在那裏寫過不少短的外國作家介紹等。

▲一九九三年，梅志到長沙，參觀了「千年學府」嶽麓書院。左起：龔旭東、梅志、彭燕郊、李冰封。

220

一九三○年，胡風回上海，石民留他在家住數日，兩人成了要好的朋友。一九三一年底回國，在法租界金神父路高福里石民家後樓，住了幾天。

一九三三年，胡風被驅逐回國，在上海左聯工作，他們仍常來往。胡風還通過他的關係，介紹不少左翼作家的作品，在他編的《青年界》上發表。他曾託胡風請魯迅將他譯的《巴黎之煩惱》（他當時初譯時名為《惡之花》）由北新取出，後又由魯迅交生活書店出版，版稅是魯迅交胡風轉他的。這在魯迅日記中都寫有，不過沒寫交胡風轉。

抗戰前一兩年，他實在受不了李小峰的剝削，到武漢大學教書去了（在這以前，他和李小峰也鬧翻過，他告訴過胡風。）但還常有信給胡風，從此就沒能再見面。

一九四二年，胡風在桂林曾收到他妻尹蘊緯的來信，說石民已去世，譯了一本哈代的《憂鬱的裴德》，希望胡風代他找出版處。胡風即回信，說可能有辦法。稿就由他侄女送來，胡風交「三戶圖書出版公司」出版。我們那時也就離開了桂林。後來得知書都印好了，桂林突然緊張，即將淪陷，出版公司將全部書及紙型運湖南，剛運到不久，湖南也緊急，無法再轉運，書終於全部被毀，連紙型都未搶救出來。我們是連樣書都未看見。希望她能見到樣書。但稿酬是付了的。（可能是一部分）。因為她侄女談到，她經濟十分困難，還要從收入中分出一部分錢還他姐姐早期供他上學時的學雜費的欠債。這是我所知道的經過。我沒有見過他，但胡風一直很懷念他，得知他逝世後，一直很難過。（他大約是在一九四一年左右逝世的）。抗戰勝利回上海後，胡風還一再和「三戶圖書出版公司」商量，重印這本譯稿，不久解放了，這事就擱下了。「石民是一個孜孜不倦的好編輯和好譯者」，這是胡風對他的評語。

這些是我所知道的情況。希望有人能將石民介紹一下。

大作正在拜讀，很有所得，文字好，又有好內容。這是我的初步印象。

專此，祝

文安

梅志

一九九四年九月六日

我在整理梁遇春致石民的信札時，曾寫信給梅志同志，請教收信人石民的有關情況。承梅志同志熱情覆信，提供了許多有用情況，謹表謝意。石民是中國二十世紀二十年代末至四十年代初的一位孜孜不倦的好文學編輯和好譯者，這是胡風先生對他的評價。在《駱駝草》上，還有他創作的詩和翻譯的詩。在梁遇春的信中，也一再提到他寫詩和寫文學論文的事，所以，很可能他還是一位好詩人和好文學評論工作者。他的文學活動，正如梅志同志說的，確實應該有人把它寫一寫。

李冰封　附注
一九九四年九月二十八日

二

冰封同志：

你已經把稿件直寄牛漢、黃汶，我覺得這樣很好。

我最近收到了石民內侄女尹一蘭（現名尹慧珉，工人出版社退休職員。尹一蘭是她去找胡風先生時的用名）的來信，從她那裏得知石民確實的逝世日期及地點。她信中說：

姑夫抗戰前在武大教英文，後隨學校遷到四川樂山。肺病復發後回家鄉邵陽。於一九四〇年——一九四一年間去世，當時約四十來歲。

書稿是她姑母尹蘊緯托她去找胡風的。那時，她在桂林讀高中。這樣，胡風就直接和尹蘊緯通信，並將石民譯稿介紹出版，此即《憂鬱的裴德》一書。書出後的情況，她侄女就不知道了。

兩年前，她姑母尹蘊緯在美國去世。石民有三個女兒，一個在英國，兩個在美國。這次，她又提到石民很小時，父親就去世了，是姐姐資助他上學的。

匆匆草此。祝

文安

梅志
一九九四年十月八日
（原載《新文學史料》一九九五年第四期）

開闔陰陽極其變

——單劍鋒山水畫讀後隨想

　　去年，畫家單劍鋒兄送我兩本書。一本是他的畫集：《山川悠悠》，另一本是他的子女為他編的作品選和作品評論集：《單劍鋒其人其畫》。我與劍鋒兄雖相識較晚，但由於一些可遇而不可求的機緣，相處投合，彼此相知。翻閱了這兩本書，思潮迭起，爰錄觀感如下：

　　中國山水畫有個很好的傳統：「外師造化，中得心源」，我以為，劍鋒兄的作品，在意境、格局等大的方面，都繼承了這個傳統。外師造化，講的是畫家要行萬里路，足涉名山大川，去實地欣賞、領略、觀察祖國河山千姿萬態的氣勢和風韻，為創作捕捉靈感；中得心源，講的是畫家要通過自己的藝術實踐，把客體的美，化為主體的感受，即用藝術手段注入主體的感情、理想和願望，把客體美概括、精煉、昇華、提高，變成能表現畫家思想感情的藝術品。這種藝術品，也就進入了「似與不似之間」的藝術境界。似，因為它的內容來自審美的客體；不似，則因為它注進了畫家自己的想像和願望；介於兩者之間，兼備兩者之長，乃能給人以高尚的藝術享受。

　　單劍鋒兄走過大半個中國。他到過日月山、倒淌河、青海湖、龍羊峽；（那日月山，就是當年文成公主進藏時，在那荒涼的山口，回眸漢家江山、泣別故國的日月山。有個淒涼的神話：當時，由於過多的離情別緒，文成公主流下的眼淚，在日月山下就化成了滔滔不絕的倒淌河。那地方，確也荒涼，確也愴傷，確也悲壯，但在劍鋒兄的筆下，卻是如此巍峨，如此雄奇，如此沉鬱，充滿了代表中國精神的陽剛之氣。畫家如果不注入自己的思想感情，這樣的山水畫能畫得出來麼？）他到過長江三峽，到過黃河入海口；到過沙漠，到過叢林，也到過夢幻般的蓬萊仙島；他對我說：

他到一個地方，就到處走動、觀察、品味，就畫速寫，畫素描，如今這些速寫和素描的草稿，疊起來，不說「等身」，至少也有半個人高了。但他作畫時，卻從來不再看這些草稿。為什麼？因為那些景物，已經溶入了他的心中，化成了他的思想感情，他要依託自己的感情，把它再表現出來，使它成為藝術品，而不是某種意義上的「複製品」。所以，他在作畫時，往往心潮洶湧，寢食難安，畫成了，自己也就安靜下來了。我想，所謂「中得心源」，大概也就是這樣的境界吧！

　　單劍鋒兄作品的另一個特點是「突破」。這是一位馬來西亞畫家對他藝術風格的稱讚。其實，不斷「突破」，也正是嶺南畫派的主要精神所在。嶺南畫派的創始人高劍父先生不是說過「學我者死，似我者俗」麼？劍鋒兄師從嶺南畫派的關山月、黎雄才兩位名家，他認真學到了他的老師的技法，且學到幾可「亂真」的境地。但他又不拘泥於這些技法，他把學到的技法變成他自己的，化成了自己的藝術風格。這就是求突破、求變化、求創新的有出息的藝術家的作為。明、清之際許多中國山水畫家，流行所謂「筆筆有來歷」的亦步亦趨的摹擬之風，比起他們，劍鋒兄是高出了一個大檔次的。詩人董月華先生讀他的畫集後，有詩為贈，頭四句是：「有筆有筆今少見，開闔陰陽極其變，直把悠悠山川情，滿紙淋漓都灑遍」，我以為，這是相當準確地勾勒了這種「突破」，願劍鋒兄還要不斷地自我突破，自我變法，苟日新，日日新。

无言独上西樓月如钩

单剑锋作

▲無言獨上西樓月如鉤。單劍鋒作。

劍鋒兄的畫還充滿了詩的情調。「詩情」和「畫意」，本來是在二而一、一而二的同一藝術境界中，不能截然分開的。劍鋒兄的許多畫，本身就是詩。他畫李後主的詞意：《無言獨上西樓月如鉤》，他沒有去畫那獨上西樓的亡國之君慘苦之狀。他畫的是：黑雲壓城、大夜彌天、黑暗籠罩著破碎了的山河，天邊那

一鉤新月，不但不能給那夜晚添加嫵媚，反增加了更多的孤寂和淒涼。在這樣的情景下，登上西樓，憂思故國，不是「無言」又能是什麼呢？那麼，詞的下闋，「剪不斷，理還亂，是離愁」，這個「愁」字又怎樣表現呢？畫家在西樓底下，畫了一泓流水。李後主在另一首《虞美人》詞裏，不是寫了「問君能有幾多

孤　雁

單劍鋒作

▲孤雁。單劍鋒作。

愁？恰似一江春水向東流」嗎？這就是愁！愁就在這暗夜的流水裏！這不就是詩麼？當然是詩。這畫的本身就是詩。再舉一例：他有一幅叫做《孤雁》的畫，畫面上，無風的夜晚正開始光臨中國的西北高原，夕陽的餘暉正照著雄渾的大漠，沙丘之下，一條長河如線，靜靜流過，畫面的右下角，一隻小小的失群孤雁，在天邊疾飛而過，去尋找它那失落了的群體。我看了那畫，不禁拍案叫絕，這分明畫出了王維一首詩的意境：「征蓬出漢塞，歸雁入胡天，大漠孤煙直，長河落日圓。」雖然那畫面上，並無孤煙，也無落日。諸如此類的詩情畫意，在他的作品裏，比比皆是，俯拾即得。

　　劍鋒兄的人品和畫品和諧一致。這是他的畫之所以不媚俗、不欺世的根基所在。曾有海外畫商，因他摹畫功力深厚，許以重金，要他仿照大師的作品，製造贗品。他說：「如果我答應了，那麼，現在，賓士汽車有了，闊氣的小別墅也會有的。但我不能那樣做，那樣做就違背了為人的良心和道德。那樣，既傷害了師長，又欺騙了世人，我的人格就死亡了，藝術也就死亡了。」他選擇了藝術、人格、良心、道德的生存而不是死亡。他還慨歎現在拜金的狂潮正衝擊著藝術，許多人，為了撈錢，正圍繞著藝術殿堂，不擇手段．胡作非為（當然，這種人，始終是不能進入真正的藝術殿堂之中）。在拜金狂潮之前，他始終孤高自許，不折腰，不低頭。他始終追求著他自己的藝術理想。願繆司女神保佑他，允許他在神聖的藝術殿堂中繼續革新，繼續創造。

　　我的觀感到此寫完了。他雖已年過花甲，但，對於一個日臻成熟的畫家來說，花甲之年正是他創作的盛年。我祝他今後還能不斷地變化，不斷地突破，不斷地創新，不斷地去尋覓詩中的畫，畫中的詩。

（一九九六年五月三十日於長沙）

附

寫給李冰封先生的信

戴啟予

冰封兄：

看了你發表在《書屋》一九九七年第二期上《開闔陰陽極其變》一文，不覺浮想聯翩，忍不住提筆跟你訴說這一次精神漫遊的心路歷程。

我對美的感受力是很差的，在讀你的文章之前，先看了和文章一起發表的單劍鋒先生的那幅《無言獨上西樓月如鉤》的畫，我感到漠然──除了因為我感受力差這一主觀上的原因外，可能還有雜誌限於篇幅而把原畫縮得太小的緣故。等到看了你對畫的解讀，就不知不覺跟著你走進了畫家的畫境，又不知不覺跟著畫家走進了詞人李後主「無言獨上西樓，月如鉤」的詞境，進而對詞人國破家亡以後的詞表達的淒涼痛苦的精神世界而產生出自己對詩情畫意的解讀。

正如你所說的，畫家通過那黑暗籠罩的河山和天上的一鉤新月，不但不給那夜晚添加嫵媚，反增加了更多的孤寂和淒涼，從而形象地表達了「無言獨上西樓，月如鉤」這一名句的典型環境。更主要的，畫家通過那黑沉沉的天，黑沉沉的山，黑沉沉的水和一鉤慘澹的新月表達出李煜自覺人生長恨水長東的慘苦的人生感受！這就是你們說的：「『詩情』和『畫意』本來是在二而一、一而二的藝術境界中，不可截然分開的。」

在讀你的文章和畫家的畫的時候，忽然想到德國美學家和藝術評論家萊辛的《拉奧孔，論繪畫與詩的界限》。那篇論文討論的語言藝術和視覺藝術的區別。語言藝術表現的是時間的延續，而視覺藝術表現的是空間的連接。空間藝術抓住人和物關鍵的一瞬而把它固定下來，使它永恆化。這

227

種西方詩畫區別論和中國的詩情畫意的一致論並不矛盾，而著重點卻不相同。西方藝術強調逼真而中國藝術強調意境，這正是東西方文化差別在藝術中的一個表現。

　　一扯就扯遠了，趕緊剎住回到本題上來。《無言獨上西樓月如鈎》這幅畫的畫意和原詞的詩情雖然相通，但藉以表達「情」和「意」的內涵卻並不相同。首先是詩人與畫家所在的位置不同，因而視角也不相同。詩人獨處於西樓之上，他所看見的，只是天上一鈎新月，階前的寂寞梧桐以及西樓的四壁，樓外廣闊空間並沒有進入他的視野，所以詞中一個字也沒有談到，當然不是看不見，而是怕看怕見。在他的另外的詞中，這種怕看怕見的心情，詞人作了明白的表達：「獨自莫憑欄，無限江山」。（浪淘沙「簾外雨潺潺」）「小樓昨夜又東風，故國不堪回首月明中。」（虞美人「春花秋月何時了」）。然而正是這詞人不敢憑欄眺望的無限江山和不堪回首的故國，正是這詞人怕見怕看的樓外廣漠大地，畫家盡收眼底而構成它的整個畫幅。西樓詞人只緣身在樓中，不識它的西樓全貌，畫家卻一覽無餘。但比起周圍廣闊的空間來，西樓只是一個點。在畫幅中詞人魂縈夢繞寄託精神。而畫家，則通過這無限的江山，把詞人的精神世界形象地表達出來了。

　　跟詞人獨處西樓之內不同，畫家立腳於與西樓隔河相望且遠離西樓的某一點，所以在畫幅中它也只是比一鈎新月還小的一隻小籠子。但這個籠子卻是畫家著意刻畫的中心。不但處於畫幅的中心，也是月亮單獨照臨的聚光點，而且又是那樣的微弱，恍惚要被周圍的黑暗吞食掉。圍繞著西樓的，上面是黑沉沉的天，四周是黑沉沉的山，下面是陰冷、暗淡的雖然泛著漣漪但似乎靜而不流的小河，一條橫梗畫幅的沙磧，是那樣的慘白，使畫幅黑色基調顯得更濃，更陰冷。西樓處在三面環山，一面臨水，又像自然的懸崖，又像人工的城堡之上（這是欣賞雜誌上縮小了的畫時的感覺）。總之，西樓不但是一隻名副其實的牢籠，關鎖著寂寞梧桐，也關鎖著孤獨憂傷的去國詞人。此情此景，是詞人無言獨上西樓的現實境界。仔細玩味，卻涵括了李煜「以血書寫」的詞的精神世界。

　　寫到這兒，附帶說說王國維的《人間詞話》中講李煜的詞「儼有釋迦基督擔荷人類罪惡之意。」這話似乎太過。李煜的精神世界中，不但沒有人類，連他曾經君臨的南唐臣民，也沒有。有的只是個人國破家亡，臣虜生涯的慘痛。但他能把慘痛的經驗加以昇華，使之普泛化。因為人生都經歷過痛苦和憂愁，他讓流水落花、風、雲、月、露，跟他一起分擔人世的痛苦和憂恨，從而喚起人們的共鳴，給憂愁的人生以慰藉，並予人以美的享受。這便是李煜的詞所以獨絕千古的地方，也是藝術和宗教相通的一例。

　　拉拉雜雜扯了這些，算是我對你的文章、單劍鋒先生的畫和一千年前李煜的詞的解讀。按西方解讀學的說法，解讀不一定非要符合本文原意，只要不牽強附會就成。請問你這位本文的原作者，我是不是牽強附會、胡說一氣呢？一笑。祝春節好

戴啟予

一九九八年一月五日
（載《一個人的心路歷程》）

按：戴啟予（1924-2002）湖南長沙人。廣西資深新聞工作者，理論工作者。
　　畢業於湖南大學歷史系。

刻石懸壁引起的「亂彈」

　　馬敘倫先生精於書法，他的《石屋餘瀋》和《石屋續瀋》兩書（上海書店一九八四年根據一九四九年前建文書店本重印），其中關於書法的篇目，所述都精闢獨到，不落窠臼。他在《米海嶽論書法》篇中，提到米芾在《群玉帖》第九冊中，論寫字必須「骨、筋、皮、肉、脂、澤、風、神皆全，猶如一佳士也。」又在《黃晦聞書》篇中論及：「黃晦聞書學米南宮，但得其四面，即骨筋風神也。學米而但具此四面，無其脂澤，將如枯木；但具有皮肉脂澤而無此四面，便成蕩婦。若但具皮肉筋骨，而無脂澤風神，亦是俗書。」

　　黃晦聞先生，即北大已故黃節教授（1873-1935），南社詩人，他的《蒹葭樓詩》，詩味氣韻情感並茂，憂國憂民之思，躍然紙上，寫得很好。他的毛筆字，應當說，也是寫得很好的，但馬敘倫先生還是對他作了苛刻卻又是中肯的評價。

　　如今寫毛筆字的人，比二三十年前多起來了，這是好現象。通衢大道，旅遊勝地，機關學校，書報雜誌，都有各色名人各種各樣的題字，有許多還刻之於石，懸之於壁。這裏面，當然很有一些寫得好的，或寫得不出格的。但就是在上列的題字中，也有些馬敘倫所謂的「俗書」，或米芾所謂的「奴書」（學某種字體，「一一相似」，無自己的風格）。除此之外，寫得不怎麼好、甚至很不好的，卻也不少，以米芾對書法的「八字標準」去衡量，無「一字」合格者，也大有人在；乃至於寫得不成體統、不及發蒙學童者，或寫錯別字者，也不是沒有。這樣的字，刻著，懸著，實在給人們造成一種視覺上的污染，貽害子孫；有些懂得中國書法的外國來客，看後就不能不慨歎泱泱大國「文化的衰敗」。

　　竊以為從國家、人民、藝術、文化的利益著想，把一些字刻石、懸壁，不能不十分慎重。

　　有客以為此是迂腐之論。他說：「足下不懂行情。現在寫字的潤格是按權勢大小來劃分的，有的字，不論好壞，三五個字就可得二三萬元的潤筆金呢！孔方兄在主宰著權力呢！其奈之何？」我黯然無以為對。

一九九五年七月二十五日‧長沙。

一位大陸作家的文革記憶
　　——訣別史達林模式及其他

生活情趣

關於苦瓜和臭豆腐的雜記

　　苦瓜和臭豆腐，都是許多湖南人愛吃而過去有不少外省人看了就搖頭的食物。

　　我第一次吃到苦瓜，是一九四九年七月下旬，剛到湖南時。那時，我們從武漢過崇陽、通城，步行越幕阜山，到平江。在平江休息幾天，準備進入長沙。到平江的第二天中午，改善生活，有一個主菜是苦瓜炒肉。開飯前，湖南籍的老同志興奮得很：「哎，吃苦瓜，好菜，好菜，多少年沒有嘗過了！」我被這種興奮的心情所迷惑，夾了一筷子，放進嘴裏，哇，我的媽呀，好苦。這也能算好菜？於是，再沒有夾第二筷子了。

　　以後在長沙，吃的是集體伙食（那時，實行供給制，幹部中好像還沒有私人開伙的），飯桌上經常出現苦瓜這一味菜，而且經常斜換烹調方式：涼拌，爆炒，紅燒，黃燜，花樣翻新。於是，跟著也慢慢吃起來。湘中濕熱，夏天吃苦瓜，清涼，去暑，解熱，化濕，吃慣了，就覺得確是一種好菜。因那苦味不似一般，苦中帶有略似艾蒿的清香。就這樣，近四十年，夏天必吃苦瓜。我還特別喜愛爆炒的。新鮮苦瓜切後，放點鹽，不必揉去苦汁，燒大火，用花生油在鍋上炒幾下，放點辣椒，即上盤。不放醬油，不放味精，在苦味中，上面所講的那種清香更加誘人，風味獨特。

　　世界上大約有大部分好吃的東西，開始雖不被人接受，但終於要突破地域界限，逐漸推廣的。因為這世界上，有同樣口味的人，並不局限於一個地方。大部分福建人，過去好像不種苦瓜也不吃苦瓜，十四年前，我還鄉時，還是如此。（雖然，晚清郭柏蒼的《閩產錄異》一書中，錄有「苦瓜」一條，並提到：「其小似荔支者，名金荔支」，但我小時，是沒有看到有人大量種植的，很可能有少數人種來作觀賞用。）今年六月，我回福州，看到菜市場上居然出現了苦瓜，據說是本地種的。我住在我弟弟家裏，弟媳知道我愛吃，經常買了些吃，風味不減於湖南出產的。聽說，如今，本地有人也愛吃，菜市上的苦瓜每天都能賣掉，即是明證。福建沿海一帶，

235

吃菜的口味偏淡，偏甜，吃海鮮還講究鮮味（那鮮味，也就是許多內地人最不能接受的，認為是「腥味」）。但，就是在這種口味占上風的地方，苦瓜也上了餐桌，應該說，這是很不容易的。不過，也還有許多人至今不吃，我弟弟家裏，侄兒們對這個菜是不動筷子的，可見，口味人人不同，不能強求一律。

再說臭豆腐。

湖南的臭豆腐是油炸的，並不像北京「王致和臭豆腐」那樣，是腐乳。長沙有個火宮殿，原先是風味小食店集中的地方，因為有個偉大人物當窮學生時喜歡吃那裏的油炸臭豆腐，在以後，又有個「最高指示」：「火宮殿的臭豆腐還是好吃。」（也可能是他在某一場合閒談時，隨便講講，但「文化大革命」時，卻硬是把這「最高指示」，用紅字寫在火宮殿的牆上。這是靠名人的非名言來「保牌子」的有趣的例子。其實，那時，火宮殿賣給群眾的臭豆腐的質量早就下降了。）因而遐邇聞名了的。不過，有這「最高指示」以前，長沙人大都知道這火宮殿的臭豆腐，只是在外地沒有那麼出名罷了。

但我最早吃到油炸臭豆腐，卻不在火宮殿。從一九四九年到五十年代初期，在長沙小吳門到老火車站一帶，晚上，沿街擺了許多小攤子，主要賣兩件東西：一是紅燒豬腳，二是油炸臭豆腐。如果你有興趣，還可以在攤子旁的小桌邊坐下，在昏暗的風燈的燈光下，喝上兩盅白酒。小吳門離我們那時住的宿舍很近。有時，晚上我也到那些小攤子上吃紅燒豬腳，偶爾也喝兩杯。而油炸臭豆腐，因為氣味有點特殊，不敢吃。以後，一些湖南的同志對我說：「你嚐嚐看，聞起來臭，吃起來香呢！」我才麻著膽子吃一塊，那臭豆腐大半是現炸現吃，嗨，外焦內嫩，又香，又燙，配上點辣味，果然好吃。以後，就吃上了。

至於這不登大雅之堂的平民食品，什麼時候上了長沙蓉園賓館的宴席，那就有待考證了。我是親眼見到一位原籍湘陰的美籍華人學者，回湘講學，在蓉園的宴席上，見到上了油炸臭豆腐，大加稱讚，說他少年在長沙讀書時，也喜歡吃這小玩意兒，多年沒有吃過了。大概是受了鄉思的蠱惑，連吃了幾塊。他的夫人也是華人，原籍卻不是湖南，對此不能理解，

說：「在美國，就是有人能做出這臭豆腐，也無法油炸。炸了鄰居會提出抗議的。」他們的兒子是在美國生長的，當然少了中國味，湖南的蠻氣更沒有了，就瞪著驚異的眼睛，不理解他父親為何興致勃勃地吃這道菜。

蓉園賓館在宴席上經常出現這道菜，自有道理。因為他們有兩位特級廚師，製作此菜，在全省首屈一指。據說，製作時，鹵水中要用茅臺酒，香菇，冬筍，豆豉，純鹼，青礬等等，而且製作中有一種特殊的技術，別人不易學到。這就把這種湖南民間平民化的食品升格了。什麼時候，油炸臭豆腐也能夠走出國界，參加國際烹飪大賽，也並非沒有可能。不過，能不能得獎，那就要看那些評判員有無偏見，有無兼蓄並包的雅量罷了。此外，要參賽，恐怕還要改個名字才行。

寫到這裏，我就想起，世間萬事萬物，紛繁複雜，人的口味對於各種食物，也是這樣。一些好吃的東西，必能不脛而走，這是擋也擋不住的。孟子曰：「口之於味，有同嗜焉。」大概講的就是這一方面的道理。不過，孟子這講法又似嫌簡單化。人的口味畢竟是各種各樣的，有的人愛吃苦瓜，愛吃臭豆腐，有的人就不愛。把人的口味都套在一個框框裏，恐怕不行；吃與不吃，或什麼時候由不吃到吃，都要允許人們通過自己的經驗，自由選擇。還有，有些食物，看去是臭的，苦的，但吃起來卻是香的，美味的，這也需要認真鑒別，不可憑印象妄加否定。真正是腐臭的，真正是苦得不能入口的，當然不在此限。這樣，人接觸到的食物才可能多種多樣，也才有可能增加身體的營養，生活的情趣。我甚至這樣想：這道理可能也適用於生活的其他方面，諸如看待一些文藝作品和學術著作，看待一些人們暫時還不習慣的生活現象，等等。

一九九〇年十一月十七日，於長沙。

光餅‧黃土菜脯‧泥蚶

魯迅先生在《朝花夕拾‧小引》中有這麼一段話：

> 我有一時，曾經屢次憶起兒時在故鄉所吃的蔬果：菱角，羅漢豆，
> 茭白，香瓜，凡這些，都是極其鮮美可口的；都曾是使我思鄉的蠱
> 惑。後來，我在久別之後嘗到了，也不過如此；惟獨在記憶上，還
> 有舊來的意味留存。他們也許要哄騙我一生，使我時時反顧。

我年輕時，讀這段文字，即感到寫出了一種絕妙境界。如今重讀，更
覺傳神。

去年回福州，玩得好，也吃到了一些多年想吃而沒能吃到的家鄉食
品。但，卻沒有吃到光餅、黃土菜脯和泥蚶，感到是件憾事。不過，吃到
了，可能「也不過如此」。

光餅，好像只有福州這一帶市面有售。麵粉做的，圓形，大小如茶
杯蓋子，平底，面上微凸，烤成類似面包皮那樣的棕黃色。餅中有孔。此
餅又名「征東餅」。相傳是戚繼光到福建剿滅入侵的倭寇時，製作此餅，
餅中串以繩索，讓士兵們掛在頸上，作為乾糧。福州一帶老百姓，感激
戚繼光保衛閩疆、為民除害，乃用他的名字命名此餅，作為紀念，故名
光餅。

據說，郁達夫於一九三六年春剛到福州時，第一次看到中間有孔的餅
子，覺得奇怪，問明原委後，當天就買了很多光餅，用繩子串上，像當年
戚軍征倭的士兵似的，把餅子套在頸上，獨自跑到福州于山戚公祠憑弔戚
繼光，並以詩題壁。詩云：「舉世盡聞不抵抗，輸他少保姓名揚。四百年
來陵谷變，而今麥餅尚稱光。」[1]

我小時，福州街頭經常可見賣光餅的小擔子。小挑中除光餅外，還配
有各種夾在光餅中的食物，如雪裏蕻，辣菜，豬油渣等等。剛出爐的光餅，

---

[1]　見陳覺民：《郁達夫在福州》一文。湖南文藝出版社，《回憶郁達夫》377 頁。

香噴噴的，剖開後，隨意挑上你喜愛的小菜，夾上，再淋上一些佐料，吃起來五味俱全，既香且脆，實在比我以後吃到的漢堡包、熱狗之類，要好過許多。

　　黃土菜脯（這是福州的叫法，外地人一般叫作「黃土蘿蔔」），是福州一帶特有的早餐佐餐食物。過去，福州人早餐多半吃粥，所以，黃土菜脯就成了很出色的早餐餐桌上的醃菜。這是用長蘿蔔，加鹽和黃土，用特殊方法醃製的。吃前才洗淨黃土。好的黃土菜脯，色嫩黃，色澤宜人。吃在嘴裏，很脆，很香。那是一種特殊的、田野中野生植物的清香。聞到那清香，彷彿使人置身於閩江下游的青山綠水之中。吃黃土菜脯，把黃土洗淨後，不能用刀切，只能用手撕。它一接近鐵器，上面提到的那種清香，就喪失幾盡，吃不出那種特殊的味道了。這個飲食方面的小知識，許多福州老人都知道，但什麼道理，卻說不上來。我小時是試驗過的，屢試不爽。

　　日本著名的漢學家青木正兒寫的《中華醃菜譜》一文中，提到菜脯這種食品。並說，在日本有醃菜叫「澤庵漬」或「壹漬」，類似中國的菜脯，它們的醃製方法，是中國傳入的。周作人譯了這篇文章，在「澤庵漬」底下，加了譯者按：「一種鹽醃的長蘿蔔。福建有所謂黃土蘿蔔，用黃土和鹽所醃，蓋是一樣的東西。澤庵是古時和尚留學中國，所以是他從中國學去的。」[2]老作家汪曾祺先生，飲食文化的知識既博且精，他著的散文集《蒲橋集》和編的專談飲食文化的《知味集》，是我今年讀到的有水平、有趣味的好書中的兩本。他也說：「福建的黃（土）蘿蔔很有名，可惜未曾吃過。」[3]可見，我的故鄉的這個小小的土特產，也曾引起過中外一些作家的注意。我多麼希望汪曾祺先生也能吃到質量最好的福州的黃土菜脯，並能加以評價。可惜現在難得碰上了。我曾胡思亂想：如果福州有一家罐頭廠，能把黃土菜脯製成罐頭（當然要洗得乾乾淨淨的，要消毒，不能帶著黃土。還要作些科學研究，如何使這罐頭食品，能保持黃土菜脯那種特有的清香），這食品，如果出口到有很多福

---

[2]　嶽麓書社：《知堂集外文》，383 頁
[3]　《蒲橋集》208 頁

建人或他們後裔的地方，如東南亞各國或美國等地，弄得好，除了宣揚中國的飲食文化外，很可能還會賺些外匯。不過，一定要講究質量，不能濫竽充數，使人倒胃口。

泥蚶不是福建的特產。上海，山東，江蘇，浙江，廣東等沿海省市的灘塗中，好像都有。早幾年，上海流行了一次甲肝，據說病原是從泥蚶中傳去的，所以現在吃的人少許多了。在我記憶中，好像我在福州吃過的泥蚶，算最好吃。這印象，也有汪曾祺先生的文章作證。他是這樣寫的：「我在福建吃過泥蚶，覺得好吃得不得了，但是回來之後，告訴別人，只能說非常鮮、嫩，不用任何佐料，剝了殼即可入口，而五味俱足，而且不會使人飽饜，越吃越想吃，而已。」[4]有汪先生這段話，就不用我另作解釋了。

不過，也有例外。那是二十多年前，我陪我的妻子第一次去福州，那時，我的父母都還健在，看到在外地的兒媳婦第一次遠道來探親，高興得不得了。那幾年，副食品供應緊張，我父親天沒亮就出門排隊去買泥蚶。吃飯時，上這道菜，我母親興沖沖地不斷地一個個剝殼，放在剛來的兒媳婦的面前。大部分福州人吃泥蚶，洗淨後，鍋中燒了滾燙的開水，一燙即取出上盤，泥蚶剝出後，要帶血，吃起來才鮮美。但我的妻子一望到那鮮紅的血色，就不敢入口，這道理，就像有些中國人到日本，不敢吃生魚片一樣。結果，我只好用我妻子聽不懂的福州話，向我父母親解釋內地人的一些飲食習慣。那盤泥蚶，最後是我一個人吃了一大半。那鮮味，一想起，好像至今猶齒頰留香。

我也受「思鄉的蠱惑」，寫了這篇小文。這裏寫的，都是如魯迅說的「在記憶上，還有舊來的意味留存」。我希望這記憶不會哄騙我一生。

一九九一年十月七日，於長沙。

---

[4] 《知味集・後記》371 頁

▲一九六八年，作者的妻子伴著她的丈夫、兒子，第一次遠道來福
州看望她的公公、婆婆。兩位老人高興得不得了，就邀了全家的
兒子、兒媳、孫子、孫女，照了這張「全家福」。照片中，中坐
者，是作者的父母，後立右四，是遠道來的兒媳；後立右三，是
作者；中排右一，是他們的兒子。

一位大陸作家的文革記憶
　　——訣別史達林模式及其他

附錄

嚴選了幾篇對李冰封
的散文隨筆集及其作
者的評介文章，供讀者
參考。

初集小序

李銳

　　冰封來信說，他的散文要出一個集子，我聽了很高興。他囑為小序，實難推辭。

　　我認識冰封，還是一九四九年南下在開封停留的時候。一九四八年初，我離開熱河報社調到哈爾濱去了。這時有一批大學生從平、津、滬投奔解放區，有好幾位分配到報社工作。以後報社的班子分別進入天津和北平，現在又南下湖南，我算是又「歸隊」了。在戰爭環境中辦報，烽火鬥爭，艱難生活，最能鍛煉人，培養人的德識才幹。那時冰封大概二十歲上下，記者、編輯，分配什麼幹什麼，工作十分勤奮。眼看全國就要解放，大家都很興奮。在武漢停留時，就預先編好了幾天報紙，創刊社論也寫好了。由於冰封愛好文學，能詩善文，到湖南後，就由他負責文藝性副刊《湘江》的編輯工作，他自己常寫散文、隨筆，也寫雜文和詩。

　　在劫難逃，風華盛年，坎坷度過，其中辛酸苦辣，相信這個集子中定有反映。十一屆三中全會以後，冰封從事出版工作，他很樂意。出版這一行，首在愛書、懂書，只有讀過些書的人才能幹得好。前些年，湖南的出版工作頗有一些名氣，頗出了一些有影響的書，有些書至今還有讀者提起，大約是可以流傳下去的吧。這裏面當然有冰封的功勞。

　　冰封離休，也就是聶紺弩詩所說的，「男兒六十一枝花」的時候，他寫作更勤，不時在一些刊物上讀到他的新作，很覺可喜。他的文章，言之有物，讀後總要引起一些思索，注重文采卻又並不做作，我很喜歡這種風格。現在他自己精選了這一本，我想是可以證明我說的不錯的。

　　北京離湖南遠得很。我的家鄉源遠流長「左」不休（「源遠流長」是我親耳聽見省裏一位主要負責人說的），我倒是常有所聞。冰封近年的

吾愛李冰封花甲初度

吾愛李冰封 荷花別樣紅
投軍辭學府 揮筆作強弓
忽墜千羅網 終成萬事通
雪狂梅更豔 人老志不雄

一九九〇年 李銳

▲李銳贈李冰封的詩稿。

遭遇也有所聞，但不知其詳。我也不想去打聽，知道他仍筆健如故，這就好了。

我寫過一首詩，祝賀他花甲初度，現在抄在這裏，結束這篇小序：

吾愛李冰封，荷花別樣紅。
投軍辭學府，揮筆作強弓。
忽墜千羅網，終成萬事通。
雪狂梅愈豔，人老更心雄。

一九九三年三月九日

246

李冰封的風格

——續集代序

于光遠

我認識李冰封很晚。一九八四年起我在湖南一連出了好幾本書。他是出版局長,在長沙見過幾次面。後來我對他的思想、他的人格,有了理解,成了我的朋友。

一九九四年海南一個出版社出了《李冰封散文隨筆初

▲于光遠(右)與李冰封。一九九〇年于長沙。

集》,冰封贈送了我一本,扉頁上作者寫的贈書日期是「甲戌暮春」,得到後放在床頭,到了「暮夏」才看完。看完之後,通過這些文章中表現出來的「文格」,使我對他的思想和人格的理解又深了一層。

我對文藝一行很生疏,在閱讀他關於梁宗岱、魏猛克、蕭紅、丁玲這些人的文字時,我主要是從知識的角度著眼,而冰封在寫作時是帶著濃厚感情的。我提倡建立和發展中國國土經濟學,呼籲關心保護開發祖國大好河山,為此我跑了許多省、地、縣。冰封所寫的那些遊記中描繪的那些地方,除了「鳳凰」這座美麗的山城外我都到過。只是我的「形象思維」太差,未能有他那種對美的領略。他對景物寫得很好,喚起我對那些地方的回憶。在遊記中注入他對人類創造的優秀文化的熱愛,提高我國居民文化素質及對自然界與文物被破壞的憂慮。冰封大學進的是

中文系，長期做文化工作，是文化人中的官員，官員中的文化人。這本書充滿著文化的氣息。

冰封這本書收入的文章，半數略強是他離休後寫的。他絲毫沒有因為有人說他這樣那樣而有消極情緒，而是一如既往。書中引用了陸游的《書憤》：「壯心未與年俱老，死去猶能作鬼雄」來讚揚湖南籍的一些老同志創辦「老戰士林場」的壯舉。在一九九一年七月冰封寫這篇七千字的散文時，恐怕也以此自勉吧。

在這本書中我選讀三篇關於「廁所文化」的散文。第一篇是《日本的廁所文化》。這篇文章在報刊上發表後，深圳「錦繡中華」邀請作者到該景點參觀，並告訴作者他們正倡導「洗手間文化」，銳意趕上日本。李冰封訪問後，又寫了一篇《聯想》，並把在「錦繡中華」向場務部職工所作講演整理成文，題為《關於廁所文化》。

我沒有讀過專門正面提倡尤其是闡述「廁所文化」的文字。在《日本的廁所文化》一文中，李冰封寫自己在日本九天，沒有到過一處不像樣的廁所。他不但讚揚了日航、新幹線、大飯店，也讚揚他去過的小街上總共只有四五張桌子的小餐館的廁所，那裏明亮潔淨、格調高雅，「給人以難以言傳的美感」。作者認為，廁所是每天必去若干次的地方，如果充塞著骯髒愚昧、萎靡不振的氣氛，對於人的精神世界會發生「負面」的影響。他文中引述了周作人《苦竹雜記》介紹日本作家谷崎潤一郎談到廁所的一節文字，然後寫道：「在我讀到的文字中，把廁所寫得富有詩情、充滿畫意的，恐怕算是第一。」並做出判斷：「一個國家要把廁所這樣一個小小的事情弄好，對人們審美觀念的充實和提高，也十分重要。」李冰封在日本對這個國家的廁所文化有了深刻的體會之後，回到北京，住在東三環的一家招待所，招待所裏廁所很髒，他只得去找街上還勉強蹲得下去的廁所。在從北京到長沙的軟席臥鋪車廂，他又不得不摸黑上廁所。

讀了這三篇隨筆，我萌生了一個念頭，要向許多城市當局、單位負責人和居民們推薦這三篇散文。李冰封是個散文作家，文字寫得很好，我想讀者是會喜歡這三篇文章的。最好能找到作者的文章直接閱讀。考慮到買書的困難，我只好作上面所寫的那樣簡單的介紹。

　　李銳在為這本書作序中寫了一段「評語」：「他的文章，言之有物，讀後總要引起一些思索，注重文采，卻又並不做作，我很喜歡這種風格。」讀後我有同感。

本篇後記

　　《李冰封散文隨筆初集》出版後，于光遠同志曾寫過兩篇短文，予以評介，分別發表於一九九四年十月十二日《新民晚報‧讀書樂》副刊和一九九四年九月十二日《今晚報》副刊。此後，他又將以上兩文合成《李冰封的風格》一文，收入一九九七年八月出版的他的散文集《朋友和朋友們的書初集》中。一九九八年四月六日，于光遠同志來信，同意將此文作為續集的代序。

思索

——讀李冰封的散文隨筆

周艾從

李銳同志為《李冰封散文隨筆初集》寫序，
他說：「他的文章，言之有物，讀後總要引起一
些思索。」這個集子，寫出和提及的知識份子近
二十個，其中有兩個並非附帶提到的外國人，那
是帕斯捷爾納克，《日瓦戈醫生》的作者；另一
個是拉林娜，布哈林的遺孀。近二十個中國知識
份子，沒有一個無災無難，這就夠人思索了。

▲周艾從像。二十世紀七十
年代初，攝於長沙。周艾
從於二〇〇九年三月十四
日逝世，終年八十八歲。

　　這些知識份子是：梁遇春、蕭紅、梁宗岱、
胡風、魏猛克、鄒明、黃肇昌、王晨牧……各人
頭上有一片天，各有各的不幸。中國人把死者都
算「古人」，死了就說是「作古」。從這個意思
來說，集子中的知識份子，大多是現代和當代的
「古人」。

　　中國知識份子具有十分顯眼的中國特色，說「特產」也錯不到哪裡
去。人們很難將任何一個外國知識份子拉扯過來，界定他與中國知識份
子是同一類型。現代、當代的中國知識份子，更是值得「後之來者」分解
和研究的「現象」，西方知識界對此有時大惑不解，未能完全破譯。這是
一種並非惡意的隔膜。新中國建立前後，不少學者、專家、大作家、藝術
大師千難萬險地從外國「跑」回來，前蘇聯和東歐諸國並非如此，他們一
個一個「跑」出國了。九十多歲高齡的夏公說起這種現象，「不免有一點

兒感慨，中國知識份子真心擁護和支持中國共產黨，而四十多年來，中國知識份子的遭遇又如何呢？」（夏衍：《〈武訓傳〉事件始末》）夏公在黨內外都是年高德重的，他的思索沉重，無非希望有些「空前」的事應該「絕後」。

中國知識份子對真理的探索追求，對理想的執著，其承受磨難的強度與韌性，可謂世間少有。比如一批一批的知識份子，他們從監獄、「牛棚」、流放地回來，立即全心實意地投入工作，當時流行著一句催人淚下的話：把失去的時間補回來。反胡風、反「右」和「文革」中的知識份子，在不斷翻新的批鬥花樣中九死一生，這些「低頭認罪」的人最迫切的希望是什麼？回答卻是簡單不過的：讓我回到工作崗位上去，讓我繼續工作！這種「背負閘門」的奉獻精神，真是「天人共鑒」。可能，這與中國幾千年文化傳統給與的孕育劃不開，但這個「傳統」至今沒有人能說得透徹，比如精華與糟粕，比如因襲的重擔與可貴的基因……說不清。再就是我們苦難深重的國土，以及多少代人飽受外敵侵凌的屈辱，賦予了中國知識份子一種神聖、深重、蒼涼的使命感。

冰封在《〈美文選編・梁遇春卷〉前言》中，沉鬱地品評梁遇春其人其文。梁遇春是一位長期被人遺忘了的很有才華和特色的作家，他的散文「醞釀了一個好氣勢」（廢名）；包括胡適在內的不少名家，給予他頗為不輕的讚譽。他來不及成為一代散文大家，就於一九三二年去世，年僅二十六歲。三十年代末，我在戰火紛飛的逃難日子裏，讀到他的《淚與笑》，那已經距作者去世七年多了。我當時想到五百年前的高啟，這位才情橫溢的元末明初詩人，三十九歲時為朱元璋腰斬於南京。高啟招致殺身之禍，引爆點是一篇小小的文章。他來不及成熟，來不及成為明初一代具有更高成就或最高成就的詩人。這種「來不及」的遺憾，古今都有。半個世紀以後，我覺得梁遇春是「幸運」的，他死於猩紅熱，不是死在監獄或流放地，不是自投太平湖，更不是慘死如高啟。高啟生逢開國，皇帝自信無比，一怒之下，連殺頭的優待也不給。梁遇春比「後之來者」呢？

冰封寫了《想起梁宗岱先生》，這位名重一時的著譯大家，早被詩壇和翻譯界遺忘了。他的名字，近幾年才被《新文學史料》等刊物「發掘」

出土。他於一九二九年與羅曼・羅蘭結識，得到這位世界大作家的高度評價，他與另一位大師保羅・瓦雷里乃是至交。他應該是前景如畫，能夠繼續作出巨大貢獻的，可他沒有這番幸運。梁宗岱往後的歲月艱難坎坷，坐了三年冤枉牢，屢遭折磨，以他的詩人氣質和大教授身份，如何承受得了？他於是皈依宗教，「潛心研究中草藥」。很難責怪他，你怎麼沒有建立起正確的人生觀，竟然如此一蹶不振呀！五十年代有人說，他在著手重譯自己以前譯過的《浮士德》與莎士比亞十四行詩一百五十首，我推想未能如願。冰封的文章說：「一九八三年便出版唐蔭蓀兄擔任責任編輯的《梁宗岱譯詩集》，除毀於十年洗劫的《浮士德》一卷外，幾乎包括了他所有的譯詩……書出版不久，梁先生就辭世了。」他沒有說梁先生有《浮士德》的重譯稿。

　　這個散文隨筆集中，有幾位是我熟識的人，比如畫家黃肇昌。解放前，我和肇昌過從較多，請他提供他的木刻創作。那個年代，現代木刻藝術似乎天生就給反動派一種「可恨」感和「危險」感，被認為是一種不安分的反叛藝術，因為木刻家們沒有奴氣，總是大膽反映現實，而反動派的官員和政府，卻是那麼酷愛粉飾太平。自然，這與魯迅的倡導及「左聯」有關，因此，「台閣體」文士也認為搞木刻的人十分可惡。長沙中共地下黨新聞支部搞過一次木刻展覽，依靠的是肇昌和曾景初。我認識肇昌是一位朋友的介紹，他說了些需要半「保密」的情況：有位寡言少語的畫家，曾是沈逸千戰地寫生隊的，寫生隊歷經千難萬險到了延安，受到毛澤東和八路軍的熱烈歡迎和款待。沈逸千從延安出來，在國統區忽然神秘地失蹤，他的下落，成為一個永遠的謎。肇昌曾為毛澤東畫速寫像，這位偉人從演講台下來，欣然在「速寫」的下角簽了「毛澤東」三個字。解放後，他從不炫耀自己這段經歷，也不說他與地下黨的密切聯繫。

　　冰封寫肇昌的個性、神態十分傳神，說到自己一夜之間忽然變成「階級敵人」時，批鬥是題中應有之義。如果肇昌對冰封落井後投擲石塊，那是易於反掌的，可在批鬥會上，他一言不發；背地見到，總是默默地投以同情的眼光，這是一股「暖流」。

　　這位畫家長時期擔任省報美術組組長，但沒有得到大的發揮。那個年代，即使將達·芬奇、米開朗基羅、畢卡索安置在那裏，他們也難得有什麼絕招，可以大展藝術才能。肇昌對美術組的領導方法是「無為而治」，「有為」而治應該抓什麼，不言而喻。在我一生的交往中，肇昌是我少見的大智大勇者，一個不顯山露水的平凡「巨人」。他盡力避免說違心的話，不做違心的事。他在萬分火爆、無比莊嚴、神光萬道的大小批鬥會上，從未投入過「戰鬥」。這是「膽大包天」的中國大難事。他經受著靈魂的拷打，堅持不出賣自己，不出賣別人。

　　冰封在《背犁》篇中，寫了一個並非「古人」的知識份子，這個一團火樣的年輕人於一九四八年隨冀察熱遼分局的隨軍工作團到了「新區」……進入「五十年代那些蓬蓬勃勃的日子」。往後卻越來越不美妙，他的「全家被『橫掃』到一個生產隊裏去『監督勞動』」。他南下時，在國民黨曾經洗劫過的農村，看到「一家老小三代拖著一張犁，匍匐在長著野草、滿是砂礫的坡地上」，他思索，「以後再想在中國體驗這種生活，恐怕不可能了」。可在那「橫掃」的日子裏，他在洞庭湖畔的生產隊，深刻「體驗」了這種以人代牲口的背犁生活，他硬要參加進去，老隊長只好同意了。他朝夕接觸的，是通情達理的農民，是最能切身體會「政治」的農民，他們一點也不能理解「政治」魔方。當時，全國正在大喊「打倒彭德懷」，可農民跟不上形勢，說彭德懷「是大好人、大忠臣」。這不能不使被「橫掃」的「摘帽右派」陷入沉重的思索。這個思索者即是冰封，他寫了《背犁》，他已經近於老年人，不是一九四八年的「年輕人」了。

　　並非上面說到的「古人」和背犁，才能引人深沉的思索。冰封對大自然的感情，濃得像夢境一樣。他寫閩江，寫大理，寫昆明的翠湖，寫沈從文的故鄉鳳凰……像是品嚐一杯杯陳年佳釀，又濃又醇美。他從中國寫到日本，從比較中感慨不已。他多年未寫詩了，仍然是個詩人。詩人太習慣思索，「念天地之悠悠」，就容易把夢一樣的美破壞。四十多年前的閩江，在他的記憶中，「確實美極了」，然而他現在看到的，「已不是我心頭長年盪漾的碧綠的閩江……閩江上中游，也在砍伐森林，有些地方還砍得很

▲周艾從（前排左二）、庾燕卿（前排左三）夫婦與兒子、
　兒媳、孫兒們，一九九六年攝於長沙。另有三個兒女在
　外地，未能在一起。

凶」。他在雲南跑了兩千公里，說是到了「樹木花草王國」，但「卻是一個受傷的王國」，濫伐森林引起了可怕的泥石流……《三國演義》上說到一條神奇的河流，此為七擒孟獲的戰地，這條河即西洱河，諸葛亮到過這裏吧。現在「河水是黃黑色的，水面流著濁黃色的泡沫，至少尺把厚」，觸目驚心，文章的副題難怪是「滇行憂思錄」。

他用較多的文字，暢寫《從紅色革命到綠色革命》，寫一個昔日的遊擊隊司令員和他的老戰友們，他們把晚年的精力，奉獻給寧鄉「老戰士林場」。這些老頭不計名利，千辛萬苦，為的是人間一片郁郁蔥蔥。冰封由衷地寫上「尊敬」、「崇高」這些詞語，他說這些老頭值得「效法」，簡直是虔誠、天真地馨香祝禱。

還有好幾篇文章，說的是城鎮建設中的美學，說的是風景名勝區保存文化，保存特色，「煞風景」的事幹不得了。他還寫廁所文化、城市噪音……

世間有個「綠黨」，大約是為保護人類環境生態而「奮鬥」的，據說還擴而廣之，與「和平」聯繫起來了。這方面的新聞報導少，我讀到的更少，不敢對這個黨說好說差，但我斗膽猜測，那個黨裏一定有詩人。

破壞生態問題，地球遇到史無前例的劫難問題，你思索也罷，不思索也罷；「老天爺」管不了這麼多，它只有用一個野蠻對付野蠻的辦法：懲罰人類！這懲罰可真不得了，現在已經毫不手軟，懲罰得十分兇狠了，往後呢？

　　總之，這個集子中，不論是寫知識份子，寫環境保護和生態平衡，寫城鎮建設中的美學，寫拼命種樹的人和殘忍砍樹的人……都要引起人們的一番思索。思索的重點是：這是為什麼？該是怎麼辦？

（周艾從，老新聞工作者，曾任《實踐晚報》總編輯。此文原刊一九九五
　　年第一期《東方文化》。一九九五年第四期《新華文摘》轉載）。

一本說真話的書

——閒侃《李冰封散文隨筆初集》

胡遐之

　　文集出版，當屬文人快事，但是冰封的散文隨筆初集面世後，他在歡欣之中又頻皺眉頭，他還在當「推銷員」，要協助出版社自銷點書籍。這對一位老出版局長來說，未免有點滑稽。「有權不用，過期作廢」，這個時下流行的「官箴」，果然在他身上兌了現。他若是在位時出個把集子，暗示一下，誰不捧場！不但不須擔心銷售，還只放心地領取高稿酬罷了。然而他沒有這樣做，也不願這樣做，並且告誡其他人員也不要這樣。他非常重視書稿的品位質量，遇有好稿，即使賠錢，他也要想方設法促其出版。八十年代湖南的出版事業，一度享譽國內外，與他力倡「出好書」的宗旨是分不開的。他平日在報刊發表點文章，毫不介意，也不自詡。他趕著替別人出書，忙著讀別人的書，便忘記自己還要著什麼書。所以他是自願放棄這個機遇的，並不惋惜那失去了的權力。使他顰眉甚至有點憤憤然的原因，還在當前出版界的一股歪風：出好書有如「蜀道之難難於上青天」，出庸書（謂為壞書太刺眼了）則似「千里江陵一日還」。因而他在《一首落選的詩》中寫道：「如果能夠發筆大財，我還想自己掏點錢，把過去寫過的、能收集到的詩，收在一起自費出它一本詩集來自我欣賞一番。只可惜，如今僅是夢想而已。」蓋自嘲亦嘲世也。孔方先生比你這局長「塊方」大，窮書生想去攀親，他還看不上眼的。讓冰封嚐嚐「推銷員」的味道，我看也不是壞事。好在他的書雖不像《廢都》那樣搶手，但是有人買，買了而且不後悔。他最近似乎輕鬆多了，大概是自銷任務完成了，當與他痛飲大白三杯。

　　冰封是個「膽汁質」型的文人，熱情積極待人誠懇，但又易感情用事，拙於心計。因而他的文運不佳。解放初，他有一篇雜文就被批評為「宣傳資產階級人道主義」的作品。一九五七年反右，又以文字賈禍，名列「老五」；一九八九年更以不便明說的原因而被摘掉了烏紗帽，成為全國出版界最敏感的人物。可是他似乎沒有「痛改前非」，還要坐擁書城，日以文字為侶，筆耕不輟。他的散文隨筆初集，主要部分都是近幾年的作品，頗帶點「說難孤憤」的味道。這種文化情結，也許只有得了文字頑症的知識份子才會有的。

　　現在我們已進入改革開放的新時期。年豐好作太平民，本是無有多話可說的。但是既得文字頑症，於世俗事物中老是不肯安分，愛動腦筋去想它一想。企圖「一顆沙裏看出一個世界／一朵野花裏一座天堂／把無限放在你手掌上／永恆在一剎那裏收藏」（勃萊克：《天真的預示》）。這種人好像有點特異功能，能捕捉古往今來上下四方萬事萬物中的許多資訊。於是一些已經湮沒無聞的事重現眼前，一些眼前浮現的事又思及過去未來。所謂「思接千載，視通萬里」（《文心雕龍》）。哀樂俱從中來，形諸筆墨，或頌，或歌，或怨，或刺，有如一匹感情的野馬於人生戰場上任意馳騁，它所留下的蹄印，就是一篇篇散文，一篇篇隨筆，一篇篇的詩……

　　不過，這種人有點過於天真，過於傻氣，過於書呆子氣。淌著眼淚，瀝著心血，等這等那，何曾能補實用？不信嘛，請讀讀冰封的散文隨筆初集。

　　冰封固多情種也，有心人也，有識士也。幾近五十年沉浮於文場宦海，坎坷勝於幸運，慷慨多生餘哀。已是晚年，猶以青年的勇氣與激情，去回顧那個「左」氏稱王稱霸的年代，及其所演出的種種鬧劇與悲劇。

　　冰封曾以老「右」下放在土地富饒的洞庭湖畔的農村，農民竟因「三超糧」徵得過多而沒有飯吃。生產隊死了牛，公社的拖拉機手又造反去了，於是只能用人拉犁。冰封也以一介文弱書生參與了這個苦活。冰封在《背犁》中寫道：「一步又一步地往前邁，我們背的好像不是一張犁，而是背著我們這個民族的不幸。」說得多麼沉痛與深刻！事情已經過了二十多年，公社早已拆掉，農村推行了承包責任制，初步解決溫飽問題，當然今

非昔比。但是今日中國的農民果真完全把那張犁甩掉了嗎？一張張難於兌現的白條，一種種不合理的攤派，一年年加價的生產資料費用，不仍然是張木犁要人去拉嗎！

　　冰封本身是個知識份子，惺惺惜惺惺，當然更難忘那些年代備受折磨的知識份子。集中的《孤獨》《悼念魏猛克同志》《想起了梁宗岱先生》《續蓮花池懷古》就是為這些詩人、作家、學者在招魂。「尚有陸生坑不盡，留他馬上說詩書。」（清・陸次雲《詠史》）

　　《孤獨》的王晨牧，是艾青的及門弟子，三十年代到四十年代頗有名氣的詩人。魏猛克是一九三五年就擔任「左聯」東京支部書記的老作家。梁宗岱是深受法國文學大師羅曼・羅蘭與保羅・瓦雷里賞識的詩人和翻譯家。《續蓮花池懷古》中的李廣田是曾任雲南大學校長多年的著名作家和學者。他們政治面目各有不同，王晨牧是「民進」；魏猛克是「民盟」；梁宗岱是「雖不服膺共產主義，但卻頗想在共產黨的領導下，為中國做些有益事業的著名知識份子」；李廣田則是「一位人品和文品都為人稱道的共產黨員」。但他們都在各個不同的歷史時期，成為「左害」的犧牲品。王晨牧在反胡風時就被牽連，人為地使他早就才華銷盡，垂老默默以終。魏猛克反右時，即被剝奪了著作權、教書權，到落實政策時，已只能在病床中度過他最後的歲月。梁宗岱在解放初就蒙冤蹲獄三年，之後接二連三的政治運動，幾乎無役不從。這位在文壇沉默太久的人，「最後能得到的是他不能看見的一大堆慘白的花圈」。李廣田於「文革」中慘遭辱罵與批鬥、毆打，受盡屈辱之後，則自沉於昆明城北的蓮花池。這些中國最善良、最正直、最愛國的不同類型的老一代知識份子，其結局都是如此悲慘，能不令人惋歎！但是惋歎有何用處呢！

　　君不見，「左害」最烈的「文化大革命」早就說要徹底否定了，但十餘年來，明裏暗裏又來了幾番「否定之否定」。巴金老人早就倡導要建一個「文化大革命博物館」永為殷鑒，又何曾受到重視呢！

　　又不見，過去在「文革」中受到批鬥的大大小小的所謂「走資派」早已得到平反，並比「右派」幸運，補發了工資，有的還因禍得福升了官。當然，他們中間大多數人是對這場「史無前例」的災難切齒痛恨，希望不

再重演的。但也有不少人好了傷疤忘了痛，現在倒怕人提及「文化大革命」幾個字，有傷「安定團結」了。不知冰封想到了沒有？

我想冰封是會想到的。不過，他這種仁人愛物的激情，這股愛管閒事的勁頭很難遏制。冰封還沉緬於《閩江之憶》，難忘那郁達夫都讚揚過的「揚子江沒有她的綠」，也熱戀雲南這個神奇的樹木花草的王國，然而現在都遭受了摧殘，於是希望多有幾個《從紅色革命到綠色革命》的老戰士，前來拯救這個《受傷的王國》。多麼善良的願望！冰封跑了一趟日本，《日本的廁所文化》又引起了他的興趣，於是《聯想》到「錦繡中華」的洗手間，從而大侃其《關於廁所文化》，良有以也。諸如此類的篇章，都有作者自己的感情個性和理論個性，讀後如嚼橄欖，有一定餘味。但我謂冰封頗像個「理想主義者」，冰封定不苟同；我欲勸冰封不如「實用主義」一點，莫去寫那種「可為涕泣」者一、者二的文章，「天下文章一大抄」，東拉西湊，出本把能合大人先生們口味的書，有首長題字，報刊捧場，運氣來時或許還可獲個什麼圖書獎，無文字之災，有名利之惠，何樂而不為耶！然冰封答曰：「您沒讀過我的《從菊豆想到日瓦戈》嗎？」冰封用的這個洋典故，指的是蘇聯小說《日瓦戈醫生》的作者帕斯捷爾納克提出的所謂「負債感」，意即凡是對自己祖國有責任感的作家，就應該通過自己的作品向人們說真話，否則就會負債。啊喲！看來冰封一心要說真話，一定要說真話，硬是要說真話。在這貨無不假、事無不偽的社會裏，能夠聽到一點真話，也應是個享受。佛家說：「於一切位，常如其性，故曰真如。」阿彌陀佛！我能反對嗎？還是帶住。

（原載《荒唐居集》）

滿庭芳　贈冰封

胡遐之

　　文字論交，雲龍離合，閱盡人事滄桑。劫餘身世，休再怨紅羊。記否雞鳴起舞，頭顱好，早許家邦。閩江水，緣牽萬里，鼓浪到瀟湘。

　　匆忙，如海燕，迎風逆雨，任意翱翔。且慢笑儒冠，名利輕忘。最喜坡仙老去，偏教愛發少年狂。清時景，黃蘆苦竹，性獨耐寒涼。

一九八三年春

（原載《荒唐居詩詞鈔》）

▲著名學者蘇淵雷教授書寫的
　胡遐之作《滿庭芳》詞。

思想的風景

——李冰封散文隨筆的風格

向繼東

　　無論在廟堂還是江湖，生活從來就沒有旁觀者。這是我讀李冰封散文隨筆的感覺。

　　李冰封先生原籍福州，一九四七年從大學投奔解放區，一九四九年八月南下入湘，任《新湖南報》編委，主持過報紙副刊，後錯劃為右派，二十一年後平反，官至一個省的宣傳部副部長兼省出版局局長、局黨組書記。他一生追求光明，但陰影彷彿總揮之不去。著名學者于光遠先生在《李冰封的風格》一文中曾說，他「長期做文化工作，是文化人中的官員，官員中的文化人」。我看這個評價是很中肯的。

　　李冰封先生有一篇叫《背犁》的散文被許多集子收錄過。文章寫的是一九四八年他在熱河南部山區看到一家三代的「背犁圖」，使他感歎唏噓。解放後，「在蓬蓬勃勃的日子」裏，曾使他後悔當時沒去背一陣犁，以為在中國要體驗這樣的生活恐怕不可能了。可二十一年後，在號稱「湖廣熟，天下足」的洞庭湖邊，因生產隊死了兩頭牛，他竟親自品嚐了背犁的滋味。他說：「當時我作為一個中國人，一個被剝奪了黨籍的共產黨員，我覺得自己的民族自尊心和無產階級的階級自尊心都受到了極大的損害。」因為恰好這一年，西

▲向繼東（左）與李冰封，攝於一九九五年十月，長沙李冰封家。

方資產階級的「阿波羅 11 號」登上了月球，而我們東方無產階級正在為自己的錯誤付出沉重的代價。那時，他真可叫位卑未敢忘憂國。

冰封先生曾送我兩本書，一本是他的翻譯小說《大衛·科波菲爾》，另一本是《李冰封散文隨筆初集》。關於這本「散文隨筆初集」，于光遠等幾位學術界、文藝界人士在《羊城晚報》、《新民晚報》等多家報刊發表過書評，其中周艾從在《東方文化》上發表的評介文章曾被《新華文摘》轉載。找到這本書讀的人也許不多，但知道這本書的人很多，我就是在讀了書評之後才讀的。李銳先生為這本書作序說：「他的文章，言之有物，讀後總要引起一些思索，注重文采，卻不做作。我很喜歡這種風格。」于光遠說，讀後，他對李銳這一段話也有同感。的確如此，無論記事記遊，寫景寫人，他走筆總是那麼自然、隨和，不顯山露水，以其人格的力量感染你，以思想的光芒照亮急於趕路的夜行者。

我贊同青年學者王彬彬的觀點，隨筆是一種思想者的文體，隨筆的大忌是思想的貧乏。李冰封先生近年來隨筆是豐厚的，一篇接一篇，展示著思想的風景，《新華文摘》也轉載他的文章。他的風格，就是以一個真正的共產黨人的身份思考、關注中國，思考、關注人類及國際共產主義運動的命運。他近年來的主要隨筆作品有《建議出版兩本講真話的舊書》，即一本是三十年代紀德的《從蘇聯歸來》，另一本是七十年代彼德·弗萊雅的《匈牙利悲劇》。他的《孫子書包重八公斤》是最早發現並指出中小學語文教學誤區的文章之一。在《聞齊奧塞斯庫當過扒手有感》中，他急切呼喚建立一種民主的有效的監督和制約機制，增加政治上的透明度，以防齊奧塞斯庫之類的扒手，由竊鉤進而發展到竊國。他在《對一種潛在危險的斷想》中耽心中國會發生第二次「文革」，因為中國社會仍然存在著這些條件。他在《從「傳統」說到「皇權」》中觀察到，皇權、王權、君權以及現當代各式各樣的極權，從實質上看，都是反民主的。他借用他的老朋友汪澍白教授的話說，「極權的基本特徵：其一是權力機構非選舉產生；其二是立法、司法、行政三權合一，不可分割；其三是最高權力不能轉讓，實行『終身制』。符合這三條的，在封建社會，有中國的歷代皇帝；在資本主義社會，有德、意法西斯；在社會主義社會，有蘇聯的史達林。」（汪

澍白語，見《同舟共進》1997 年第 10 期 31-32 頁）最後冰封先生還加了一條：最高權力不受實質性的監督和制約。

革命前輩吳有恆曾說，法國的經濟是小農經濟，拿破崙的兵士是農民，農民要求有個皇帝。拿破崙的侄子又利用這種農民意識，自稱為拿破崙第三，做了皇帝。冰封先生則說，中國經歷兩千多年的封建社會，封建主義盤根錯節，於是才出現了「文革」那樣的大災難，出現過那樣瘋狂的個人崇拜和迷信。歷史上的災難不會簡單地重複，但卻可能以這樣那樣的不同形式重新上演。毛澤東青年時代是抨擊、反對君權的激進革命者，為什麼到了晚年，竟會以革命的名義在實質上維護君權？這一切，如國人不徹底弄明白，並有清醒的認識，則中華民族就存在著重蹈覆轍的危險。

冰封先生過去是官員，但他感情上卻是地道的現代知識份子，一個憂國憂民的現代中國知識份子。他說，「五四」提出民主和科學的任務，到了世紀末還遠未完成，還必須啟蒙。唯有通過啟蒙，才可能喚醒人們的主體意識、民主意識和權利意識。我們應該清醒地認識到，唯有實現人的現代化，才有國家的現代化；沒有人的現代化，就沒有政治和經濟制度的現代化。

冰封先生年輕時是詩人，至今仍有一腔詩人情懷。十年前，他讀葉甫圖申科的《布哈林遺孀》後寫了《致拉林娜》。他的「散文隨筆初集」中《一首落選的詩》一文後就附錄了這首詩：「拉林娜，你在青春年華中吞下的一枚苦果／經歷半個世紀的風雨，已經化成一團火／這是冤屈的火，不平的火，殘酷的火，痛苦的火，驚天動地的火／這火灼傷了一切良知，使人清醒，教人思索／……為什麼忠貞的頭顱要在自己的刀斧下滾落／是不是「新利維坦」把人異化成獸，異化成神／無限膨脹的權力帶來了災禍，帶來了邪惡／……拉林娜、拉林娜，布哈林已經在共產主義的旗幟上復活／當年的審判者在正義的審判台前無法逃脫／這悲劇使我們痛苦，卻也使我們振作／我們是戰士，戰士就要不斷出生入死／我們要讓這悲劇永不出現，無論在你的故園還是在我的中國！」

冰封先生年屆古稀，但他因思想而年輕。

（原載《博覽群書》一九九八年第九期）

一位大陸作家的文革記憶
　　——訣別史達林模式及其他

語言文學類　PG0511

一位大陸作家的文革記憶
——訣別史達林模式及其他

作　　者 / 李冰封
主　　編 / 蔡登山
責任編輯 / 林千惠
圖文排版 / 姚宜婷
封面設計 / 蕭玉蘋

發 行 人 / 宋政坤
法律顧問 / 毛國樑　律師
印製出版 / 秀威資訊科技股份有限公司
　　　　　114 台北市內湖區瑞光路 76 巷 65 號 1 樓
　　　　　電話：+886-2- 2796-3638　傳真：+886-2-2796-1377
　　　　　http://www.showwe.com.tw
劃撥帳號 / 19563868　戶名：秀威資訊科技股份有限公司
　　　　　讀者服務信箱：service@showwe.com.tw
展售門市 / 國家書店（松江門市）
　　　　　104 台北市中山區松江路 209 號 1 樓
　　　　　電話：+886-2-2518-0207　傳真：+886-2-2518-0778
網路訂購 / 秀威網路書店：http://www.bodbooks.com.tw
　　　　　國家網路書店：http://www.govbooks.com.tw
圖書經銷 / 紅螞蟻圖書有限公司
　　　　　114 台北市內湖區舊宗路二段 121 巷 28、32 號 4 樓
　　　　　電話：+886-2-2795-3656　傳真：+886-2-2795-4100

2011 年 03 月 BOD 一版
定價：350 元

國家圖書館出版品預行編目

一位大陸作家的文革記憶 ：訣別史達林模式
及其他 / 李冰封著. --一版.--臺北市 ： 秀威資
訊科技, 2011.03
　　　面 ； 公分. --(語言文學類 ；PG0511)
　　BOD 版
　　ISBN 978-986-221-691-0(平裝)

1. 文化大革命　2. 文集

628.75　　　　　　　　　　　　　　100001279

讀 者 回 函 卡

感謝您購買本書，為提升服務品質，請填妥以下資料，將讀者回函卡直接寄回或傳真本公司，收到您的寶貴意見後，我們會收藏記錄及檢討，謝謝！如您需要了解本公司最新出版書目、購書優惠或企劃活動，歡迎您上網查詢或下載相關資料：http:// www.showwe.com.tw

您購買的書名：_____

出生日期：_____年_____月_____日

學歷：□高中 (含) 以下　　□大專　　□研究所 (含) 以上

職業：□製造業　□金融業　□資訊業　□軍警　□傳播業　□自由業
　　　□服務業　□公務員　□教職　　□學生　□家管　□其它_____

購書地點：□網路書店　□實體書店　□書展　□郵購　□贈閱　□其他

您從何得知本書的消息？

　□網路書店　□實體書店　□網路搜尋　□電子報　□書訊　□雜誌

　□傳播媒體　□親友推薦　□網站推薦　□部落格　□其他_____

您對本書的評價：(請填代號　1.非常滿意　2.滿意　3.尚可　4.再改進)

　封面設計____　版面編排____　內容____　文／譯筆____　價格____

讀完書後您覺得：

　□很有收穫　□有收穫　□收穫不多　□沒收穫

對我們的建議：_____

_____

_____

_____

11466
台北市內湖區瑞光路 76 巷 65 號 1 樓

秀威資訊科技股份有限公司 收

BOD 數位出版事業部

....

（請沿線對折寄回，謝謝！）

姓　　名：＿＿＿＿＿＿＿＿＿　年齡：＿＿＿＿　性別：□女　□男

郵遞區號：□□□□□

地　　址：＿＿＿＿＿＿＿＿＿＿＿＿＿＿＿＿＿＿＿＿＿＿

聯絡電話：(日) ＿＿＿＿＿＿＿＿＿＿　(夜) ＿＿＿＿＿＿＿＿＿＿

E-mail：＿＿＿＿＿＿＿＿＿＿＿＿＿＿＿＿＿＿＿＿＿＿